A DIMENSÃO ÉTICA DO PENSAMENTO DE PAUL RICOEUR

MARIA DA PENHA VILLELA-PETIT

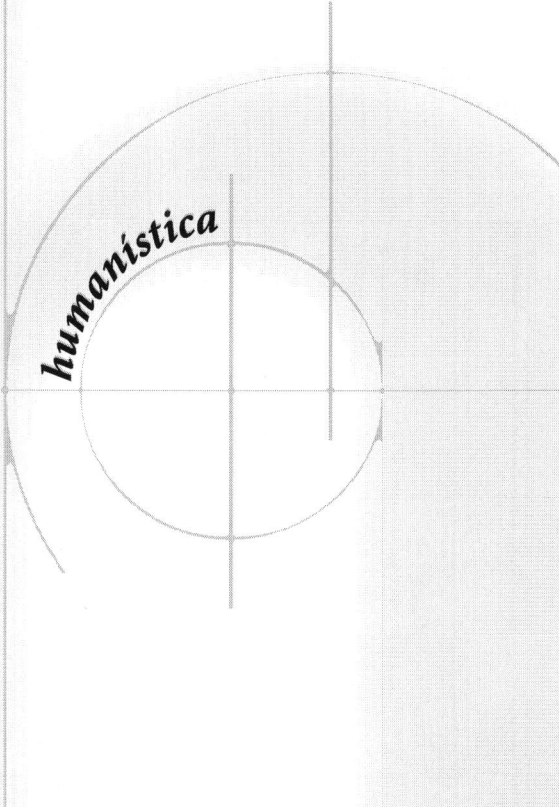

humanística

Edições Loyola

Dados Internacionais de Catalogação na Publicação (CIP)
(Câmara Brasileira do Livro, SP, Brasil)

Villela-Petit, Maria da Penha
 A dimensão ética do pensamento de Paul Ricoeur / Maria da Penha Villela-Petit. -- 1. ed. -- São Paulo : Edições Loyola, 2023. -- (Coleção humanística ; 39)
 Bibliografia.
 ISBN 978-65-5504-269-6
 1. Filosofia 2. Ética 3. Interdisciplinaridade 4. Ricoeur, Paul, 1913-2005 - Crítica e interpretação I. Título. II. Série.

23-151472 CDD-170

Índices para catálogo sistemático:
1. Ética : Filosofia   170
Henrique Ribeiro Soares - Bibliotecário - CRB-8/9314

Preparação: Paulo Fonseca
Capa: Manu Santos
Diagramação: Sowai Tam

Edições Loyola Jesuítas
Rua 1822 nº 341 – Ipiranga
04216-000 São Paulo, SP
T 55 11 3385 8500/8501, 2063 4275
editorial@loyola.com.br
vendas@loyola.com.br
www.loyola.com.br

Todos os direitos reservados. Nenhuma parte desta obra pode ser reproduzida ou transmitida por qualquer forma e/ou quaisquer meios (eletrônico ou mecânico, incluindo fotocópia e gravação) ou arquivada em qualquer sistema ou banco de dados sem permissão escrita da Editora.

ISBN 978-65-5504-269-6

© EDIÇÕES LOYOLA, São Paulo, Brasil, 2023

105003

Sumário

Prefácio 7

Apresentação 13

1. Aspiração à justiça e sabedoria prática 19
2. Perspectiva ética e busca do sentido em Paul Ricoeur 33
3. O pensamento de Paul Ricoeur e sua motivação ética 55
4. O justo e o legal na reflexão de Paul Ricoeur 73
5. Justiça, direito e o problema do mal em Paul Ricoeur 89
   A trajetória de Paul Ricoeur 90
   A questão da justiça e do direito 93
   Moral e ética 97
   O direito e o problema do mal 102
6. A presença de Simone Weil no pensamento de Paul Ricoeur sobre a amizade 111
   Da luta pelo reconhecimento à amizade 118
7. A demanda de narração 125

8. Pensando a história: de *História e verdade* a *Tempo e narrativa* 151
   A ocultação da narrativa na historiografia francesa 157
   A questão da narrativa na epistemologia anglo-saxã 160

9. Paul Ricoeur: agir e narrar em suas dimensões
   ontológica, literária e teológica 167

10. O sujeito múltiplo e o si-mesmo.
    O "eu sou vários" de Fernando Pessoa 183

11. Narratividade e a questão do mal na Bíblia 201

12. Paul Ricoeur: antropologia filosófica 211

13. A presença da psicanálise no pensamento de Paul Ricoeur 225

14. Resenha 1: *A metáfora viva* 239

15. Resenha 2: *Percurso do reconhecimento* 251

Prefácio

A recolha dos textos que compõem este livro da professora e pesquisadora Maria da Penha Villela-Petit sobre a filosofia de Paul Ricoeur é muito bem-vinda e certamente teria trazido muita alegria ao pranteado pe. Henrique Cláudio de Lima Vaz, que a autora conheceu no Rio de Janeiro no início dos anos de 1960, quando ela ainda era uma estudante de filosofia da PUC-RJ, e de quem se tornou amiga. A autora brasileira — radicada na França desde 1962 para onde pôde ir por ter recebido uma bolsa de estudos do governo francês — possui uma vasta produção filosófica, infelizmente dispersa em inúmeros artigos publicados em diversas publicações internacionais (livros e periódicos acadêmicos), a qual mais recentemente ela finalmente começou a reunir, como é o caso do excelente volume *Incursions en Grèce ancienne en compagnie des anciens et des modernes* (Geuthner, Paris, 2015), que aborda com muita competência e originalidade alguns temas e problemas sobre distintas concepções do belo nos antigos (nos tragediógrafos, em Platão e em Aristóteles) e nos modernos (especialmente em Martin Heidegger e Simone Weil). Esse interesse pela teoria do belo deveu-se ao fato de a autora, já então pesquisadora do Centre National de la Recherche Scientifique (CNRS), ter sido convidada para ensinar estética no Institut Catholique de Paris, o que ela fez por muitos anos.

A relação intelectual entre Villela-Petit e Ricoeur foi muito estreita de modo que ela é uma intérprete muitíssimo qualificada do filósofo francês. Desde que ela chegou a Paris ligou-se a Ricoeur como orientador de sua tese de doutorado que tratou do tema da intersubjetividade em Husserl, tese esta defendida em 1968 ante uma banca composta por Emmanuel Levinas, Jean Wahl e Suzanne Bachelard. Logo após a sua defesa, Villela-Petit foi convidada a se tornar pesquisadora do CNRS, mais particularmente do grupo de pesquisa *Archives Husserl* com sede na École Normale Supérieure. Este grupo de investigação foi dirigido por Ricoeur de 1967 a 1980, razão pela qual a autora, na sua apresentação, diz ter sido, sobretudo, uma ouvinte de Ricoeur, dado que ela manteve com o filósofo francês uma proximidade intelectual intensa que a permitiu acompanhar de perto a construção da filosofia de Ricoeur por mais de quarenta anos.

Essa intimidade intelectual se entrevê no arco de tempo que compreende as duas resenhas escritas por Villela-Petit aqui reunidas: a primeira sobre a obra de Ricoeur *A metáfora Viva*, de 1975, e a segunda sobre a última obra publicada em vida por Ricoeur, *Percurso do Reconhecimento*, de 2004, um ano antes de sua morte, ocorrida em maio de 2005.

Os diversos artigos desta coletânea encontram-se organizados tematicamente pela própria autora e evidenciam o título dado a este livro, pois grande parte deles tem por finalidade esclarecer que a obra de Ricoeur, conquanto ampla e aparentemente muito variada, possui um centro de coerência filosófico: a dimensão ética do ser humano. Esse horizonte ético no interior do qual o ser humano é analisado por Ricoeur é compreendido por ele a partir do fenômeno da linguagem, mais precisamente da capacidade narrativa que é congênita aos seres humanos em suas distintas manifestações: seja ela literária, histórica ou mítico-teológica. Não nos esqueçamos que, como afirmou Ricoeur, citado por Villela-Petit, "a narrativa é a guardiã do tempo humano."

A leitura desses artigos aqui reunidos permitirá então ao leitor atento constatar que a obra aberta e nunca encerrada em um sistema totalizador como a de Ricoeur crescia e se fortalecia com o diálogo que ele estabelecia com distintos saberes: a sociologia, a antropologia, a história, a psicanálise, a linguística e a teologia, bem como evidentemente com outras ciências (especialmente a biologia e a medicina), mas antes de tudo, obviamente, com a própria filosofia e com seus diversos representantes desde o passado grego até a contemporaneidade.

Não sem razão, portanto, Villela-Petit afirma que seus artigos podem servir como introdução aos diversos temas abordados por esse olhar multiplamente curioso e dialogante do filósofo francês. Assim, por exemplo, podemos ver nos artigos de Villela-Petit sobre a psicanálise, a história e a teologia um início de aprofundamento daquilo que o diálogo com algumas áreas do conhecimento trouxe para o campo da hermenêutica reflexiva de Ricoeur. Às vezes, porém, lê-se uma abordagem acerca da identidade narrativa pensada a partir da obra una e múltipla de Fernando Pessoa e de seus heterônimos que permite à autora refletir de modo mais desprendido de Ricoeur sobre a importância da narração poética na construção de uma identidade narrativa. Igualmente poderíamos citar outro diálogo original que ela estabelece sobre a noção de amizade tal como aparece tratado respectivamente nas obras de Ricoeur e de Simone Weil.

Todavia, mais do que apenas introduzir seu leitor a alguns temas caros a Ricoeur, nossa intérprete defende reiteradamente a posição central da ética na obra filosófica de seu mestre francês. Em diferentes artigos, cujas repetições podem ser lidas como ênfases didaticamente úteis para que os jovens leitores compreendam essa ênfase de Ricoeur no agir humano e nos atos de linguagem relacionados à esfera da ação, como, por exemplo, o perdão (relacionado ao passado) ou a promessa (vinculada ao futuro). A leitura dos textos reunidos de Villela-Petit oferecerá igualmente ao leitor uma análise por vezes detalhada do modo de trabalhar de Ricoeur que o levava a fazer emergir um novo texto a partir de questões inconclusas encontradas em obras pretéritas. Assim, o leitor cuidadoso encontrará nesses artigos uma série de observações pertinentes sobre a metodologia de trabalho do próprio Ricoeur, bem como sobre a coerência temática interna entre algumas de suas obras.

O diálogo mais importante de Ricoeur se deu sobretudo no interior da própria filosofia, por isso, não podemos deixar de mencionar seus interlocutores mais frequentes, destacados por Villela-Petit, a saber: os trágicos gregos, Platão, Aristóteles, Kant, Hegel e, na contemporaneidade,

Jean Nabert. No caso da ética, esses autores compõem o principal quadro de referência teórico para Ricoeur pensar a dimensão ética para além da moral kantiana — apoiando-se para isso na perspectiva da vida boa defendida pelo estagirita. Além disso, tal qual o próprio Aristóteles o fazia em suas próprias reflexões éticas, Ricoeur está igualmente atento às narrativas, sejam elas as tragédias clássicas ou os romances contemporâneos (de Marcel Proust, Virginia Woolf, Thomas Mann e Robert Musil) que apontam para a falibilidade humana, que o mais das vezes impedem as pessoas de agirem corretamente. A precedência do clamor pela justiça ante uma injustiça sofrida que já está presente em Platão perpassa igualmente o cerne da obra do pensador francês. O predomínio da ética sobre a moral, embora termos etimologicamente correlatos, são pensados por Ricoeur respectivamente em diálogo com Aristóteles e com Kant. Assim, segundo a leitura do pensador francês, a sabedoria prática aristotélica deve corrigir o rigorismo kantiano atenta que está às circunstâncias sempre novas de nosso entorno. Em suma, como sintetiza Villela-Petit, "é a Aristóteles que Ricoeur recorre para pensar o desejo no horizonte da ética", desejo que Kant elimina de suas considerações morais. Deste modo, como nos faz ver nossa intérprete, tudo em Ricoeur está impregnado quer pela denúncia à injustiça quer pela sua contraparte, a saber, a busca pela boa vida. Até mesmo a tradução, como exemplifica a nossa autora, é pensada por ele como sendo uma "hospitalidade linguística".

Em uma frase contida naquela que talvez seja a sua obra mais importante, *O si-mesmo como um outro*, de 1990, Ricoeur sintetiza essa visada ética de sua filosofia, reiterada diversas vezes pela autora dos textos aqui reunidos, ao declarar que se deve "viver bem com e para o outro em instituições justas". Não por acaso a ênfase na noção do agir é semelhante ao tratamento filosófico que Hannah Arendt concedia a essa noção, afinal de contas, para além dos diálogos que mantiveram em Chicago, algo para o qual nos adverte a nossa intérprete, ambos partilhavam a influência do pensamento e do exemplo de vida de Karl Jaspers (não nos esqueçamos de que as duas obras iniciais de Ricoeur, a primeira publicada em 1947 em coautoria com Mikel Dufrenne, e a segunda editada em 1948, foram consagradas a Karl Jaspers, sendo a segunda delas um confronto entre as teorias do pensador alemão e as obras de outro autor igualmente importante para compreender Ricoeur: Gabriel Marcel).

Esperemos então que a leitura desses textos escritos circunstancialmente pela autora ao longo de vários anos possa, agora que serão lidos conjuntamente, oferecer aos jovens leitores um mapa precioso e preciso da filosofia poliédrica de Paul Ricoeur. Desejamos também que essa empreitada da filósofa Maria da Penha Villela-Petit, de reunir sua obra tão interessante e abrangente mas infelizmente tão dispersa em volumes pouco acessíveis no Brasil, não cesse e que ela se sinta encorajada a reunir e publicar em nosso país ou ao menos na França seus inúmeros textos sobre E. Husserl, M. Merleau-Ponty, M. Heidegger, Jean Nabert, H. Maldiney, S. Weil e outros de seus autores ou temas de interesse e que foram tratados com rigor e profundidade em seus artigos, frutos de muitos anos de docência e pesquisa filosófica.

FERNANDO REY PUENTE

Apresentação

Antes de me decidir sobre o título desta coletânea de artigos meus sobre Paul Ricoeur, cheguei a pensar em *Leituras*. Como deveria então precisar que eram leituras feitas por mim de alguns escritos e aspectos do pensamento de Paul Ricoeur, e não uma interpretação dos três ricos volumes que ele próprio intitulara *Lectures*, compreendi que meu título poderia confundir o leitor.

Sob o título *Lectures* —, Ricoeur havia publicado três volumes reunindo artigos seus. *Lectures 1*, tem como subtítulo *Autour du politique*; *Lectures 2*, *La contrée des philosophes* e *Lectures 3*, *Aux frontières de la philosophie*[1].

Após o falecimento do "mestre", membros do *Fonds Ricoeur* reuniram inúmeros textos dele sob o título geral de *Écrits et conférences*. O primeiro, *Autour de la psychanalyse*[2]; o segundo, *Herméneutique*[3]; o terceiro,

---

[1]. Os três volumes, editados em 1991, 1992 e 1994, na coleção *La couleur des idées* para a Éditions Seuil, foram precedidos de notas editoriais de Olivier Mongin.

[2]. Cf. RICOEUR, Paul, *Écrits et conférences 1, Autour de la psychanalyse*, textos reunidos e preparados por Catherine Goldenstein e Jean-Louis Schlegel com a colaboração de Mireille Delbraccio, apresentação por J.-L. Schlegel e posfácio por Vinicio Busacchi, Paris, Seuil, 2008.

[3]. Cf. RICOEUR, Paul, *Écrits et conférences 2, Herméneutique*, textos escolhidos e anotados por Daniel Frey e Nicola Stricker, apresentação por D. Frey, Paris, Seuil, 2010.

Anthropologie philosophique[4]; e o quarto, *Politique, économie et société*[5], editado em 2019. Um dos grandes interesses desses *Écrits et conférences* é que muitos dos textos que aí figuram no original francês só haviam sido publicados em traduções (inglês, italiano, alemão, espanhol, japonês). Outros escritos — ou melhor "entrevistas" que ele dera em momentos diferentes de sua vida — foram reunidos e publicados em 2017 sob o título significativo *Philosophie, éthique et politique*, combinando aquilo que, em última análise, não é dissociável no pensamento de P. Ricoeur: a política.

Alguns dos temas então abordados têm também a ver com os dois volumes de ensaios que ele próprio havia reunido, em 1995, sob o título de *Le juste I* e *Le juste II*[6]. Título que, por si só, diz muito sobre a preocupação de Ricoeur de refletir sobre os vários aspectos do que ele aborda em torno do que é "justo", e em torno do que, seguindo Aristóteles, ele denominava como uma "vida boa". Ou seja, uma vida cujo *telos*, cuja finalidade é o bem. E, portanto, uma vida cada vez mais responsável e consciente de tudo aquilo que nos engana sobre nós mesmos, quando nos iludimos sobre nossas motivações e nossas ambições, incapazes de considerar os outros como pessoas equivalentes a nós mesmos, dignos de nosso respeito e de nossa solicitude. É, aliás, nesse horizonte que o interesse de Ricoeur pela obra de Freud, ou seja, pelo "inconsciente", pode ser bem compreendido e integrado ao seu pensamento.

São ainda considerações dessa ordem que levaram Ricoeur a escrever a obra-prima que é *Soi-même comme un autre*[7].

---

4. Cf. RICOEUR, Paul, *Écrits et conférences 3, Anthropologie philosophique*, Paris, Seuil, 2013.
5. Cf. RICOEUR, Paul, *Écrits et conférences 4, Politique, économie et société*, textos escolhidos, anotados e apresentados por Pierre-Olivier Monteil, Paris, Seuil, 2019.
6. Cf. RICOEUR, Paul, *Le juste I*, Paris, Esprit, 1995; RICOEUR, Paul, *Le juste II*, Paris, Esprit, 2001. *Esprit* é o nome da revista fundada por E. Mounier, com a qual Ricoeur colaborava. Na sua longa "introdução" ao *Le juste II*, Ricoeur se detém a explicar o que diferencia os dois volumes. Cabe ainda lembrar que sob o título *Le juste, la justice et son échec*, foi publicado em 2006, na coleção *Carnets de L'Herne*, o ensaio que Ricoeur publicara nos *Cahiers de L'Herne*, n. 81, a ele consagrado.
7. RICOEUR, Paul, *Soi-même comme un autre*, Paris, Seuil, 1990. A obra surgiu em primeiro lugar das conferências pronunciadas em 1986 por Ricoeur em Edimburgo, Escócia, no quadro das *Gifford Lectures*.

Nessa minha coletânea, não tenho a pretensão de abordar todos os aspectos do pensamento de Ricoeur, pois não conheço todos os autores lidos e estudados por ele e que enriqueceram sua reflexão. Talvez deva ainda lembrar que de Ricoeur não fui apenas uma leitora. Fui primeiro sua estudante e, em seguida, depois de ter defendido, sob sua direção, uma tese relativa à intersubjetividade na fenomenologia husserliana[8], também uma pesquisadora do Centro de Fenomenologia (*les Archives Husserl* de Paris) do qual ele assumira a direção, após o falecimento, em 1961, de Maurice Merleau-Ponty. Em outras palavras: de Paul Ricoeur fui antes de tudo uma *ouvinte*. Escutá-lo me permitiu ter experiência de sua maneira de proceder ao dialogar com os autores por ele lidos, inclusive de sua abertura e de sua modéstia quando solicitado pelas questões dos pesquisadores que dirigia.

Isto dito, gostaria de acrescentar que nem sempre julguei necessário que o grande leitor que era Ricoeur fizesse o que ele denominava de *détour* por obras que havia lido, mas que, em última análise, não tivessem tanto a ver com seu pensamento. Se sua atenção a autores muito diversos é meritória, a inclusão em seus escritos de passagens onde discute pensamentos assaz distantes do seu nem sempre contribui a evidenciar o sentido mesmo de sua reflexão.

A esse respeito, Jacques Taminiaux ao iniciar seu excelente artigo, *Idem et Ipse, Remarques arendtiennes sur Soi-même comme un autre*, não hesita em escrever:

> Paul Ricoeur era um leitor incansável e podemos nos encantar com a aptidão que ele tinha para prestar uma extrema atenção aos escritos de inúmeros de seus contemporâneos que de modo nenhum reivindicavam os eixos nos quais ele inscrevia seu próprio percurso — a fenomenologia e a hermenêutica — e a respeito dos quais alguns dentre eles não se privavam de manifestar (proclamar) seja indiferença, seja hostilidade[9].

---

8. Título da tese: *L'Intersubjectivité et l'être-en-commun dans la philosophie phénoménologique de Husserl*.
9. Cf. TAMINIAUX, Jacques, Idem et ipse, Remarques arendtiennes sur Soi-même comme un autre, *Cités*, (Philosophie, Politique, Histoire), n. 33 (2008) 119. Tradução nossa. O número tem por título *Paul Ricoeur — Interprétation et reconnaissance*.

Quanto a Peter Kemp[10], que fora também discente de Ricoeur e tornara-se seu amigo e um dos melhores conhecedores de sua obra, ele se refere a sua atitude de espírito, observando:

> Este esforço de conciliação, ele exercia não somente em sua vida pessoal, mas também no trabalho filosófico, procurando constantemente fazer dialogar correntes de pensamento bastante diferentes, como a filosofia analítica e a filosofia dita "continental", ou fazer relacionar disciplinas das ciências humanas e sociais consideradas como estranhas umas às outras, ou ainda interrogando campos diversos, como as ciências médicas ou a hermenêutica bíblica[11].

O fato é que aqueles que conheceram bem Ricoeur não podiam deixar de admirar sua abertura de espírito, seu desejo de refletir, de se interrogar sobre aquilo que em outros pensadores, cujas trajetórias eram bastante diversas da sua, o interpelava e solicitava seu esforço de ir adiante, de prosseguir sua interrogação.

Essa atitude convergia com a recusa de Ricoeur de procurar "totalizar" seu pensamento em *sistema*, de tratar sua obra como algo de essencialmente "concluído". Suas leituras despertavam questões outras que ele não havia ainda encarado. Na verdade, pensar filosoficamente não tem fim, já que as interpelações imprevistas da vida humana e dos acontecimentos que a atingem, assim como as modificações que, ao longo do tempo, chegam por meio de outros saberes científicos, antropológicos, não cessam de solicitar novas reflexões filosóficas.

Quanto a meus textos aqui reunidos eles podem ser vistos como introduções a temas de primeira ordem abordados na obra de Paul Ricoeur. Tratam-se, em sua maioria, de textos solicitados por ocasião de Seminários ou de Colóquios. Ao reuni-los, desejo que meus futuros leitores se interessem cada vez mais pelo pensamento de Ricoeur e levem adiante seu conhecimento da obra do grande filósofo que ele foi.

---

10. Peter Kemp faleceu em 2018. Foi um abalo para todos que o conheciam.
11. Cf. KEMP, Peter, *Sagesse pratique de Paul Ricoeur*, Huit Études, Paris, Sandre, 2010, 8.

No que diz respeito a ordem dos textos presentes nesta coletânea, optei por não seguir um critério cronológico. Preferi um índice mais respeitoso dos temas em jogo. Decidi aliás começar pelo texto de uma palestra recentemente feita na UFMG, onde eu procurava dar uma visão geral dos eixos determinantes do pensamento de Paul Ricoeur. Eles apontam para questões decisivas de sua obra, que os artigos seguintes tentam analisar mais detalhada e profundamente.

1. Aspiração à justiça e sabedoria prática[1]

A preocupação ética esteve sempre no cerne do pensamento de Paul Ricoeur. Um dos indícios relevantes dessa preocupação reside no fato de bem cedo ter ele escolhido a filosofia da vontade como tema de seu *Doctorat d'État*. Doutorado que uma vez publicado se compõe de três tomos. O primeiro tomo de seu *Philosophie de la volonté* leva o título *Le volontaire et l'involontaire*, já os dois outros, levam o título geral de *Finitude et culpabilité*, e são designados, respectivamente, como *L'homme faillible* e *La symbolique du mal*.

Temas como o do *mal* e o da *culpabilidade* indicam o que já de início interpelava o autor, ou seja, sua aspiração à justiça e sua vontade de refletir, enquanto filósofo, com vistas a um mundo melhor para todos.

Em sua *Autobiographie intellectuelle*, que constitui a primeira parte de *Réflexion faite*, Ricoeur tenta se explicar sobre sua escolha do tema da vontade e da afetividade ao dizer que "prolongando e ampliando a

---

1. Texto modificado de uma palestra feita em 28 de setembro 2018 na UFMG, cujo objetivo era apresentar as linhas mestras da motivação filosófica de Paul Ricoeur. A palestra retomava meu ensaio *Justiça, direito e o problema do mal em P. Ricoeur*, publicado em *Pensar*, revista eletrônica da FAJE, 2017, e reproduzido nas páginas 89-109 desta coletânea.

análise eidética segundo Husserl, ambicionava, não sem uma certa ingenuidade, dar uma contrapartida, na ordem prática, à *Phénoménologie de la perception* de Merleau-Ponty"[2]. Livro que havia descoberto ao voltar de seu cativeiro na Alemanha.

Na verdade, Ricoeur, que sempre se interessou pelo agir do ser humano, desejava aprofundar a dimensão ética da vida humana. Por ocasião de sua *Réponse à David Stewart*, que havia escrito sobre a "guinada" que ele (Ricoeur) teria realizado ao se voltar para a questão da linguagem, Ricoeur sublinha:

> Mas a ação foi sempre o centro de organização de minha reflexão filosófica sob uma variedade de títulos: primeiro, o voluntário e o involuntário, depois o desejo e o esforço — elevados ao nível metafísico do desejo de ser e do esforço de existir — e, finalmente, o poder da ação em *O si-mesmo como um outro*. Por outro lado, pode-se considerar que a linguagem é o ponto de organização de muitas investigações. A esse respeito não há razão de se falar de "virada linguística": o dizer da vontade, o dizer do símbolo etc. estiveram sempre em discussão desde minhas primeiras obras[3].

Quando agimos podemos sempre narrar a nossa ação enunciando as razões que nos fizeram agir desse ou daquele modo, ou, então, nos omitir. E, como já mostrara Aristóteles, o agir humano (a práxis) tem sempre dimensões éticas.

Ao mencionar a "ordem prática", Ricoeur destaca o que após Kant se designaria como Filosofia Prática, e acrescenta que uma das experiências fundamentais de nossas vidas, desde nossa infância, é a que se exprime pelo grito: "(isto) é injusto!".

Como já escrevera no "preâmbulo" ao primeiro tomo de sua coletânea intitulada *Le juste*:

> É de propósito que evocando recordações da infância, eu nomeio o injusto antes do justo — como muitas vezes o fazem aliás, de maneira claramente

---

2. Cf. RICOEUR, Paul, *Réflexion faite, Autobiographie intellectuelle*, Paris, Esprit, 1995, 23.
3. Cf. RICOEUR, Paul, Réponse à David Stewart, in: ID., *L'Herméneutique biblique*, Paris, Cerf, 2005, 103.

intencional, Platão e Aristóteles. Nosso primeiro acesso à região do direito não foi ele marcado pelo grito: "é injusto!" Esse grito é o da *indignação*, cuja perspicácia às vezes nos embaraça ao ser comparada às nossas hesitações de adultos quando somos obrigados a nos pronunciar sobre o justo em termos positivos[4].

A expressão "protesto contra a injustiça" manifesta a questão moral e ética de nossa aspiração à justiça, no horizonte de nossa vida em comum, isto é, no horizonte do mundo em que vivemos.

Os dois tomos da coletânea *O justo* nos deixam ver a questão da justiça enquanto entremeada com a do poder judiciário que um Estado de direito confere à instituição judiciária para julgar os casos em que estão em jogo relações de conflito entre cidadãos.

Pouco depois do falecimento de Ricoeur, em maio de 2005 as *Éditions de l'Herne* publicam num livrinho à parte o artigo intitulado *Le juste, la justice et son échec*, que havia sido sua contribuição ao n. 81 do *Cahiers de l'Herne* a ele consagrado. Em 2008, o *Fonds Ricoeur* publica, sob o título *Amour et justice*, ensaios de Ricoeur que haviam sido publicados em outras línguas, sem que fosse ainda o caso dos originais em francês.

O fato patente é que ao se interessar pela questão da ação, isto é, do agir e do sofrer inerentes à vida humana, Ricoeur sempre manifesta sua aspiração à justiça. Os temas de sua reflexão sobre o tempo, a narração (histórica e literária), a questão do mal ou o das interpretações conflitantes, têm todos a ver com a dimensão ética do nosso ser que age, embora o façamos muitas vezes nos enganando sobre nós mesmos, não resistindo às nossas ilusões e ao mal que elas encerram.

Ricoeur reafirma essa preocupação filosófica, que sempre o acompanhou, em sua grande obra *O si-mesmo como um outro*. Obra que torna famoso o adágio de sua reflexão: "*la visée de la 'vie bonne' avec et pour autrui dans des institutions justes*" ("a busca da 'vida boa' com e para o outro em instituições justas").

Abordaremos mais adiante a obra *O si-mesmo como um outro* e ainda alguns dos artigos mencionados, publicados em duas coletâneas

---

4. Cf. RICOEUR, *Le juste I*, 11.

editadas depois de falecimento de Ricoeur: a intitulada *Amour et justice*, e a mais recente, cujo título é *Philosophie, éthique et politique*, publicada em 2017.

Vejamos de antemão, embora sucintamente, os tomos *O justo I* e *O justo II*.

No primeiro artigo de *O justo I*, cujo título é a pergunta "quem é o sujeito do direito?", — e como sublinho no meu ensaio *Justiça, direito e o problema do mal em Paul Ricoeur*[5] —, Ricoeur refere-se à emergência de um "sujeito de direito" procurando esclarecer a expressão "como eu", que estará presente no título mesmo de *O si-mesmo como um outro*. E, em vista desse esclarecimento, escreve: "como eu, o outro pode se designar como *eu* quando fala. A expressão *como eu* já anuncia o reconhecimento do outro como igual a mim (*mon égal*) em termos de direitos e de deveres"[6].

Um dos pontos que se quer destacar nesse primeiro artigo de *O justo I* é a substituição da vingança, do ato de vingança pela palavra, substituição essa que, graças ao processo jurídico, vai se operando através dos argumentos pronunciados tanto pelo advogado da vítima (ou das vítimas) quanto pelo defensor (ou defensores) do acusado. O que não exclui que também possa ocorrer injustiça na sentença do juiz.

Convém, porém, precisar que há vários anos de distância entre os dois tomos de *O justo*. *O justo I* foi editado em 1995, enquanto *O justo II* somente em 2001. E na sua longa introdução ao *O justo II*, Ricoeur comenta que, graças às várias leituras que fez de outros pensadores (e não apenas de filósofos), ele se deixou cada vez mais interpelar a respeito do uso que fizera do adjetivo "justo":

> No tomo I — escreve ele —, o eixo principal passava pela relação entre a ideia de justiça enquanto regra moral e a justiça enquanto instituição. No presente tomo [isto é, no tomo II], o adjetivo é reconduzido a sua fonte terminológica e conceitual como vemos nos *diálogos socráticos* de Platão[7].

---

5. Cf. meu artigo publicado em 2017 em "Pensar", revista eletrônica da FAJE, e nas páginas 89-109 deste volume.

6. Cf. RICOEUR, Paul, Qui est le sujet du droit?, in: ID., *Le juste I*, 35.

7. RICOEUR, *Le juste II*, 7.

Ricoeur refere-se então ao adjetivo neutro grego *to dikaion*, considerado um adjetivo substantivado, e menciona ainda que "nos *diálogos socráticos* de Platão, o injusto — *to adikon* — é regularmente nomeado antes do justo"[8].

Essa importante referência à Platão não deve nos fazer esquecer que entre Platão e Aristóteles, este foi o que mais contou no conjunto da obra de Ricoeur. Basta lembrar que nos três volumes de *Temps et récit* (*Tempo e narrativa*), o autor procura mostrar a articulação essencial — o "círculo" — entre o tempo humano e a narração, de modo que o primeiro volume se abre com um estudo sobre o tempo no Livro XI das *Confissões* de Santo Agostinho, e o segundo, com um estudo sobre a *Poética* de Aristóteles.

Em sua introdução a *O justo II*, Ricoeur deixa claro a respeito da justiça a noção aristotélica de "sabedoria prática", que será o recurso para que, filosoficamente, não limitemos nossa reflexão moral à *Crítica razão prática* de Kant e sejamos capazes de detectar seus limites.

A relação de Ricoeur com a filosofia moral de Kant, bem como seu ir além no que poderíamos chamar de dimensão ética de sua reflexão hermenêutica, necessitaria de uma longa abordagem, que inicialmente esbocei em um artigo bem desenvolvido, mas não concluído, cujo título seria *La présence de Kant dans la pensée herméneutique de Paul Ricoeur*. Aqui, vou me restringir a alguns aspectos que julgo significativos para esse estudo inicial da coletânea.

Quando, por exemplo, Ricoeur resume sua abordagem da "falta" (do erro, ou da falha) na *Simbólica do mal*, sublinhando o que se deve à imaginação artística, literária, ele se refere ao Kant da *Crítica da faculdade de julgar*, e não ao da *Crítica da razão prática*, em seu §49, fazendo a seguinte inquirição sobre o que Kant entende por *ideias estéticas*, ou seja, sobre "esta representação da imaginação que dá muito a pensar, sem que, no entanto, nenhum pensamento determinado, isto é, sem que nenhum *conceito* lhe possa ser apropriado, e, por conseguinte, sem que linguagem alguma possa exprimi-la completamente nem torná-la inteligível"[9].

---

8. RICOEUR, *Le juste II*, 10.
9. Cf. KANT, Immanuel, *Critique de la faculté de juger*, in: ID., *Œuvres philosophiques*, v. II, Paris, Gallimard, Pléiade, 1985, §49, 1097.

Ao estender esse caráter das ideias estéticas às expressões simbólicas da consciência faltosa, Ricoeur entende sublinhar que é a esfera moral em si que não poderia se reduzir a uma aproximação formal (formalista), como a da moral kantiana na *Crítica da razão prática*. Esse "alargar" da esfera das aquisições da terceira crítica kantiana para aplicá-la à dimensão moral, no entanto, não teria sido aprovado por Kant. E Ricoeur não o ignora. É essa diferença de posições que o levaria a distinguir entre "Moral" e "Ética", a primeira denominando o que tem que ver com a lei moral (a "razão prática") e a segunda, o que tem que ver com a "sabedoria prática" (*phronesis*). Ou seja, a sabedoria que deve orientar nossa atitude e nossa decisão quando, ao julgarmos, sentimos a necessidade de levar em conta a singularidade de uma situação, as circunstâncias de uma ação.

A esse respeito, Ricoeur assume ainda a posição que partilhava com Jean Nabert, filósofo por ele muito estimado e de quem herdara, por assim dizer, o método reflexivo de seu pensamento. No seu posfácio a *Jean Nabert. Une relecture*, que figura no livro *Jean Nabert et la question du divin*, em que foram reunidos os textos das comunicações feitas durante um seminário dedicado a Nabert no Institut Catholique de Paris, sob a direção de Philippe Capelle, Ricoeur escreve: "uma regra de leitura se manifesta, que importa para o método reflexivo: os poderes do espírito não se apreendem eles mesmos senão indiretamente, por meio de representações que se oferecem à descrição"[10].

A reflexão concebida por Nabert excede a crítica no sentido kantiano. Ela mostra como é importante enraizar os sentimentos no horizonte da esfera reflexiva. Ricoeur cita ainda uma obra de Nabert intitulada *Éléments pour une éthique*, em que se pode ler: "Todo o mundo sensível e todos os seres com quem nós convivemos (temos relações) nos aparecem às vezes como um texto a decifrar"[11].

Ao comentar a contribuição trazida pela reflexão ética de Jean Nabert, Ricoeur afirma:

---

10. RICOEUR, Paul, Jean Nabert, Une relecture, in: CAPELLE, Philippe (ed.), *Jean Nabert et la question du divin*, Paris, Cerf, 142. Nessa mesma coletânea consta também o meu ensaio *Comment la conscience de soi s'assure-t-elle de l'idée du divin?*, 13-32.

11. Ibid., 143.

Nabert abriu assim, ou melhor reabriu, um vasto canteiro em que deveriam figurar outros sentimentos que poder-se-ia qualificar de infelizes, como a vergonha, o ódio, o ciúme, a inveja — sim, a inveja, que é o oposto da gratidão, mas também os sentimentos felizes como a satisfação, o gozo, a admiração, a estima, o respeito, e certamente o amor e a amizade — mas ainda a piedade, a compaixão, e, coroando o todo, a gratidão, que se diz também reconhecimento[12].

E quando, na Suíça, Ricoeur dará aulas sobre a questão do mal — *Le mal. Un défi à la philosophie et à la théologie* —, ele faz justamente uma releitura do ensaio de Nabert intitulado *Essai sur le mal*. Daí sua afirmação sobre aquilo que não se pode justificar: "O injustificável é aquilo que, no excesso do mal — tal crueldade, tal baixeza, tal desigualdade extrema nas condições sociais — excede a simples oposição do que não é válido e do que é válido"[13].

Retornamos assim ao injusto, que sempre ameaça o nosso agir, mesmo quando tal ameaça permanece em parte oculta aos nossos próprios olhos, pois muitas vezes o "eu" não é capaz de ler o "texto" traçado por suas próprias ações, como apontara Nabert.

Isso tudo remete à necessidade que temos do exemplo, do testemunho daqueles que procuram se descentrar de interesses individualistas, egocêntricos, tornando-se capazes de evitar os caminhos tortuosos do que é injusto. Necessitamos de análises do problema mal, seja de um mal real perpetrado por figuras históricas, seja de um mal perpetrado por personagens oriundos da imaginação literária, pois são os exemplos de um mal efetivo, ocorrido historicamente, ou os da imaginação literária que nos dão muito a pensar.

Agora, procuremos nos deter sobre a noção de "reconhecimento" que termina a afirmação na qual Ricoeur dizia que Nabert havia aberto o canteiro onde brotam ou sentimentos maus (infelizes) e ou sentimentos bons (felizes), e, dentre os bons, o do reconhecimento, o da gratidão.

---

12. Ibid., 145.
13. Ibid., 148.

Esta noção de reconhecimento figura no título de *Parcours de la reconnaissance*[14], a última obra publicada por Ricoeur quando ainda vivo. Reunindo três longos estudos, o autor retoma e aprofunda algumas conferências que havia feito anteriormente, e que, sob vários aspectos, têm bastante a ver com *O si-mesmo como um outro*. Os estudos são, respectivamente:

1) *O reconhecimento como identificação* (a memória e a promessa)
2) *O autorreconhecimento*
3) *O reconhecimento mútuo*

No terceiro deles, Ricoeur não encara o reconhecimento apenas de nível intersubjetivo do "eu" e do "tu", mas também o de nível social e político, onde está em jogo a relação entre "nós" e os "outros". Nesse nível é que a injustiça se revela contundente, pois tem que ver com o fato de olhar *a priori* o outro com desprezo, como proveniente de uma comunidade inferior, e não como um outro "si mesmo". A etiqueta do grupo discriminado, tido por "inferior", impede que haja um verdadeiro encontro com o "outro", quando o "outro" é visto como fazendo parte do "eles", classificado como abaixo de "nós" e não podendo gozar dos mesmos direitos, ou da mesma consideração.

Digamos *en passant* que no capítulo V, e último desse terceiro estudo, Ricoeur dedica sua reflexão "à luta pelo reconhecimento e os estados de paz". Indispensável é que se cultive uma "sabedoria prática" para se lutar contra as rivalidades e as oposições entre os povos e as injustiças sociais que prevalecem sob vários aspectos em todo o mundo.

A necessidade de se recorrer à sabedoria prática, que exige levar em conta a singularidade de cada caso, as circunstâncias do que realmente acontece e as ações a serem julgadas é que conduziu Ricoeur a afirmar o primado da ética sobre a moral, sem de modo algum ostracizar a aquisição deontológica da filosofia moral kantiana. É esse aspecto que Ricoeur reflete nos três capítulos que compõem o que ele designa como o quarto

---

14. RICOEUR, Paul, *Parcours de la reconnaissance*, Paris, Stock, 2004. Coleção *Les essais*, dirigida por F. Azouvi. Sobre essa obra, ver minha resenha nas páginas 251-261.

subconjunto de *O si-mesmo como um outro* — os capítulos VII, VIII e IX —, que ele aponta como "sua pequena ética".

Depois de suas alusões a essa "pequena ética" e de seu comentário sobre o uso que faz do "si" em *O si-mesmo como um outro*, ele observa em seu prefácio: "A *autonomia* do si surgirá aí intimamente ligada à *solicitude* com o próximo e à justiça para cada homem"[15]. A universalidade da expressão "a justiça para cada homem" por si só elimina a oposição entre "nós" e "eles", quando "eles" são vistos e tratados como inferiores.

No capítulo VII, em que se inicia sua "pequena ética", Ricoeur aborda a dimensão "ao mesmo tempo — diz ele — ética e moral, com a ressalva da distinção que proporei em breve entre os dois termos considerados muitas vezes sinônimos". E acrescenta: "Uma dimensão nova, mas que não marca nenhuma ruptura de método com os precedentes".

Está em jogo aqui o que já apontamos, ou seja, a diferença de nível que Ricoeur estabelece entre o deontológico, em que estão em questão a lei e o dever moral, e a sabedoria prática, em que a justiça requer que se considere a singularidade de cada situação para que se escape a uma aplicação formal da lei e a um legalismo, que em certas circunstâncias pode ser deveras injusto.

Para exemplificar essa diferença, eu costumo tomar como exemplo o que faziam aqueles que, durante o regime francês de Vichy, aliado da Alemanha nazista, procuravam salvar judeus. Para isso eram obrigados a mentir dizendo que as pessoas procuradas haviam viajado, se exilado e que não se sabia para onde tinham ido. E isso quando muitas vezes a pessoa ou as pessoas procuradas se encontravam escondidas não longe da pessoa interrogada, mesmo que ela soubesse disso.

Se a mentira, com poucas exceções, é quase sempre fonte do mal — como o livro do Gênesis nos mostra ao narrar o primeiro pecado, o de Adão e Eva —, no caso aqui em pauta, em que a ação de mentir visa a salvar pessoas perseguidas e destinadas a extermínio, estamos diante de um alvo (de um *telos*) que é bom, muito bom. Foi isso que, aliás, Kant não reconheceu quando, em resposta polêmica a um escrito

---

15. Cf. RICOEUR, Paul, *O si-mesmo como um outro*, trad. Lucy Moreira Cesar, Campinas, Papirus, 1991, 30.

de Benjamin Constant, datado de 1797, redige um breve ensaio intitulado *Sobre o pretenso direito de mentir por amor à humanidade* (ou *por razões humanitárias*). Confirma-se por esse viés o quanto é necessária a distinção entre o deontológico e o teleológico no campo do agir, das ações humanas.

Nessa distinção entre deontológico e teleológico, Ricoeur reconhece de um lado a herança kantiana e do outro a herança aristotélica, e também que ambas devem ser adotadas, ainda que se estabeleça "o primado da ética sobre a moral"[16] quando o que se visa é a "vida boa", a vida voltada para o bem.

Quanto à relativa convergência das duas dimensões, no oitavo estudo Ricoeur observa que a universalidade não deixa de ser implícita à perspectiva teleológica da ética aristotélica, enquanto que a dimensão deontológica da "obrigação moral não existe sem ligações na perspectiva da 'vida boa'". E acrescenta: "Essa ancoragem do momento deontológico no seu enfoque teleológico se manifesta pelo lugar que ocupa em Kant o conceito de boa-vontade no princípio da *Fundamentação da metafísica dos costumes*", tendo então em vista a seguinte afirmação kantiana: "De tudo o que é possível conceber no mundo e mesmo em geral fora do mundo, não existe nada que possa sem restrição (*ohne Einschränkung*) ser considerado bom se não existe uma *boa-vontade*"[17].

A respeito da mentira, condenada formal e universalmente por Kant, ainda que existam situações em que, como vimos, a mentira é aquilo a que, por espírito de justiça, devemos recorrer, haveria muito ainda o que dizer. Por outro lado, nos dias de hoje a mentira se universaliza de tal maneira que ela se constitui — por meio da publicidade e das *fake news* — uma grande ameaça à nossa civilização, que está se desviando estruturalmente da verdade e do bem por razões financeiras, econômicas e políticas. E com isso se desviando cada vez mais da questão da vida que merece ser qualificada de "boa".

---

16. Ibid., 202.
17. Ibid., 239. Ricoeur cita I. Kant segundo a tradução francesa: KANT, *Œuvres philosophiques*, v. II, 250.

Segundo Ricoeur, a "vida boa", que cada um deve eticamente almejar para si mesmo e para os outros, impõe a busca de instituições justas. O que de fato significa que não se pode aceitar nenhum tipo de injustiça, seja ela racial, social, política etc. que prevalece em nosso mundo. Eu gostaria de acrescentar que o próprio termo tão prestigiado de "democracia" serve frequentemente para esconder a injustiça política, como ocorria nos Estados Unidos quando os negros não tinham direito de votar. Discriminação racial que, de certo modo, está ainda ocorrendo no campo de direitos sociais e só é acentuada em certos estados daquele país.

Com relação ao racismo americano, eu havia visto um filme muito bom, chamado *Loving*, baseado em fatos reais e o mencionei no meu artigo *Justiça, direito e o problema do mal em Paul Ricoeur*, que foi o texto de uma conferência que fiz na FAJE e que figura em *Pensar*, a revista eletrônica da mesma faculdade. Nesse texto eu chamo a atenção dos leitores para o fato que no Estado da Virginia o direito não autorizava de modo algum o casamento inter-racial. O casal Richard e Mildred Loving foram se casar oficialmente em Washington, mas quando tiveram filhos eles não puderam ser reconhecidos e registrados na Virgínia, sendo considerados como ilegais e espúrios. Assim, o filme *Loving*, de 2016, redigido e dirigido por Jeff Nichols, aponta para a injustiça visceral contida em direitos oficiais adotados em vários lugares do mundo.

O termo "democracia" serve, sim, para cobrir as injustiças que reinam nas chamadas "grandes democracias". Ao ver esse filme e refletir sobre a situação de vários países do mundo, onde os governantes são eleitos "democraticamente" pelo povo, como se costuma dizer, eu não pude deixar de pensar em Georges Bernanos, quando qualificava "democracia" de conceito prostituído...

Esse horizonte de injustiça no plano social e político, Ricoeur, como pessoa e como pensador, nunca negligenciou. Como não encarar de antemão aquilo que decorre de certas ações humanas? Tais ações e suas possíveis consequências não devem ser negligenciadas durante a educação escolar. Por outro lado, e nos casos de crimes condenados pela lei, como se contentar de isolar o criminoso sem que se busque nele uma tomada de consciência do mal praticado, e, se possível, um arrependimento e uma recuperação? Ora, as prisões são geralmente lugares cada vez mais "entupidos"; nelas poucas são as vezes em que ocorre algum trabalho de reeducação. Pelo contrário, as prisões contribuem a alimentar ainda mais a criminalidade, já que muitas vezes os piores criminosos, que têm às vezes penas bastante longas, tentam fazer dos outros prisioneiros seus "discípulos".

Seria importante que, como pensadores, nos interrogássemos mais detidamente sobre os caminhos das sociedades em que vivemos, uma vez que tendem a promover tanto o descaso pela justiça quanto a criminalidade. Mas como tentar atenuar tais desafios?

Um aspecto do pensamento de Ricoeur sobre o qual importa ainda chamar a atenção tem que ver com a sua compreensão do ato de falar. Quando falamos para um outro indivíduo estamos, de certo modo, "agindo". No que se refere ao falar enquanto ação, Ricoeur, que muito aprendera de autores anglo-saxões, em particular com o livro de J. L. Austin *How to do things with words*, vai colocar em relevo como atos éticos o perdão e, sobretudo, a promessa, que implicam, de maneira particular, nossa temporalidade.

No caso da promessa, a injustiça pode se revelar quando feita em interesse próprio, sendo propositalmente traída. Trata-se da traição à palavra dada. A dita promessa teria sido feita com vistas à obtenção de interesses egocêntricos e inconfessáveis. Aquele a quem, pela palavra, algo se prometeu, não é respeitado nem reconhecido como um "outro".

Lembro aqui que para uma coletânea publicada em 2004, e dirigida por Marc Crépon e Marc de Launay sob o título de *La philosophie au risque de la promesse*, coletânea reunindo ensaios de vários autores. Ricoeur escreveu para essa coletânea o artigo *La promesse d'avant la promesse* [A promessa antes da promessa]. Essa afirmação paradoxal visa acentuar a importância prévia de manter a palavra dada. Ou seja, a obrigação que se tem diante daquele a quem se fez uma promessa é a de cumpri-la, e com isso de ser fiel a si-mesmo.

Também o perdão e a promessa foram temas abordados por Ricoeur seus ensaios hermenêuticos reunidos em *Le Conflit des interprétations*, publicados em 1969.

Seria fecundo ainda que se colocasse em relevo a leitura hermenêutica que faz Ricoeur da Bíblia, em que o que mais importa para ele é a exegese, e não a teologia — como ele, o filósofo, e André LaCocque, o exegeta, declaram na introdução de *Penser la Bible*, livro que reúne seis artigos de Ricoeur precedidos cada qual por um artigo de André LaCocque. Antes de terminar este apanhado do itinerário de Ricoeur, orientado por sua preocupação ética, parece-me necessário sublinhar que ele nunca dissociou sua aspiração à justiça — aspiração a uma relação mais justa entre os homens — e sua reflexão filosófica sobre o tempo, a narração, a história, o agir e o desafio do mal se entrecruzam e se enriquecem nas articulações que ele estabelece.

Ricoeur traça assim algumas vias essenciais para que pensemos o sentido de uma sabedoria prática, sabedoria da qual depende a paz mesma de nossas vidas e a de nosso mundo.

2. Perspectiva ética e busca do sentido em Paul Ricoeur[1]

Diante da abrangência da obra de Paul Ricoeur, da diversidade de seus campos de investigação, alguns seriam propensos a insinuar que ela carece de um fio condutor atravessando e unificando sua pluralidade, como se espera de uma obra filosófica de primeiro plano. Na verdade, essa suspeita revela mais a ignorância de quem a levanta (ou sua má fé) do que uma deficiência intrínseca ao pensamento de Ricoeur, comprometendo o valor de sua obra. Todos os que a conhecem bem reconhecem sua coerência. Como, a partir de 1963, pude seguir de perto o desenvolvimento de suas principais investigações, muitas vezes discutidas em cursos e seminários e divulgadas por meio de artigos antes de sua publicação sob forma de livro, pensei que não seria inútil sublinhar o sentimento que sempre me despertou o fato de ver Ricoeur se voltar para um novo campo de pesquisa: o de se tratar de mais uma etapa de uma

---

1. VILLELA-PETIT, Maria da Penha, Visée éthique et quête du sens chez Paul Ricoeur, *Hommage à Paul Ricoeur* (1913-2005), Journées de la philosophie à l'Unesco, Unesco, 2006, 135-170. A tradução do texto com pequenas modificações foi publicada como: VILLELA-PETIT, Maria da Penha, Perspectiva ética e busca do sentido em Paul Ricoeur, *Síntese — Revista de Filosofia*, v. 34, n. 108 (2007) 5-22.

busca consequente, guiada por uma alta exigência ética. Foi assim que, solicitada a participar de uma homenagem coorganizada pela Unesco e pelo Instituto Internacional de Filosofia em 17 de novembro de 2005 na sede da Unesco, achei que era o momento de relevar a unidade e o que acredito ser a fonte motivadora da trajetória de Ricoeur. Minha contribuição, intitulada *Visée éthique et quête du sens*, acaba de ser publicada no volume *Hommage à Paul Ricoeur (1913-2005)*, da Unesco. Minha proposta aqui é a de retomar e desenvolver esta apresentação, já que ela me parece adequada.

Embora Paul Ricoeur não tenha jamais escrito um tratado de ética ou alguma obra inteira e exclusivamente consagrada à filosofia prática, mas tão somente o que ele próprio chamou, referindo-se aos capítulos centrais de *Soi-même comme un autre*, de sua "pequena ética"[2], não há dúvida que a preocupação ética está no cerne de seu pensamento. Impunha-se a ele enquanto pensador a tarefa de pensar, com a maior justeza possível, o que uma determinada conjuntura discursiva exigia. E nisso era amplamente motivado por sua vontade de esclarecer o agir humano e assim contribuir à emergência de um mundo mais justo, menos portador de violência mortífera. Segundo ele, a perspectiva ética era inseparável da constituição de sentido, da emergência de significados através das diferentes formas de palavra ou de discurso, ou ainda através das obras de arte. Daí seu interesse pela inovação semântica, tanto ao nível da frase, como ver-se-ia em sua obra *La métaphore vive*, quanto ao nível da narração, como nos três volumes de *Temps et récit*. E aqui caberia ainda acrescentar suas considerações sobre a tradução e o ato de hospitalidade linguística que lhe é constitutivo. No pequeno opúsculo *Sur la traduction*, escreve ele que "a tradução não coloca apenas um problema ligado ao trabalho intelectual, teórico ou prático, mas também um problema ético. Levar o leitor ao autor, levar o autor ao leitor, correndo o risco de servir e de trair os dois, vem a ser praticar o que gosto de chamar de *hospitalidade linguística*"[3].

---

2. Cf. os estudos VII, VIII e IX de *Soi-même comme un autre*.
3. RICOEUR, Paul, Le paradigme de la traduction, in: ID., *Sur la traduction*, Montrouge, Bayard, 2004, 42.

Ricoeur era cônscio de que o discurso conceptual fora sempre precedido de palavras ricas de sentido, imperecíveis, e que continuam a interpelar o filósofo. Dentre estas palavras, destacam-se as dos poetas, mas também, e sobretudo depois do encontro da fonte grega com a fonte hebraica, as deste livro "biblioteca" que é a Bíblia[4]. Suas qualidades de leitor infatigável, ele as colocava a serviço daquele ideal ético que seu famoso adágio, já presente em *Soi-même comme un autre*, tão bem exprimirá: "viver bem com e para o outro em instituições justas".

Este último ponto é capital. É impossível não se frisar a importância que revestirá para Ricoeur a questão institucional. Todavia, isto não lhe estivera bem presente no início de sua vida filosófica e só se revelaria a ele depois de sua leitura de Hegel, como viria ele próprio a confessar num texto de 1974[5]. Sendo assim, julgamos preferível deixar esta questão por enquanto de lado a fim de melhor delinear o caminho de pensamento de Ricoeur a partir de seu trabalho de tese sobre a vontade.

Em *Réflexion faite*, publicada em 1995, a título de autobiografia intelectual, Ricoeur constata que quando veio à fenomenologia, a questão da percepção já havia sido estudada por Maurice Merleau-Ponty, e que ambicionara então, dar a esse "grande livro" que é a *Phénoménologie de la perception* "uma contrapartida na ordem prática"[6]. O resultado foi sua *Philosophie de la volonté* cujo primeiro tomo, *Le volontaire et l'involontaire*, foi publicado em 1950. Desde então é manifesto que é a polaridade do agir e do sofrer que ocupa prioritariamente a atenção de Ricoeur, o que repercute sobre a maneira mesma como ele iria encarar a fenomenologia husserliana.

---

4. Cf. a obra escrita em parceria com André LaCocque: RICOEUR, Paul; LACOCQUE, André, *Penser la Bible*, Paris, Seuil, 1998.
5. Cf. RICOEUR, Paul, *Hegel aujourd'hui*, texto de uma conferência feita na *Maison de la culture* de Grenoble, primeiro publicado em 1974, na revista *Études théologiques et religieuses*, e que acaba de ser republicado no número de março-abril 2006 da revista *Esprit*, número consagrado a *La pensée Ricoeur*. Referindo-se a *Le Volontaire et l'involontaire*, Ricoeur, modestamente, observa (188): "mon travail était très subjectiviste et presque solipsiste; il ne présentait jamais qu'un homme tout seul, avec son corps et le monde. Hegel nous apprend que tout commence quand une volonté rencontre une autre volonté (que ce soit dans le rapport du maître et de l'esclave, ou bien, dans la Philosophie du droit, le rapport juridique du contrat)".
6. RICOEUR, Paul, *Réflexion faite*, 22-23.

Sobre esta prevalência do agir sobre a percepção, temos ainda uma confirmação, quando em *Soi-même comme un autre* Ricoeur enumera as "quatro maneiras de interrogar" que derivam da problemática do si mesmo: "quem fala?", "quem age?", "quem conta sua história?" e "quem é o sujeito moral da imputação?". Este quaternário não inclui a questão "Quem vê?", cara a Merleau-Ponty, que a recebera de Descartes[7].

Não é, portanto, ocioso considerar a sequência das obras de Ricoeur à luz das relações que ele não cessou de aprofundar entre o agir e a palavra. Assim, se o primeiro tomo (*Le Volontaire et l'involontaire*) de sua *Philosophie de la volonté* foi dedicado a sondar as duas faces do agir, o segundo tomo, *Finitude et culpabilité* se divide em dois volumes: o primeiro, *L'homme faillible*, encara a vontade como precária, vulnerável, tanto é assim que, submetida à pressão do involuntário, dificilmente resiste às injunções das más tendências. No segundo volume, *La symbolique du mal*, afirma-se claramente a associação, tão decisiva antropologicamente, entre ação e palavra, esta última considerada sob a forma da imagem simbólica que vem a desabrochar quando o que há a dizer ultrapassa os recursos da linguagem ordinária ou mesmo da conceitual. Já nesta obra vê-se a importância que revestem aos olhos de Ricoeur as diversas expressões culturais por meio das quais a ação humana é apreendida e julgada. Ora, dado que requerem interpretação, é esta necessidade de compreender e interpretar o que os homens produzem em matéria de significação para dizer o que vivem e presenciam que leva Ricoeur a praticar sobre a fenomenologia o que ele próprio designa como enxerto hermenêutico (*greffe herméneutique*)[8].

Retrospectivamente, entrevê-se também o que conduziu Ricoeur a se interessar pelo pensamento de Freud, ao qual tinha sido introduzido por Roland Dalbiez, seu professor de filosofia no Liceu. Tratava-se, por

---

7. Sobre esta questão veja-se o nosso artigo: VILLELA-PETIT, Maria da Penha, Qui voit? Du privilège de la peinture chez Merleau-Ponty, *Études philosophiques*, n. 2 (2001) 261-278.

8. É verdade que Paul Ricoeur não se dava bem conta que se pode encarar a obra *Die Krisis der Europäischen Wissenschaften und die transzendentale Phänomenologie (Husserliana Bd. VI)*, de Edmund Husserl, como uma "introdução hermenêutica à fenomenologia".

um lado, de investigar o problema da consciência levando em conta o involuntário, já que ele tem uma dimensão que escapa à consciência. Donde a importância de se escrutar o papel atribuído por Freud ao inconsciente. Por outro lado, era preciso tirar as consequências filosóficas do fato de que "os signos do homem" não têm uma significação única e de imediato manifesta, como se pudessem dispensar um trabalho de interpretação. Ricoeur, contudo, já havia confrontado a necessidade de tal trabalho, desde sua reflexão sobre a simbólica do mal.

No prefácio ao *De l'Interprétation*, seu ensaio sobre Freud, Ricoeur faz aliás uma aproximação entre suas obras quando afirma que seu trabalho sobre Freud é "a longa trajetória pela qual retomo [ele retoma] sob novo enfoque o problema deixado em aberto ao fim de *La symbolique du mal*, isto é o problema da *relação entre uma hermenêutica dos símbolos e uma filosofia da reflexão concreta*"[9].

O procedimento de Ricoeur se caracteriza já aqui, como será o caso durante a elaboração de seus trabalhos ulteriores, por uma amplificação do campo problemático graças à tomada de consciência de novas dificuldades teóricas. Dificuldades encontradas à medida que ele avança em seu trabalho de filósofo preocupado com o agir humano, ou seja, com a condição humana. Ora, a questão do agir humano, do qual, como sublinhamos, a produção de sentido através da linguagem é inseparável, remete à questão da história e, por conseguinte, à narração, isto é, à palavra que elabora e conta histórias, as quais testemunham do poder configurativo da imaginação.

Não há, de fato, como compreender o itinerário filosófico de Ricoeur se se perde de vista a permanência do tema da história em sua reflexão. Em 1955, publicara ele uma coletânea de ensaios enfeixados sob título *Histoire et vérité*, manifestando o interesse que não cessará de o acompanhar pelos aspectos epistêmicos e ético-políticos da história. Anos mais tarde, ele escreve a grande trilogia intitulada *Temps et récit*, cujo tomo I, publicado em 1983, é não somente uma introdução ao tema do tempo humano, que como tempo do agir e do sofrer só pode ser dito sob uma

---

9. RICOEUR, Paul, *De l'interprétation, Essai sur Freud*, Paris, Seuil, 1965, 8.

forma narrativa, mas também uma abordagem meticulosa dos aspectos epistêmicos da historiografia, da história dos historiadores.

Na intervenção que fiz durante o Colóquio de Cerisy, de 1988, consagrado a Ricoeur, eu abordara justamente esta "questão da história", tentando traçar o percurso que vai de *Histoire et vérité* ao primeiro tomo de *Temps et récit*. Procurei então mostrar as antecipações da problemática de *Temps et récit* que se encontravam já esboçadas na primeira obra, sendo elas de três ordens assim resumidas:

1. O tempo é entendido como um poder de dispersão e a narração como um trabalho de composição que torna possível a emergência de sentido, de significado.
2. Desde *Histoire et vérité*, constata-se em Ricoeur uma desconfiança em relação a uma filosofia substancialista da história. Questão sobre a qual se estenderia longamente no capítulo *Renoncer à Hegel*, que figura no tomo III de *Temps et récit*.
3. Em *Histoire et vérité* já desponta o interesse de Ricoeur por uma epistemologia não positivista da história.

No fim do meu estudo sobre o percurso de Ricoeur de uma obra a outra, sendo a primeira um conjunto de ensaios e a segunda uma trilogia em três tomos, houve por bem mencionar suas considerações sobre a consciência histórica, o que me levava a concluir nos seguintes termos: "Fazendo retorno à questão do presente, de um presente aberto às nossas iniciativas, Ricoeur aprofunda a relação entre a história narrada e a história ainda por fazer — estas duas vertentes da história que nunca cessaram de solicitar sua reflexão filosófica"[10]. Esta conclusão é sempre pertinente embora ao escrevê-la eu ignorasse (como sem dúvida também ele) que Ricoeur ainda escreveria uma outra grande obra sobre a história. Estou a referir-me a *La mémoire, l'histoire et l'oubli*, cuja publicação ocorreu em 2000.

---

10. VILLELA-PETIT, Maria da Penha, D'Histoire et vérité à Temps et récit, La question de l'Histoire, in: GREISCH, Jean; KEARNEY, Richard (ed.), *Paul Ricoeur, Les Métamorphoses de la raison herméneutique*, Paris, Cerf, 1991, 185-197.

Mas antes de nos perguntarmos em que a preocupação com "história por fazer" não desertou Ricoeur nesta sua penúltima obra, quero evocar o comentário dele próprio à sucessão e ao encadeamento de seus trabalhos:

Cada obra responde a um desafio determinado, e o que a conecta as que precedem me parece ser menos um firme desenrolar de um projeto único que o reconhecimento de um resíduo deixado pela obra precedente, um resíduo que por sua vez conduz a um novo desafio[11].

Ricoeur não se enganou sobre seu modo de proceder. Nele não encontramos um projeto previamente concebido e claramente definido do qual sua obra não seria senão a realização efetiva, etapa por etapa. Melhor que isso, encontramos uma unidade de inspiração e de visão, que tem que ver com a vida humana em sua dimensão ética e política. E a serviço desta inspiração, um trabalho incessante com vistas a levar em conta os aspectos que lhe haviam passado despercebidos das questões que ele aborda. Trabalho esse que é inerente à busca de sentido e à responsabilidade que o filósofo deve assumir.

É com tal propósito que, antes de voltar à questão da história pelo viés da memória, Ricoeur, em *Soi-même comme un autre*, retoma o fio da noção de identidade narrativa. Esta noção surgira nas conclusões de *O tempo narrado*, o terceiro tomo de *Temps et récit*, como decorrente da resposta narrativa proposta na obra ao desafio que constitui o tempo humano para a razão filosófica.

A noção de identidade narrativa, a qual só chegara ao término de *Temps et récit*, vai, portanto, levá-lo a aprofundar a questão da identidade pessoal. O interesse de tal ponto de partida é de permitir que seja plenamente assumida a dimensão da temporalidade, como intrínseca à identidade de um ser que, coexistindo com outros, é cônscio de se transformar no decorrer de uma história através da qual ele próprio se constitui. É este o contexto problemático que conduz Ricoeur a operar

---

11. Cf. A response by Paul Ricoeur, in: RICOEUR, Paul, *Hermeneutics & the Human Sciences*, editado e introduzido por John N. Thompson, Cambridge Universtiy Press e Éditions de la Maison des Sciences de l'Homme, 1981, 32.

um desdobramento entre a identidade do mesmo, do *idem*, ou como ele diz a identidade-mesmidade, e a identidade do *ipse*, do si mesmo, a identidade-ipseidade. A identidade pessoal oscila entre estes dois polos: o polo do mesmo que é representado pelo que habitualmente chama-se de caráter, o conjunto de disposições inatas ou adquiridas que conferem a cada um um perfil próprio, e o polo do si-mesmo, onde a identidade é encarada em sua dimensão ética, a de um homem *capaz* de falar, de agir, de se sentir responsável, em suma, de visar uma vida boa mantendo-se fiel a si-mesmo, à palavra dada através das inevitáveis mudanças sofridas ao longo do tempo. Entre estes dois polos a identidade narrativa exerce uma função de mediação, um papel mediador.

Ora, o desafio à impermanência temporal que é a possibilidade de se manter fiel a si mesmo, e cuja experiência crucial é a de ser confiável, tem a vantagem de inscrever a relação ao outro no cerne da relação a si mesmo.

A aposta de Ricoeur é substituir pela filosofia do si mesmo (do *ipse*) a egologia, portanto, destronando o *ego* de sua posição central em favor da relação interpessoal como inerente ao próprio si, que assim se reconhece como não tendo se autoposicionado no ser, mas como tendo sido dado a si mesmo.

Com vistas a uma problemática desta ordem, é evidente que qualquer que seja a importância que se atribua à identidade narrativa, ela, por si só, se revela insuficiente para pensar a ipseidade. Pois se a determinação da identidade narrativa é a resposta à questão "Quem?" por meio da narração de uma história de vida, cada um terá tantas identidades narrativas quantas histórias se puder contar a seu respeito. Mas, para que se pense a identidade pessoal, a ipseidade, isto não basta; é necessário que se tematize sua relação com a consciência moral e o desejo de "viver bem". Donde o enfoque do si mesmo em *Soi-même comme un autre*.

Em *La conscience et la loi. Enjeux philosophiques*, que conclui por assim dizer os ensaios reunidos no primeiro volume da coletânea *Le juste*, Ricoeur, quando explicita como entende esta relação entre a ipseidade e os dois polos que são a lei e a consciência, faz alusão a obra de Charles Taylor, *Sources of the self. The making of the modern identity*, que associa à questão do si (*self*) a do bem (*good*).

Esta correlação exprime o fato que a questão "Quem?" — "Quem sou eu?", presidindo toda busca da identidade pessoal, encontra um esboço de resposta nas modalidades de adesão pelas quais respondemos à solicitação de valorizações fortes. Em relação a isso, poder-se-ia estabelecer uma correspondência entre as diferentes variantes da discriminação entre o bem e o mal e as maneiras de se *orientar* no espaço moral, as maneiras de se *posicionar* no instante e de se *manter* no decorrer do tempo[12].

Já que fiz alusão a *Le juste I*, ao qual seguiu outra coletânea de mesmo nome, *Le juste II*, aproveito para sublinhar que uma das grandes contribuições de Ricoeur à reflexão moral é a de se ter voltado não apenas para o juízo moral, mas ainda para o jurídico, pois tanto um quanto outro se aplicam a casos concretos, que são, por definição, singulares. Como escreve ainda no artigo em pauta, *La conscience et la loi*: "Aplicar uma norma a um caso particular é uma operação extremamente complexa, que implica um estilo de interpretação irredutível a mecânica do silogismo prático"[13].

Esta atenção ao concreto em matéria moral exige justamente o que Ricoeur designa como sabedoria prática. Ela se impõe àqueles que são chamados a julgar, a dar provas de equidade, de um ponto de vista moral ou legal, jurídico. De fato, foram suas considerações sobre a especificidade do jurídico a meio caminho do moral e do político que permitiram a Ricoeur aprofundar sua compreensão dos problemas de interpretação colocados pela aplicação da lei e tendo-se em vista a particularidade de cada caso. Foi isto que o fez encarar ainda com mais força e nitidez o que sempre lhe interpelou, a saber: o confronto da lei, da norma, ao trágico da ação. A questão que se impõe é de "como julgar com sabedoria?", segundo o que Aristóteles designara como *phronesis*, esta virtude prática que é a sabedoria do julgar.

Ao passar dos anos, a referência a Aristóteles tornou-se uma constante do pensamento de Ricoeur sempre que se propunha a pensar a ação, ou a maneira que temos de narrá-la por meio da composição de

---

12. Cf. RICOEUR, Paul, La conscience et la loi, Enjeux philosophiques, in: ID., *Le juste I*, 211.
13. Ibid., 217.

uma intriga. Isto dito, é preciso acrescentar que, ao pensar a ação, Ricoeur tampouco negligenciou a contribuição hegeliana a respeito tanto do institucional, quanto dos costumes, da *Sittlichkeit*. O que não lhe impedia de ser cauteloso face ao que ele próprio chamava de "tentação hegeliana", expressão que aparece como título de um dos parágrafos de um ensaio que trata justamente da *raison pratique*. Em que consiste essa tentação? Em suma, em querer, ditado por uma preocupação com a vida ética concreta, ultrapassar "o formalismo kantiano", recorrendo para isso a Hegel. Qualquer que seja a atração exercida pelo pensamento hegeliano, o fato é que este recurso a *Sittlichkeit* — isto é, às regras costumeiras como fonte do permitido e do proibido numa comunidade determinada — não consegue satisfazer verdadeiramente as exigências da razão prática.

> Em relação a esta ética concreta, a moralidade kantiana adquire a significação restrita mas fundamental que nossa crítica lhe atribui. Ela constitui o momento de interiorização, de universalização, de formalização ao qual Kant identifica a razão prática. Este momento é necessário porque só ele instaura a autonomia do sujeito responsável, isto é, de um sujeito que se reconhece capaz de fazer aquilo que ao mesmo tempo ele reconhece dever fazer[14].

É, contudo, no decorrer do mesmo ensaio que Ricoeur argumentará sobre a impossibilidade de se assumir apenas o momento kantiano, conquanto indispensável, pois ele permanece bem aquém da complexidade do agir humano. Quanto à citação que acabamos de fazer, vemos que ela já continha *in nuce* os elementos de reflexão que Ricoeur irá tematizar mais amplamente em seus trabalhos subsequentes.

É o caso em particular da noção do ser *capaz* em relação com o *reconhecimento* de si.

Sobre a relação cruzada de Ricoeur a Kant e a Hegel, haveria ainda muito a dizer. Mas temos que nos limitar aqui a apenas algumas indicações sobre o kantismo post-hegeliano de Ricoeur, sem esquecer o quanto ele é marcado pelo recurso aos antigos, em particular a Aristóteles.

---

14. RICOEUR, Paul, La raison pratique, in: ID., *Du texte à l'action, Essais d'herméneutique II*, Paris, Seuil, 1986, 251.

Alguns anos depois do artigo mencionado sobre a razão prática, Ricoeur consagrará, em *Temps et récit III*, mais um capítulo a Hegel com o título bastante explícito de *Renoncer à Hegel* (*Renunciar a Hegel*), renunciar à tentação hegeliana. Só que desta vez o que está em pauta é de outra ordem: não se trata mais de filosofia moral, mas sobretudo da filosofia do Espírito, de Hegel, enquanto filosofia da história. O que se revela então problemático é a tentativa hegeliana de unificar o tempo histórico com vistas a uma totalização da história, totalização que torne possível sua submissão ao olhar do filósofo. Em última análise, descartando o narrativo (e, portanto, a pluralidade das narrações históricas), a filosofia do Espírito, em última análise, absorveria e absolveria a História.

Mas voltando à questão do agir, notemos que a "pequena ética" de *Soi-même comme un autre*, em que, segundo os termos mesmos de Ricoeur, "o lugar filosófico do justo já se encontrava marcado e delimitado", comportava um "interlúdio" consagrado a uma análise da *Antígona*, de Sófocles, logo, voltado para o trágico da ação. É este traço inerente à ação, ao qual é confrontado o homem capaz de agir, que exige que não se atenha apenas ao nível da obrigação moral. Em *Soi-même comme un autre*, esse nível — que é objeto do oitavo estudo (*Le soi et la norme morale*) — fica enquadrado entre dois outros estudos: o sétimo, que coloca o conjunto da "pequena ética" sob o signo da perspectiva ética, isto é, do desejo da vida boa (*Le soi et la visée éthique*) e o nono, que convoca a sabedoria prática diante dos desafios da ação (*Le soi et la sagesse pratique: la conviction*). Ricoeur começa este nono estudo pela seguinte consideração: "É o trágico da ação, ilustrado para sempre pela *Antígona* de Sófocles, que reconduz o formalismo moral ao núcleo mais vivo da ética"[15].

Para tornar mais eloquente a inclusão do interlúdio sobre o poema trágico de Sófocles em *Soi-même comme un autre*, é importante lembrar o papel que representou para Ricoeur o quadro de Rembrandt em que Aristóteles é representado tocando o busto de Homero. Interrogado por ocasião de uma entrevista com Edmond Blattchen sobre seu quadro-símbolo, a resposta de Ricoeur joga um facho de luz esclarecedor da

---

15. RICOEUR, *Soi-même comme un autre*, 291.

maneira como concebe o trabalho do filósofo e, por conseguinte, seu próprio trabalho. Cito um trecho significativo em relação ao que dizíamos a respeito da consciência que Ricoeur sempre teve das palavras plenas de sentido que precedem ou se inscrevem paralelamente ao discurso conceitual do filósofo:

> Aristóteles é *o* filósofo, como se dizia na Idade Média, mas *o* filósofo não começa do nada. E mesmo ele não começa a partir da filosofia, mas da poesia. É notável que a poesia seja representada por aquele que é *o* poeta, como a filosofia é representada pelo filósofo, mas é o poeta que se dá sob a forma de estátua enquanto que o filósofo está vivo, ou seja, é o filósofo que continua a interpretar. O poeta é por assim dizer recolhido em sua obra escrita, representada por um busto[16].

Além da afirmação segundo a qual "a primeira palavra não é nunca de nós mesmos", importa igualmente a Ricoeur, neste momento da entrevista, fazer observar que a dupla formada pelo poeta e pelo filósofo permanece incompleta se não se introduz um terceiro termo, o do político. Em outras palavras, a reflexão segunda do filósofo, ao se exercer sobre a ação trágica representada pelo poeta, não pode deixar de entrever que na raiz do trágico (referindo-se à *Antígona*) há o conflito de caráter político que opõe a heroína à instituição política.

Ainda a propósito de *Soi-même comme un autre*, observemos que a ordem do desenvolvimento que Ricoeur impôs a sua *petite éthique* — a qual figura no centro da obra —, acabaria por se revelar aos seus olhos como não sendo obrigatória. Esta é a constatação feita por ele mesmo em sua *Lectio magistralis*, dada em 24 de abril de 2001 na Universidade de Barcelona, quando retraça as principais etapas de sua trajetória filosófica que ele teve por bem colocar sob lema aprendido do seu primeiro professor de filosofia (Roland Dalbiez): "*Ne pas fuir devant une difficulté, mais l'aborder de front*". Assim, ao se referir ao que ele diz ter chamado, não sem ironia, de sua *petite éthique*, é a organização desta última que ele sugere ser revista. Propõe, então, encetá-la a partir do "nível normativo,

---

16. RICOEUR, Paul, *L'unique et le singulier*, coll. L'Intégrale des Entretiens «Noms de Dieu» de Edmond Blattechen, Liège (1993), Bruxelles, Alice, 1999, 55.

aquele em que se articula o sentido da norma e o do ser que se sente por ela obrigado". Este novo agenciamento não afeta, porém, o essencial, mas o faz descobrir de um modo outro. Trata-se de pedir apoio à "experiência moral comum, onde a relação ao permitido e ao proibido é, por um lado, um dado de base da vida moral e, por outro lado, um tema permanente de interrogação, de contestação, de revisão"[17]. O essencial é que este ponto de partida reforce a convicção que o nível da obrigação moral do "tu deves" pede sempre um fundamento mais radical. Fundamento que há de ser buscado na aspiração ao bem, à vida boa.

Opera-se aqui, segundo Ricoeur, um vai e vem entre a lei e o desejo, sem que nenhum deles possa dispensar o outro. Isto se exprime de maneira bastante nítida numa declaração que faz no prefácio de *Le juste I*:

> Do mesmo modo que a filosofia moral não pode dispensar a referência ao bem, à vida boa, a menos que ignore o enraizamento da moral na vida, no desejo, na privação, na aspiração, é inevitável também a transição do anelo ao imperativo, do desejo à proibição. Por quê? Pela razão fundamental que a ação implica uma capacidade de fazer que se efetua no plano interativo enquanto poder exercido por um agente sobre outro agente que dela é o receptor (que por ela é atingido)[18].

Nessa declaração se associam não somente a deontologia e a teleologia como também a dimensão interpessoal da ação sem que seja omitida a terrível constatação ligada à condição humana enquanto tal: a possibilidade de se fazer o mal. Pois, sendo cada um obnubilado pela tenaz ilusão natural que é o egocentrismo, poderá sempre se preferir ao outro e não hesitar em agir em seu detrimento, inclusive lhe fazendo violência. Esta condição mesma, porém, só se revela nitidamente à luz de um desejo não menos inexpugnável: a aspiração ao bem.

Só a lei, os deveres e as proibições podem assegurar a viabilidade de uma vida em comum. Ricoeur reconhece assim o papel estruturante da

---

17. Cf. RICOEUR, Paul, *Lectio magistralis*, apêndice, in: JERVOLINO, Domenico, *Paul Ricoeur, Une herméneutique de la condition humaine*, col. Philo, dirigida por J.-P. Zarader, Paris, Ellipses, 2002, 85.
18. RICOEUR, *Le juste I*, 18.

lei, sem, no entanto, jamais ignorar que o desejo a precede e a ultrapassa. Encontra-se aqui bem próximo a Jean Nabert, de quem ele sempre se reclamou relativamente à dimensão reflexiva de seu pensamento. Se para esse último o momento kantiano era incontornável, não menos ressentia ele a necessidade de ultrapassar uma filosofia prática que se satisfaz em postular a lei moral como princípio universal, à qual a ação de um sujeito racional deve se conformar. O mesmo ocorre com Ricoeur. Mas de onde vem a ambos o apelo a uma superação da lei moral como instância última da filosofia prática? Do fato que, se impondo à consciência sob a forma do dever, a lei moral deixa insatisfeita nossa aspiração mais profunda. Donde a conclusão tirada por Nabert, de que "o dever, mesmo fielmente obedecido, não chega a satisfazer o nosso desejo de ser (*désir d'être*)"[19].

À diferença de Nabert, Ricoeur retorna de maneira decisiva ao pensamento antigo, e seguindo Aristóteles e Platão, em lugar do vocabulário do "desejo de ser" (*désir d'être*) recorre de preferência ao adjetivo "bom" (a vida boa) e mesmo ao absoluto (platônico) do nome "bem", o "Bem". É a convicção da necessidade de tal transbordamento da filosofia prática kantiana que leva Ricoeur a se interessar, como vimos, pelo julgamento moral em situação, naquele ponto em que "a consciência moral em seu foro interior é forçada a tomar decisões singulares e isso num clima de incerteza e de grave conflitualidade"[20].

Os ensaios reunidos nos dois volumes de *Le juste* testemunham a atenção especial dada por Ricoeur aos problemas que, cada vez mais, surgem no campo da medicina ou na esfera jurídica, em que os especialistas solicitam a ajuda dos filósofos. Nada, portanto, de mais natural que seja Ricoeur uma referência de peso nessas áreas. Ele estava sempre prestes a se pôr a serviço de tais solicitações. Temos um testemunho explícito dessa atitude quando no colóquio *Justice ou vengeance* [Justiça ou vingança], realizado em 2004 pelo jornal *La Croix*, ele declara: "A contribuição de um filósofo me parece ser, tanto aqui quanto em situações análogas, a de

---

19. NABERT, Jean, *Éléments pour une éthique*, Paris, Aubier-Montaigne, ²1962. Préface de Paul Ricoeur.
20. RICOEUR, *Le juste I*, 240.

um analista, preocupado em proporcionar um esclarecimento conceitual, em ajudar a reconhecer as dificuldades e a distinguir as finalidades"[21].

Procurando, enquanto filósofo, servir nosso mundo, nossa civilização, Ricoeur assumia aquilo que desde o início havia sido uma das aspirações da filosofia: promover, graças a uma busca de significado e a um trabalho de esclarecimento conceitual, um viver em comum mais justo, voltado para o manter da cidade, sem esquecermos que a cidade, hoje, não pode mais ser pensada fora dos múltiplos elos e relações que as ligam a todas as outras. É nesta escala também, e não apenas no âmbito do Estado-nação, que se há de pensar em "instituições justas".

O sentido do serviço à comunidade, à sociedade, fora das fronteiras acadêmicas, não é dos menores méritos de Ricoeur. Foi por ter escutado esse apelo desde o início de sua vida adulta que ele se aproximou de Emmanuel Mounier, o fundador da revista *Esprit*, tão cedo desaparecido e cujo centenário de nascimento celebrou-se em 2005, ano marcado pelo falecimento de Ricoeur.

Mas tanto *Le juste* I quanto *Le juste* II ilustram outra das qualidades notáveis de Ricoeur — prova de sua modéstia verdadeira —, a de saber retomar e retrabalhar suas pesquisas anteriores à medida que descobria novas dificuldades, novos desafios. Temos um exemplo contundente e de grandes proporções com a obra intitulada *La mémoire, l'histoire, l'oubli*, onde retoma o tema da história, mas num diferente contexto problemático. Ricoeur se apercebera que havia deixado de lado a questão da memória, tanto em *Temps et récit* quanto em *Soi-même comme un autre*. No novo livro publicado em 2000, ele se propunha a preencher tal lacuna, que, a meu ver, não era sem incidência sobre outras questões, em particular sobre a do si e do reconhecimento de si.

Seria, no entanto, totalmente errôneo imaginar que na nova obra, de mais de 600 páginas, Ricoeur reintegra o tema da memória se contentando, para isso, em dispor de outro modo as aquisições precedentes. Cada obra tem a lógica condizente com seu propósito. Já na abertura de seu texto, ele deixa claro que, ao empreender sua longa investigação

---

21. RICOEUR, Paul, Sanction, réhabilitation, pardon, in: IBID., 193.

sobre a memória, a história e o esquecimento, seu objetivo era enfrentar os novos desafios e os conflitos que agitam o espaço público entre os partidários, de um lado, de um excesso de memória, e de outro os de um excesso de esquecimento[22]. Ao denunciar o excesso de memória, ele faz aliás um significativo "retorno" a Freud, quando sublinha que "o excesso de memória lembra em particular a compulsão de repetição". E de dizer: "Quantas violências pelo mundo que valem como *acting-out* (passagem ao ato) 'em lugar' de lembrança"[23].

Esta denunciação careceria, contudo, de equidade, noção decisiva da ética ricoeuriana, se após ter denunciado o abuso da memória, ele não acusasse com bastante vigor os "artifícios do esquecimento" (*les ruses de l'oubli*), ou, para dizê-lo de outro modo, "a memória esquecedora", que alimenta o mau esquecimento, denegação da realidade e fuga de toda responsabilidade. Mas haveria um esquecimento que não fosse desfavorável, pernicioso, como há uma memória feliz? Ricoeur adia esta questão até ao epílogo da obra. Antes de evocarmos sua resposta, observemos que pensando a memória e seu quase-correlato, o esquecimento, e os articulando à história e à questão da identidade, Ricoeur não se afastava da questão do agir e, portanto, da dimensão ética da existência. Que seja o bastante recordar que os temas conexos da promessa e do perdão são estreitamente vinculados ao da palavra dada e ao da ação a fazer num horizonte de relações interpessoais. Prometer é o ato ilocutório pelo qual nos empenhamos diante de alguém a fazer algo por ele. Perdoar é uma forma de agir, e sou tentada de dizer que é de um agir não ativo, liberador, para que, pacificada a memória, possa se realizar a abertura a novas possibilidades de existência. E como não acentuar que vindo após uma terceira seção sobre a condição histórica, o longo epílogo de *La mémoire, l'histoire, l'oubli* tem por tema *Le pardon difficile*. É nesse contexto do perdão difícil que é pensado um esquecimento que não seja um impasse nem uma perda, mas sobretudo uma liberação a ser incluída no rol sem preço da memória feliz.

---

22. Cf. o *avertissement* in: RICOEUR, Paul, *La mémoire, l'histoire, l'oubli*, Paris, Seuil, 2000, I-IV.

23. RICOEUR, *La mémoire, l'histoire, l'oubli*, 96.

Em minha tentativa de dar um apanhado das considerações que faz Ricoeur no epílogo de sua antepenúltima obra, não quero deixar de mencionar sua alusão ao "elogio de Kierkegaard ao esquecimento como liberação da preocupação" e ao fato de Ricoeur colocar suas considerações sob "o signo deste último *incógnito* do perdão", citando a palavra que pode ser vista como lhe fazendo eco, isto é, "a Palavra de sabedoria do *Cântico dos Cânticos*: 'O amor é mais forte que a morte'"[24].

Até aqui, deixei quase em surdina, salvo no título *La symbolique du mal*, esta última questão, a questão do mal, que, no entanto, estava tacitamente implicada no que dizíamos da ação e do ato de perdão, que acabamos de mencionar. Na trilha de Jean Nabert, autor de um *Essai sur le mal*, Ricoeur também abordaria a questão do mal, como atesta o título que acabamos de evocar. Ele tinha o mal por "um desafio à filosofia e à teologia", como enuncia expressamente o subtítulo de sua conferência *Le mal*, feita em 1985 na Faculdade de Teologia da Universidade de Lausanne. É mister repetir que Ricoeur não pensava "a grandeza negativa" que é o mal isoladamente por ela própria, mas, como Jean Nabert, em contraposição a uma afirmação originária: a da aspiração ao bem, sem a qual o mal mesmo não poderia se tornar consciente e ser denunciado. O que, segundo ele, impunha-se evitar era toda especulação, tanto a dos gnósticos quanto a das teodiceias, pretendendo "solucionar" a questão da origem do mal. À interrogação "Donde vem o mal?", Ricoeur contrapunha a única questão válida numa perspectiva ética: "O que fazer *contra* o mal?"[25].

Para concluir este breve esboço das linhas de força do pensamento de Ricoeur, gostaria de me deter um pouco sobre o tema do reconhecimento, que foi abordado em sua última obra: *Parcours de la reconnaissance*.

Ricoeur não se esforça nesta obra em dar uma visão retrospectiva de seu próprio percurso, o que havia já feito em *Réflexion faite*, como de início mencionáramos. Em *Parcours de la reconnaissance*, ele tenta

---

24. Ibid., 656. É, porém, em *Penser la Bible* que encontramos a "leitura" que Ricoeur propõe do Cântico dos Cânticos.
25. RICOEUR, Paul, *Le mal, Un défi à la philosophie et à la théologie*, com um *avant-propos* de Pierre Gisel, Genève, Labor et Fides, 1996, en part., 39.

determinar as etapas-chaves de "uma filosofia do reconhecimento". Ora, é em direção dessa filosofia que se orientava incoativamente o caminhar filosófico de Ricoeur, sobretudo depois de *Soi-même comme um autre*. Temos disso uma confirmação ao fim do capítulo *Le soi et la sagesse pratique*. Após ter feito referência ao uso do termo por Hegel, ele declara:

> O reconhecimento é uma estrutura do si refletindo o movimento que transporta a estima de si em direção à solicitude e esta em direção à justiça. O reconhecimento introduz a díade e a pluralidade na constituição mesma do si. A mutualidade na amizade, a igualdade proporcional na justiça, refletindo-se na consciência de si mesmo, fazem da própria estima de si uma figura do reconhecimento[26].

Retrospectivamente, é possível encarar as várias ocorrências da noção de reconhecimento em sua obra como estando à espera de uma reflexão que lhe fosse explicitamente dedicada. Uma das primeiras ênfases dadas à palavra reconhecimento aparece numa série de entrevistas radiofônicas entre Paul Ricoeur e Gabriel Marcel realizadas em 1967 para a *France-Culture*. Endereçando-se à Marcel, que ele começara a frequentar a partir de 1934, Ricoeur declara: "É o problema da intersubjetividade, do outro, que incessantemente vos traz de volta ao concreto inesgotável: é o ato de *reconhecer* o outro que reconduz sem cessar à experiência e faz dela uma provação (*épreuve*)"[27].

Bem mais recentemente, em *Le juste II*, encontramos um uso importante de "reconhecimento" no decurso de ensaio que versa sobre *L'universel et l'historique*. Em conclusão a este ensaio, Ricoeur propõe três considerações onde essa noção desempenha um papel decisivo como condição de possibilidade do viver em comum. Contentar-nos-emos com evocar apenas a segunda destas considerações que faz entrever o reconhecimento em sua dimensão pública: "Nenhuma convicção moral — escreve Ricoeur — teria força se ela não elevasse uma pretensão

---

26. RICOEUR, *Soi-même comme un autre*, 344.
27. RICOEUR, Paul; MARCEL, Gabriel, *Entretiens Paul Ricoeur-Gabriel Marcel* com um posfácio de Xavier Tilliette, publicação da Association Présence de Gabriel Marcel, 1998, 124. O infinitivo "reconhecer" (*reconnaître*) é realçado em itálico no texto.

à universalidade"[28]. Em seguida, ele pondera que nem toda pretensão à universalidade pode se impor sem exame, sem discussão pública, por meio da qual a universalidade pretendida ou incoativa está em busca de reconhecimento.

Todavia é com *La mémoire, l'histoire, l'oubli* que se entrecruzam as dimensões intrapessoal, interpessoal e histórica (pública) do reconhecimento, cuja tematização deve ter se imposto a Ricoeur como não podendo mais ser adiada, ou seja, como o incitando a prosseguir sua reflexão e o levando a empreender seu *Parcours de la reconnaissance*. Esta sua última obra ilustra as características inerentes ao trabalho de Ricoeur. Ele procede a uma análise minuciosa da noção de reconhecimento distinguindo seus vários níveis de pertinência. O sentido mais geral é o de identificar, de reconhecer algo como idêntico, como sendo "isto" e não "aquilo". Segue-se o nível do reconhecimento de si, e, enfim, o do reconhecimento do outro, que quase nunca é obtido sem luta, como ocorre entre grupos humanos diversos obrigados a coexistir em situação de desigualdade, de incompreensão, de indiferença. Este terceiro patamar culmina no reconhecimento como gratidão, sentido que tem a palavra reconhecimento nas línguas latinas, quando dizemos, por exemplo: "sou-lhe muito reconhecido", onde "reconhecido" quer dizer "grato".

Em todas estas análises, vê-se o quanto importava a Ricoeur precisar, esclarecer o sentido dos conceitos empregados. Mas o horizonte de seu percurso é o da reciprocidade, que é o *telos* de todo reconhecimento em termos pessoais. Sob esse aspecto, somos de certo modo introduzidos ao plano da utopia, da utopia ricoeuriana, que tem seu paradigma na relação de amizade posta em relevo na conclusão mesma do livro. No último parágrafo, depois de se referir a uma citação de Simone Weil sobre a amizade, que fizera algumas linhas antes, Ricoeur reproduz a famosa frase de Montaigne a respeito da amizade que o ligara a La Boétie: "*Si on me presse de dire pourquoi je l'aimais, je sens que cela ne peut s'exprimer qumen répondant: parce que c'était lui, parce que c'était moi*".

---

28. RICOEUR, Paul, L'universel et l'historique, texto de uma conferência feita em 1996 em Moscou, in: ID., *Le juste II*, 284.

Em minha recensão do livro para a revista *Diogène*, eu havia esboçado uma reserva referindo-me às situações-limites, nas quais o reconhecimento não ocorre, ou então só ocorre, e isto no melhor dos casos, de modo diferido. Acho que vale a pena reproduzir o que eu escrevera então, com o intuito de ir um pouco além:

diante das situações extremas, às quais a demanda de reconhecimento é confrontada, há aquelas em que a única "saída" é a renúncia a ser reconhecido. Foi este o caso considerado por Platão do justo que passa por injusto. Perseverando no rumo que escolheu para si, o justo aceita sofrer as consequências da confusão e do desprezo, e pode assim permanecer fiel ao que mais deseja, a saber, o Bem que transcende sua própria pessoa. Em casos-limites deste gênero, que é o do testemunho, o que acontece com a demanda de reconhecimento mútuo? Não é ela suspensa, posta entre parênteses, até que ulteriormente a verdade possa eclodir, se revelar? O reconhecimento é incerto e só sobrevém *après-coup*. Mesmo que ele ou seja esperado, ou seja objeto de esperança, ela não advém mais no plano da mutualidade.

Para encerrar minha recensão, a estas observações eu acrescentava ainda a seguinte ponderação: "Isto para dizer que o percurso escolhido por Paul Ricoeur mereceria ser prosseguido e poderia levar a regiões que o autor conhece bem, mas que *Parcours de la reconnaissance* não atravessou"[29].

Serei agora mais explícita. Quais as regiões que uma filosofia do reconhecimento não deve elidir, deixar de fora? Aquelas precisamente nas quais a questão do mal ressurge como um desafio, questão que a reflexão de Ricoeur havia já enfrentado, e de maneira tão decisiva, como sugeríamos aqui mesmo. Em *La mémoire, l'histoire, l'oubli*, não evocara ele "a relação fundamental da história com a violência"[30]? Ora, é contra uma situação desta ordem que a sabedoria prática dos filósofos tem por bem se erguer, como o demonstrou o próprio Ricoeur ao longo de sua vida. Qual é então a razão para que ele atenuasse de certo modo as dificuldades inerentes ao reconhecimento, em particular na conclusão de

---

29. VILLELA-PETIT, Maria da Penha, Compte-rendu, Paul Ricoeur, «Parcours de la reconnaissance, Trois Études», *Diogène*, n. 206, abr.-jun. (2004) 157-164.
30. RICOEUR, *La mémoire, l'histoire, l'oubli*, Paris, Seuil, 2000, 95.

Parcours de la reconnaissance, mesmo se, ao abordar o reconhecimento do outro, ele não tivesse omitido a questão da "luta pelo reconhecimento", segundo a expressão hegeliana?

A minha hipótese é a de que Paul Ricoeur quis encerrar seu trabalho — ao qual se aplicaria o selo do *inachèvement*, que é o título da curta reflexão por ele acrescentada ao seu penúltimo livro[31] —, não por uma nota do que Gabriel Marcel chamava de *inespoir*, mas por uma nota de esperança. E ele o faz, optando por "suspender" sua obra, que ele sabia ser a última, pela celebração da forma paradigmática do reconhecimento mútuo que ele tão bem conhecia: a amizade. Ele via nela uma prova de confiança e uma promessa de futuro, certamente frágil, mas perdurando em meio à história conturbada dos homens.

Qualquer que seja o valor dessa hipótese, o que importa reter é que a busca empreendida por Paul Ricoeur nesta sua última obra constitui uma formidável contribuição a uma filosofia do reconhecimento, cujo projeto mesmo deve ser saudado como respondendo aos mais incisivos apelos que uma época como a nossa lança em direção à reflexão filosófica.

---

31. Faço alusão à reflexão *hors et post ouvrage* que se encontra na última página de *La mémoire, l'histoire, l'oubli*, e que tem por título *Inachèvement*.

3. O pensamento de Paul Ricoeur e sua motivação ética[1]

Quando se considera as inúmeras obras de Paul Ricoeur, não se encontra a palavra "ética", nem como substantivo nem como adjetivo ou no título de seus livros, mas tão somente em certos capítulos de alguns deles. A partir de 2017, dispomos, porém, de uma coletânea reunindo entrevistas e diálogos de Paul Ricoeur, cujo título *Philosophie, éthique et politique*[2] é bastante significativo.

A ausência da palavra "ética" nos títulos não significava que Ricoeur fosse afastado de tal questão; muito pelo contrário, a perspectiva ética esteve presente desde o início de seus escritos filosóficos. Como procurei mostrar na primeira das *Journées de la Philosophie de l'Unescronteirnée* consagrada a Ricoeur, em 2004, foi essa perspectiva que sempre *motivou* sua busca filosófica.

---

1. Cf. VILLELA-PETIT, Maria da Penha, O pensamento de Paul Ricoeur e sua motivação ética, in: PERINE, Marcelo et al. (org.), *Pensamento e história, Michel Foucault, Paul Ricoeur e Éric Weil*, São Paulo, É Realizações, 2020, capítulo 12.

2. RICOEUR, Paul, *Philosophie, éthique et politique, Entretiens et dialogues*, textos preparados e apresentados por Catherine Goldenstein, com prefácio de Michaël Foessel, col. La couleur des idées, Paris, Seuil, 2017.

Meu texto *Visée éthique et quête du sens chez Paul Ricoeur* figura no livrinho *Hommage à Paul Ricoeur (1913-2005)*, editado pela Unesco. Poucos anos depois da publicação dessa contribuição ao volume I das *Journées de la philosophie à l'Unesco*, publicação que ocorrera poucos meses após o falecimento de Ricoeur, tive oportunidade de tratar do mesmo tema no presente artigo.

Como afirmava no trabalho anterior, a preocupação ética está no cerne do pensamento ricoeuriano. Um dos indícios relevantes dessa preocupação reside no fato de ter ele escolhido a *Philosophie de la volonté* como tema de seu *Doctorat d'État*, obra composta de três tomos. O primeiro, tendo como título *Le volontaire et l'involontaire*, e os dois outros colocados sob o título de *Finitude et culpabilité* se designam respectivamente como *L'homme faillible* e *La symbolique du mal*. Temas como o do *mal* e o da *culpabilidade* indicam por si só o que já de início o interpelava.

Em sua *Autobiographie intellectuelle*, a primeira parte de *Réflexion faite*, Ricoeur procura se explicar sua escolha do tema da vontade e da afetividade ao dizer que "prolongando e ampliando a análise eidética segundo Husserl, ambicionava, não sem uma certa ingenuidade, dar uma contrapartida, na ordem prática, à *Phénoménologie de la perception* de Merleau-Ponty"[3]. Livro que Ricoeur havia descoberto ao voltar de seu cativeiro na Alemanha durante a Segunda Guerra Mundial.

Durante o cativeiro em vários campos da Pomerânia, ele e seu amigo Mikel Dufrenne haviam partilhado a leitura das obras já publicadas de Karl Jaspers. O que explica que, coassinado com M. Dufrenne, o primeiro livro de Ricoeur tenha sido *Karl Jaspers et la philosophie de l'existence*, publicado em 1947[4].

Isto dito, a partir do que o próprio Ricoeur traça sinteticamente em sua autobiografia intelectual, importa acrescentar que em *Réflexion faite* há uma segunda parte, distinta da primeira, e que reproduz o artigo *De la métaphysique à la morale*, que ele havia redigido para celebrar, em 1994,

---

3. RICOEUR, *Réflexion faite*, 23.
4. Livro novamente disponível na coleção *La couleur des idées* das Éditions du Seuil, editado em Paris no ano de 2000.

o centenário da *Revue de métaphysique et de morale*, da qual ele era então o diretor. Caso não se leia integralmente o texto, o título poderia conduzir a um erro de interpretação. Mas ao lê-lo, logo se compreende que a escolha pelos fundadores da revista — Xavier Léon e Élie Halévy — não era a defesa de uma metafísica específica, mas, sim, um protesto contra o positivismo de Auguste Comte e de seus seguidores, que procuravam alinhar todo saber segundo os moldes das ciências físicas ou, nas palavras de Ricoeur, das *sciences naturelles*, como se o pensar, o querer e o julgar a elas se reduzissem. Lembremos ainda que Ricoeur sublinha que o primeiro número da revista se inaugura com um artigo *Métaphysique et morale*, de Félix Ravaisson.

Ora, como já mostrara Aristóteles, referência essencial aos olhos de Ricoeur, o agir humano é inseparável da questão do ser, que tem motivações éticas que lhe são inerentes.

É de suma importância que se leve em conta o caminho longo seguido pelo pensamento de Ricoeur quando ele se propõe abordar as várias dimensões da vida humana, do homem enquanto ser que age, sofre e aspira a uma vida "boa", ainda que seja falível e possa sucumbir ao mal.

Como eu apontara no meu artigo, os temas da reflexão plural de Ricoeur, quer seja o da história, do tempo, da narração, da justiça, do mal ou o das interpretações conflitantes, têm todos a ver com a dimensão ética do ser que age. E isto aparece de maneira notável em *Soi-même coume un autre*, que ele havia publicado em 1990, poucos anos antes do artigo celebrando o centenário da *Revue de metaphysique et de morale*, cujos "estudos centrais" são por ele mencionados como *sa petite éthique*.

É no sétimo estudo desse livro — o primeiro desses "estudos centrais" — que aparece o famoso adágio de sua reflexão ética: "*la visée de la 'vie bonne' avec et pour autrui dans des institutions justes*"[5]. Adágio que não apenas resume o que ele desenvolverá no que chama de sua *petite éthique* em *Soi-mêmumcomme un autre*, mas exprime a perspectiva imanente a sua busca filosófica.

---

5. Cf. Ricoeur, Paul, Le soi et la visée éthique, in: Id., *Soi-même comme un autre*, 202.

Um dos meios principais dessa busca são as leituras que faz Ricoeur de vários e bem diversos pensadores, que não somente apontam novos aspectos dos problemas por ele abordados, mas com os quais ele dialoga e discute traçando através de tais "leituras" o seu próprio itinerário. A noção de "leitura", embora ele não tivesse refletido tanto sobre esse assunto como o havia feito Simone Weil, é na verdade um dos eixos da reflexão de Ricoeur, assim como indiretamente sugere o título de três de suas coletâneas, publicadas de 1991 a 1994: *Lectures 1, Autour du politique*; *Lectures 2, La contrée des philosophes* e *Lectures 3, Aux frontières de la philosophie*. Coletâneas que reúnem múltiplos artigos, os quais testemunham da atenção que prestava Ricoeur a pensamentos expressos em muitas outras obras, de diferentes origens e épocas e não somente de caráter filosófico.

Cedo, Ricoeur bem compreendera que as fontes da filosofia grega não tinham sido originariamente filosóficas. Tanto os pré-socráticos quanto Platão e Aristóteles não podiam ser indiferentes a tudo aquilo que sobre a vida e o destino dos homens as epopeias e as peças trágicas ou cômicas lhes davam a pensar. Com ele ocorreria algo semelhante, pois encontrava em textos de literatos, de historiadores, de antropólogos, de linguistas etc., conteúdo para nutrir sua reflexão.

Uma das primeiras contribuições de grande peso a sua reflexão foi sua leitura de Sigmund Freud[6], ao qual ele havia sido iniciado por Roland Dalbiez, o primeiro a publicar na França um livro sobre Freud e professor de filosofia de Ricoeur em classe "terminal", isto é, no último ano de seus estudos secundários. Foi também Dalbiez, católico, que o introduzira à questão do ser em Aristóteles.

Por outro lado, o protestante que era Ricoeur fora sempre um leitor assíduo da Bíblia. Nela encontrava um tesouro, capaz de enriquecer o horizonte do que ele próprio vai denominar sua "filosofia hermenêutica".

Desde 2011, dispomos da coletânea *Paul Rumoeur, un philosophe lit la Bible, À l'entrecroisement des herméneutiques philosophique et biblique,*

---

6. Um dos livros principais de Ricoeur é *De l'interprétation, essai sur Freud* (Paris, Seuil, 1965). Em 2008, o primeiro volume de seus *Écrits et conférences*, nomeado *Autour de la psychanalyse*, reúne outros textos sobre a psicanálise, sendo um deles *Psychanalyse et valeurs morales*. Cf. RICOEUR, *Écrits et conférences 1, Autour de la psychanalyse*, 167-204.

em que foram reunidos, sob a direção de Pierre Bühler e Daniel Frey, textos de vários autores em torno do assunto enunciado no título, e que se encerra com um apêndice retomando um texto de Ricoeur publicado em 1975 na *Revue d'histoire et de philosophie religieuses,* cujo título *La philosophie et la spécificité du langage religieux* deixa entrever que, se para ele havia uma troca fecunda entre a hermenêutica bíblica e a filosofia, não se poderia eliminar distinções indispensáveis entre seus respectivos campos de reflexão.

Em 2005, num livro que leva por título *Paul Ricoeur, L'herméneutique biblique,* François-Xavier Amherdt traduz ensaios de Ricoeur inicialmente publicados em inglês, que o autor apresenta nos quatro capítulos de sua longa introdução. Encontramos ali exemplos muito explícitos de como Ricoeur jamais abandonava sua reflexão sobre a variedade dos textos bíblicos, suas proclamações e narrações[7].

Contudo, é no livro *Penser la Bible,* livro escrito *à deux voix* com o exegeta André LaCocque, em que cada um dos seis artigos de Ricoeur é precedido por um de LaCocque, que ambos refletem, sobretudo, sobre temas do Antigo Testamento, atestando o quanto a Bíblia e sua exegese motivava e enriquecia o pensamento do filósofo. É necessário, contudo, que se sublinhe que o que importava a Ricoeur em seu trabalho em conjunto com André LaCocque é que esse não era um teólogo, mas sim um exegeta. No prefácio assinado por ambos pode-se ler uma afirmação que bem caracteriza, ainda que em termos gerais, a atitude do filósofo hermeneuta que é Ricoeur: "o filósofo mais disposto ao diálogo com o exegeta é sem dúvida aquele que prefere ler livros de exegese que tratados de teologia"[8].

O que diz Ricoeur se situa no horizonte do que ele pensa do ato de *leitura* quando afirma, seguindo em parte Roman Ingarden e Wolfgang Iser, que: "O ato de leitura é, por conseguinte, o *vetor* da transfiguração

---

7. RICOEUR, Paul, *L'herméneutique biblique,* apresentação e tradução do inglês por François-Xavier Amherdt, col. La nuit surveillée, Paris, Cerf, 2005.
8. RICOEUR; LACOCQUE, *Penser la Bible,* 14. Os textos de LaCocque, que havia sido professor de exegese bíblica na Universidade de Chicago, foram escritos em inglês e traduzidos em francês por Aline Patte.

do mundo da ação sob os auspícios da ficção"⁹. Logo, a literatura, e não apenas a religiosa de caráter cristão ou bíblico, nos dá o que pensar e nos leva a melhor nos conhecer.

Seria, aliás, errôneo imaginar que o filósofo que foi Ricoeur se considerasse um filósofo cristão. Cristão ele era, e o assumia, mas sua filosofia — uma fenomenologia hermenêutica — não se deixava encerrar no quadro de uma teologia cristã. O que não o impede de reconhecer o quanto a hermenêutica bíblica deve aliás à filosofia dos gregos. Como se pode ler no prefácio à *Penser la Bible*:

> A preeminência das filosofias gregas na recepção da herança bíblica é um fato maior que, por si só, merece nele se deter. A convicção comum aos dois autores deste livro [Paul Ricoeur e André LaCocque] é que esse encontro e os entrecruzamentos que dele resultaram não constituem nem um acidente que dever-se-ia deplorar nem uma perversão que se deveria erradicar... O acontecimento desse encontro, desde que ele aconteceu, tornou-se o destino constitutivo de nossa cultura¹⁰.

Feito esse breve apanhado do itinerário de Ricoeur[11], orientado por sua preocupação com a ética do agir, creio ser útil me deter sobre certos assuntos que eu não havia abordado em meus estudos anteriores.

Para começar é preciso que se sublinhe a extensão que adquire o tema do "agir" no pensamento de Ricoeur, próximo a esse respeito ao pensamento de Hannah Arendt, com quem ele costumava dialogar quando ensinava em Chicago. O "agir" remete a tudo que diz respeito à "vida prática", ao *bios praktiko*s do ser humano, e, portanto, ao que o homem "faz" ao falar a si mesmo e sobretudo a outrem, quando, por exemplo, o ameaça, o humilha, ou, ao contrário, quando lhe obedece sinceramente, ou lhe promete algo de bom ou lhe perdoa.

O longo epílogo de *La mémoire, l'histoire, l'oubli*, nomeado *Le pardon difficile*, e suas últimas páginas são dedicadas ao esquecimento não

---

9. Cf. RICOEUR, Paul, Le texte comme identité dynamique, in: ID., *L'herméneutique biblique*, 142.
10. Cf. RICOEUR, *Penser la Bible*, 16-17.
11. Sobre o itinerário de Ricoeur, recomendamos GREISCH, Jean, *Paul Ricoeur, L'itinérance du sens*, Grenoble, Jerôme Millon, 2001.

enquanto amnésia, mas situando-se na trilha do perdão. O perdão tem que ver com o que aconteceu no passado, e, portanto, com a nossa memória em dois atos diversos: ou somos nós mesmos que, nos sentindo culpados, pedimos perdão pelo que fizemos de mal a uma outra pessoa; ou somos nós que perdoamos, virando a página da memória e afastando assim uma propensão à vingança, ainda que sutil.

Uma das frases que retenho, e que me parece bastante significativa dos interesses de Ricoeur pela narração é a que termina a primeira parte do epílogo: "No tratamento narrativo e mítico da origem do mal se inscreveria de maneira latente um lugar para o perdão"[12]. Esse acento posto no tratamento narrativo e mítico da origem do mal foi se revelando de maneira mais aguda quando, depois de *Symbolique du mal*, Ricoeur se volta para a linguística e para a dimensão "narrativa" da linguagem, dimensão incontornável quando se faz menção ao que aconteceu no passado. É o que ele próprio reconhece, quando numa entrevista a Joël Roman e Éric Tassin, data de 1988, e que é agora a primeira a figurar em *Philosophie, éthique et politique*, afirma:

> Como nos meus trabalhos sobre a simbólica do mal e sobre Freud eu me servia muito das noções de símbolo e de simbolismo, me dei conta que meu próprio uso da palavra símbolo carecia de fundação linguística. Era preciso partir novamente de Saussure e sobretudo de Benveniste: retive desse último a noção de irredutibilidade do discurso (*discours*) a uma simples palavra (*mot*), e, portanto, da linguística da frase à linguística do sinal (*signe*)[13].

Tais "confissões" nos fazem entrever que, ao ler obras de outros autores, Ricoeur compreendia suas próprias omissões e, enriquecido pelo que os outros lhe davam a pensar, retomava seu itinerário filosófico abrangendo cada vez mais outras questões em sua reflexão. Como não ver que a "narrativação" — presente no título de *Temps et récit*, emergiria dessa compreensão da linguagem e, com ela, do fato que a vida se conta, se narra, tanto por meio de histórias de ocorrências reais, que têm um

---

12. Ricoeur, *La mémoire, l'histoire, l'oubli*, 603.
13. A entrevista *J'attends la renaissance*, publicada primeiro na revista *Autrement*, foi reproduzida em Ricoeur, Paul, *Philosophie, éthique et politique*, 19-20.

caráter mais ou menos objetivo, ou de mitos e ou de estórias de ficção, muito importantes para a compreensão, por intermédio da imaginação, da vida humana.

Mas o fato que Ricoeur acentue nessa entrevista o seu recurso à linguística tem que ver com a declaração feita no prefácio de *Tempo e narrativa* (*Temps et Récit*), quando, de chofre, anuncia: "A *Metáfora Viva* (*La métaphore vive*[14]) e *Tempo e narrativa* (*Temps et Récit*) são duas obras gêmeas (*ouvrages jumeaux*): publicadas uma após a outra, ambas foram concebidas juntas"[15].

Nessa declaração sintética fica implicitamente revelado o quanto as obras de pensadores anglófonos, principalmente J. L. Austin e P. F. Strawson, ajudaram Ricoeur a ampliar o seu próprio pensamento em relação à linguagem, e, a partir daí, a estendê-lo a assuntos que eram deixados de lado na tradição universitária francesa. O título do livro de J. L. Austin, *How to do things with words*, foi traduzido em francês como *Quand dire, c'est faire*, o que tem tudo a ver com a dimensão performativa da linguagem, dimensão prática que Ricoeur coloca em relevo ao se referir a "discursos", "textos", "narrações".

Na entrevista que dera ao advogado Éric Plouvier, sob o título de *Paul Ricoeur, Agir, dit-il*, publicada inicialmente na revista *Politis, le citoyen* em outubro de 1988, e que se encontra agora na coletânea *Philosophie, éthique et politique*, Ricoeur responde à questão inicial de Plouvier, assim dirigida a ele: "A filosofia pode esclarecer a ação prática e política?". De sua resposta, retenhamos aqui a afirmação segundo a qual:

> Da mesma forma que um texto se libera de seu autor e produz efeitos independentes dele, da mesma forma a ação de cada um se incorpora à ação dos outros e produz efeitos não desejados; dentre esses efeitos não desejados se encontram os efeitos perversos. A ação segue assim seu caminho.

---

14. Pouco depois da publicação de *La métaphore vive*, eu publicaria na *Revue de métaphysique et de morale*, que Ricoeur dirigia, minha *note critique*, isto é, minha longa recensão desse seu livro. Cf. VILLELA-PETIT, Maria da Penha, *Revue de métaphysique et de morale*, n. 2, abr.-jun. (1976) 271-276.

15. RICOEUR, Paul, *Temps et récit I*, Paris, Seuil, 1983, 11. Cf. sobre a questão da história, o nosso ensaio VILLELA-PETIT, D'Histoire et vérité à Temps et récit, 185-197.

E vale a pena explorar este campo prático por si mesmo. Há, pois, uma certa similitude entre a relação da ação ao seu agente e a relação do texto a seu autor[16].

Resumindo, Ricoeur encara o que se diz, o que se escreve como algo que tem repercussões importantes, e às vezes consequências perversas no campo da vida humana. Daí a responsabilidade de cada um em relação tanto às suas ações quanto aos seus "discursos", às suas palavras.

A questão dos efeitos daquilo que se faz e daquilo que se diz não pode ser perdida de vista e isto tem que ver e com a narração da história e com o que, mais adiante, se pretende fazer. Logo, dentre aquilo que pretendemos fazer, ou seja, do lado prospectivo de nossas ações, há que se pensar o que fazemos quando num ato ilocucionário prometemos algo a outrem.

Na sua coletânea de ensaios hermenêuticos *Le conflit des interprétations*, que data de 1969, um dos ensaios da última e quinta parte, *Religion et foi*, intitula-se *Culpabilité, éthique et religion*; nele é abordado tanto as noções de *perdão* quanto a de *promessa*. Perdão e promessa foram temas abordados constantemente por Ricoeur ao considerar a nossa liberdade e a questão do mal. No ensaio citado, todavia, ao mencionar a promessa, ele o faz no horizonte da religião, da "esperança" face ao mal, contudo, em ensaios ulteriores o tema da promessa é refletido mais amplamente no quadro do agir, isto é, do que fazemos, pela palavra, quando nos dirigimos aos outros lhes prometendo algo.

Diga-se de passagem, no que tange à questão da promessa, Ricoeur evoca frequentemente Nietzsche, fazendo referência à seguinte declaração da *Genealogia da moral* a respeito do ser humano: "Educar um animal que possa prometer, não foi essa a tarefa primordial que a natureza se deu a respeito do homem?"[17].

A "promessa" tem que ver com a temporalidade mesma da existência humana, isto é, com a temporalidade do ser que age também por

---

16. Cf. RICOEUR, *Philosophie, éthique et politique*, 49. Tradução nossa.
17. NIETZSCHE, Friedrich, *Généalogie de la morale, Deuxième dissertation, La "faute", la "mauvaise conscience" et ce qui leur ressemble*, textos estabelecidos por G. Colli e M. Montinari, trad. fr. por C. Heim, I. Hildenbrand e J. Gratien, O. C., Paris, Gallimard, 1971, 251.

aquilo que diz, quando se pronuncia sobre o que tem intenção de fazer, de realizar em relação a uma outra pessoa.

Para a coletânea *La philosophie au risque de la promesse*, que, sob a direção de Marc Crépon e Marc de Launay, reúne ensaios de diversos autores, Ricoeur escreveu um artigo *La promesse d'avant la promesse*[18], cujo título se justifica se a promessa for encarada como correspondendo à promessa prévia de manter a palavra dada, ou seja, quando quem promete não esquece a obrigação que tem diante daquele a quem prometeu, procurando ser fiel também a si mesmo.

O caráter moral da promessa é incontornável; tem que ver consigo mesmo, com a sua ipseidade, em termos de fidelidade a si mesmo e não apenas com aquele a quem foi feita a promessa. Aqui, como sublinha Ricoeur, "a prioridade pode ser invertida entre aquele que promete e seu beneficiário: primeiro, um outro confia em mim e na fidelidade de minha própria palavra. E eu me encontro então na posição segunda daquele que responde"[19]. Todavia, o caráter intersubjetivo, interpessoal, da promessa é ultrapassado quando o nível de consideração passa a ser universal, o que requer que todos os seres humanos sejam vistos como "iguais" em direito do ponto de vista político.

Encarando um alvo dessa natureza, só atingível praticamente de um ponto de vista ideal, nas últimas páginas de seu ensaio, Ricoeur faz breves alusões a Kant, que, levando em conta a natureza, digamos, "egocêntrica" do homem, havia iniciado a sexta proposição de sua *Ideia de uma história universal do ponto de vista cosmopolita* afirmando: "Este problema é ao mesmo tempo o mais difícil, aquele que a espécie humana resolverá por último"[20]. Esta frase, abrindo a sexta proposição corresponde ao que Kant já escrevera ao começar a quinta proposição: "O maior problema para a espécie humana, o que a natureza força o

---

18. Cf. RICOEUR, Paul, La promesse d'avant la promesse, in: ID., *La philosophie au risque de la promesse*, Paris, Bayard, 2004, 25-34. O artigo de Ricoeur encontra-se logo após o prefácio de Marc Crépon e Marc de Launay.
19. Ibid., 32.
20. KANT, Immanuel, Idée d'une histoire universelle au point de vue cosmopolitique, trad. fr. de Luc Ferry, in: ID., *Œuvres philosophiques*, v. II, 195.

homem a resolver, é o de atingir uma sociedade civil administrando universalmente o direito"[21].

Somos nós que citamos as frases completas de Kant às quais se refere Ricoeur, mas das quais ele retoma apenas algumas expressões no final de seu ensaio[22]. Através do viés filosófico kantiano sobre a moral universal de uma política cosmopolita, Ricoeur nos faz entrever uma possível ponte entre a promessa e a profecia. Ponte que o título mesmo da coletânea — *La philosophie au risque de la promesse* — parece lhe sugerir. Assim, antes de suas breves alusões à Kant, e depois de se referir a Abraão, Ricoeur acrescentará a respeito das promessas das quais se é também beneficiário:

É nesse ponto que a filosofia se encontra exposta ao risco da promessa. Pois, por que espécie de discurso (de palavra) sou transportado por essas promessas mantidas? Não se trata mais da certeza da atestação de ipseidade que mantivemos sucessivamente no plano linguístico e no plano moral. Não seria um discurso onde o modo da promessa se misturaria com o modo profético?[23]

Sentindo-se próximo de Hannah Arendt e de sua última obra, inacabada, *O pensar, o querer, o julgar* (*The life of the mind*), assim como da esperança que Kant expressa na oitava proposição, ligada à ideia mesma que Kant se fez da Revolução Francesa, Ricoeur não hesita em afirmar: "É aqui que o julgamento político se desenvolve numa dimensão prospectiva, que merece bem ser chamada de 'profética'"[24]. Concluindo, por meio de tais referências à dimensão que Kant confere à história profética da humanidade, Ricoeur de fato não abandona o nível filosófico, ainda que em nosso mundo laico e em seu próprio pensamento o filosófico e o bíblico se interpenetrem de modo essencial.

---

21. Ibid., 193.
22. Cf. RICOEUR, La promesse d'avant la promesse, 33.
23. Ibid.
24. Ibid. No que me concerne, eu diria que se a Revolução Francesa merece ser saudada por seus ideais; sua realização foi, além de injusta, atroz. Mas o que Kant tinha em vista era a universalização dos ideais de igualdade, liberdade e fraternidade.

Voltemos ao que a promessa dá a pensar no plano ético partindo do capítulo 11, *La mémoire et la promesse*, de *Parcours de la reconnaissance*[25] e dos capítulos centrais dessa obra prima que é *Soi-même comme un autre*.

É interessante notar que ao redigir o capítulo 11, em que a questão do esquecimento estará bem presente, Ricoeur não se esqueceu de mencionar, *en passant*, alguns dos autores que marcaram seu itinerário. Assim, quando aborda a memória e seus problemas, refere-se a Aristóteles, a Santo Agostinho, sobre os quais tinham sido consagrados os primeiros capítulos do volume 1 de *Tempo e narrativa*, mas também a Espinosa e a Freud e ainda aos textos póstumos de Husserl editados em 1980 sob o título de *Phantasie, bildbewusstsein, erinnerung*, como o volume XXIII da *Husserliana*[26]. Atesta-se assim, e mais uma vez, que as questões abordadas por Ricoeur habitavam seu pensamento e entrecruzavam-se de maneira nova na "itinerância" de sua reflexão.

No capítulo sobre a memória e a promessa de *Parcours de la reconnaissance*, Ricoeur sublinha, além da dimensão temporal, tanto a vertente positiva como a sombria de uma e outra. E começa observando que "a problemática do reconhecimento de si (próprio) atinge simultaneamente dois cimos com a memória e a promessa. Uma se volta para o passado e a outra para o futuro".

À primeira vista, parece óbvio que a memória é o lembrar-se do que aconteceu no passado, enquanto que o prometer concerne àquilo que está ainda por vir. E, no entanto, eu diria que a afirmação do poeta

---

25. Em *Parcours de la reconnaissance, Trois études*, Ricoeur retomou e aprofundou três de suas conferências. No seu estado definitivo, a obra foi publicada pela Éditions Stock (col. Les essais, dirigida por F. Azouvi) em 2004, isto é, pouco tempo antes do falecimento de Ricoeur.

26. O volume XXIII da *Husserliana*, editado e introduzido por E. Marbach, está disponível em tradução francesa: HUSSERL, Edmund, *Phantasia, conscience d'image, souvenir, De la phénoménologie des présentifications intuitives*, Textes posthumes (1898-1925), trad. do al. por R. Kassis e J.-F. Pestureau, com revisão de J.F. Pestoureau e Marc Richir, Grenoble, Jérôme Millon, 2002. Na nota 1 da página 173 de *Parcours de la reconnaissance*, quando Ricoeur faz alusão ao texto da *Husserliana* na versão alemã, há um pequeno lapso relativo ao título da obra.

Paul Valéry de que "a memória é o futuro (*l'avenir*) do passado"²⁷ não deixa de ser justa, pois o passado persiste subsistindo na memória, não sendo assim esquecido. Ricoeur, por sua vez, afirma que a memória é "a presença em imagem da coisa ausente"²⁸. Seguindo Bergson, ele vai se perguntar: "de que maneira o reconhecimento do passado contribui ao reconhecimento de si mesmo?", pois o que está em jogo é o reconhecimento por cada um de sua história pessoal e se o exame de si mesmo é feito com clarividência e honestidade.

Por outro lado, ainda que suas causas possam ser muito diversas, o esquecimento, às vezes parcial, às vezes não, sempre ameaça a *memória*, enquanto que relativamente à *promessa*, salvo uma ocorrência imprevisível, é a traição à palavra dada que leva a não cumprir o que se havia prometido a outrem. Essa traição tem tudo a ver com a ipseidade da pessoa que prometeu, já que o ato performativo da promessa, se revelando falso, visava provavelmente interesses egocêntricos, inconfessáveis. Em outras palavras, o outro a quem foi feita a promessa não era respeitado, *reconhecido* como um "outro".

Como já em *O si-mesmo como um outro*, Ricoeur retoma a questão do "reconhecimento" não somente ao nível da intersubjetividade do "eu" e do "tu", da relação do si a um outro, mas ainda ao nível social e político, em que está em jogo a relação entre "nós" e os "outros". É nesse nível que a injustiça se revela contundente e *a priori*, pois tem que ver com o fato de encarar o outro com desprezo, como proveniente de uma comunidade inferior, e não como um outro "si mesmo". A etiqueta do grupo discriminado, tido por "inferior", impede um encontro justo com aquele "outro", apontado como oriundo do "eles", quando "eles" são vistos como inimigos, ou são classificados como abaixo de "nós", e não podendo gozar dos mesmos direitos.

---

27. Cf. VALÉRY, Paul, *Cahiers I*, edição estabelecida, apresentada e anotada por Judith Robinson, Bibliothèque de la Pléiade, Paris, Gallimard, 1973, 1256. Anteriormente, página 1221, no quadro de suas reflexões sobre a memória, Valéry escrevera: "Aquilo que mais me toca na memória, é não o fato que ela reproduza o passado, mas que ela alimente o presente."
28. Cf. RICOEUR, La mémoire et la promesse, 168.

Daí a necessidade de se pensar um reconhecimento mútuo que inclui a luta (pacífica) pelo reconhecimento. A essa questão Ricoeur consagrou o terceiro e longo estudo de *Parcours de la Reconnaissance*, de nome *La reconnaissance mutuelle*, em que analisa o desafio de Hobbes e os argumentos hegelianos de reconhecimento (*Anerkennung*). Antes de chegar a sua conclusão, *un parcours* em três etapas, ele termina seu terceiro estudo com o capítulo V, encarando a problemática da luta pelo reconhecimento e os estados de paz, sendo esta o que busca o nosso desejo ético de uma vida que tem por alvo o bem e que é susceptível de nutrir a estima que cada um pode ter de si mesmo. Contudo, uma vida em função da sabedoria prática deve ser consciente de que é preciso que se lute social e politicamente contra as injustiças que prevalecem sob vários aspectos no nosso mundo.

Lembremos que o primeiro estudo com que Ricoeur inicia *Parcours de la reconnaissance* concerne ao reconhecimento como identificação, *La reconnaissance comme identification*; o segundo ao auto-reconhecimento, *Se reconnaître soi-même*, e o terceiro ao reconhecimento mútuo, *La reconnaissance mutuelle*.

Graças à leitura de *Parcours de la reconnaissance*, fiquei sabendo da existência do livro de Marcel Hénaff muito apreciado por Ricoeur e por ele mencionado ao abordar o reconhecimento mútuo e a questão da paz, como o fará meses depois em sua entrevista de 19 de março de 2003 a Georges Guitton para o jornal *Ouest-France*, realizada poucas horas antes do lançamento da guerra dos Estados Unidos contra o Iraque. No final da entrevista, Guitton, que acabara de sublinhar a insistência de Ricoeur sobre uma "cultura de paz" e sobre o que Tocqueville entendia por "socialismo liberal", lhe faz a seguinte pergunta: "O que é o estado de paz, nessas condições? Qual seria sua definição?".

Ao responder, Ricoeur refere-se à noção de tranquilidade da ordem, acentuando o caráter emocional e poético da palavra tranquilidade, quando se "está disposto a receber dos outros e se colocar a serviço dos outros, num sistema de mutualidade e de cordialidade e isto no conjunto das relações sociais"[29]. Antes de encerrar sua resposta, acrescenta: "Tenho

---

29. Cf. RICOEUR, *Philosophie, éthique et politique*, 139. Citamos aqui a entrevista n. 8, *Quoi de neuf sur la guerre?*.

muita admiração pelo trabalho de pesquisa de Marcel Hénaff, mostrando que nosso engajamento a proteger bens não comerciais, (a proibição do comércio de órgãos, a proteção da integridade física) faz parte da sociabilidade permitindo laços sociais decentes"[30].

Esta alusão à obra de Hénaff, intitulada *Le prix de la vérité, Le don, l'argent, la philosophie*[31] tem justamente a ver com o que Ricoeur escreveria no citado capítulo V, *La lutte pour la reconnaissance et les états de paix*, que termina, como sublinhamos, o terceiro estudo de *Parcours de la reconnaissance*, dedicado ao problema do reconhecimento mútuo.

Neste capítulo, e apoiando-se sobre vários autores e não apenas filósofos, mas antropólogos, sociólogos, romancistas, historiadores, Ricoeur procura examinar o que está em jogo no reconhecimento mútuo através de gestos positivos, de dádivas (dons), sem, contudo, omitir aquilo que na verdade pode deturpar, comprometer a relação do doador com o donatário.

Em última análise, o *dom* requer ser compreendido não apenas como diferente das trocas comerciais ou como situado no nível jurídico, mas como ultrapassando o contra-dom, e, portanto, não exigindo em retorno um dom mais ou menos equivalente ao primeiro.

Para apoiar sua reflexão, Ricoeur passa em revista e "discute" com sociólogos, como Luc Boltanski, Claude Lefort; antropólogos, como Marcel Mauss, Claude Lévi-Strauss etc.; com pensadores do direito e das "esferas de justiça", como Michael Walzer, e com a historiadora Natalie Zemon Davis, autora de uma obra esclarecedora sobre o dom no Renascimento, cujo título na tradução francesa é *Essai sur le don dans la France du XVIe siècle*[32]. Ricoeur segue-a em sua análise das crenças de base de onde se origina o "espírito do dom", mas também quando considera as formas de fracasso que podem ocorrer na prática efetiva do dom,

---

30. Ibid.
31. HÉNAFF, Michel, *Le prix de la vérité, Le don, l'argent, la philosophie*, Paris, Seuil, 2002.
32. No original, ZEMON DAVIS, Natalie, é *The gift in sixteenth-century France*, Madison, University of Wisconsin Press, 2000. A tradução francesa de Denis Trierweiler, citada por Ricoeur, foi publicada pela Éditions du Seuil em 2003.

quando aquele que recebeu o dom é constrangido a retribuir, custe o que custar, ao doador.

Ricoeur cita com apreço o que Claude Lefort, inspirado por Merleau-Ponty, escrevera a respeito da reciprocidade do dom que confirma a verdade do gesto subjetivo inicial do doador[33]. Mas é em companhia do trabalho empreendido por Hénaff que Ricoeur vai encarar o dom cerimonial que se situa sobre um plano simbólico, que "não tem preço" (*sans prix*). Este não "ter preço", que está acima da reciprocidade, do "retorno do dom", pode ser encontrado em experiências concretas de vários tipos onde prevalece a *gratuidade*. E isto acontece em áreas diversas de nossa experiência, como por exemplo com a beleza gratuita de uma flor, de uma paisagem, de um corpo, de um ritual, ou em ocasiões em que se manifesta a pura generosidade de certos atos, quando não se pensa de forma alguma em retribuição. Em outras palavras, onde o agir se realiza sob o signo do amor (ágape), abrindo assim um espaço de "esperança". Tais gestos podem se irradiar e fazer avançar um estado de perdão e de paz.

O pensamento de Ricoeur é que se deve fazer algo de realmente efetivo para que se possam abrir novos horizontes de paz e de reconciliação. Contudo, ele não se ilude, pois sabe que a tarefa é para lá de árdua e que a paz em nosso mundo é frágil e estará sempre ameaçada.

Quanto ao "reconhecimento mútuo", ele não tem que ver nem com o que seria uma fusão qualquer entre o si mesmo e o outro, nem com o não reconhecimento de si-mesmo como premissa do devido reconhecimento do outro, pois essa consideração, esse reconhecimento só pode ser real quando parte de alguém que se autorreconhece.

Elevada ao plano social e político, a aspiração à paz busca o universal para além das diferenças culturais, religiosas, sem omitir os direitos de cada pessoa. Já a situação atual do mundo, apesar de todos os horrores

---

33. Eis a citação que faz Ricoeur de Claude Lefort em *Parcours de la Reconnaissance*, 330: "L'idée que le dom doit être retournée suppose qu'autrui est une autre moi qui doit agir comme moi; et ce geste en retour doit me confirmer la vérité de mon propre geste, c'est-à-dire ma subjectivité [...], les hommes confirmant les uns aux autres qu'ils ne sont pas des choses". Cf. LEFORT, Claude, *L'échange et la lutte des hommes* (1954), artigo republicado em LEFORT, Claude, *Les formes de l'histoire, Essais d'anthropologie politique*, Paris, Gallimard, 1978.

que o atingem ou ameaçam sob os mais diversos ângulos, não deve esmorecer a nossa motivação de agir concretamente para a paz, inclusive no plano da educação dos jovens.

É muito significativo que nesse ano de 2018, quando se comemora o centenário do fim da Primeira Guerra Mundial, no século XX, tenham surgido iniciativas como a que ocorreu nas dioceses francesas de Lille e d'Arras. Uma "Associação para a paz", aberta a todas confissões[34] e opções de fé organizou um "encontro" de quatro dias de discussão e de trocas tendo como alvo a sensibilização de todos em vista da paz[35]. Uma iniciativa dessa natureza teria encantado Paul Ricoeur, cujo pai, falecido servindo as tropas francesas durante a Primeira Guerra, ele, nascido pouco antes, não tivera a chance de conhecer.

A verdade, porém, é que como pensador e cristão, Ricoeur não cultivava nenhum espírito de vingança, mas lutava efetivamente pela paz, pregando um diálogo aberto, um *reconhecimento mútuo*, sem exclusões nem discriminações.

---

34. Nesse "encontro" compareceram católicos, anglicanos, protestantes, evangélicos, muçulmanos, judeus e budistas.
35. Cf. *La Lettre*, jun. 2018, de *Justice & Paix*. O dossier central, escrito pelo padre Vincent Blin, vigário-geral de Arras, tem por título *Faites la paix, De la commémoration de la Grande Guerre à l'engagement quoitidien pour la paix*.

4. O justo e o legal na reflexão de Paul Ricoeur[1]

No prefácio ao primeiro volume de seus estudos reunidos sob o título *Le juste*, Paul Ricoeur solicita a memória de cada um de nós fazendo apelo às nossas recordações de infância a fim de reavivar nossos primeiros encontros com a questão do injusto e do justo. E logo justifica o fato de nomear o injusto em primeiro lugar, antes do justo, afirmando — sob forma exclamativa —, que muito certamente o nosso primeiro e embrionário acesso à região do direito foi marcado pelo grito: "Isto é injusto!"[2]

Este grito, segundo Ricoeur, é a expressão de nossa indignação face ao que é injusto[3]. No terceiro ensaio de *O justo I*, que trata da teoria da justiça de John Rawls, ele volta mais uma vez a essa precedência do sentimento de injustiça, considerando-o introdutório à questão da justiça, e observa que já um outro autor, J. R. Lucas, dedicaria ao injusto o primeiro

---

1. VILLELA-PETIT, Maria da Penha, O justo e o legal na reflexão de Paul Ricoeur, *Prometeus*, Sergipe, jul.-dez., (2013) 169-183. Disponível em: <https://seer.ufs.br/index.php/prometeus/article/view/1028>. Cf. RICOEUR, *Le juste I*, 11.
2. Ibid.
3. Como ignorar o imenso sucesso que vem obtendo o recente panfleto de Stéphane Hessel, *Indignez-vous?*

capítulo de seu livro *On the justice*, de 1966, exprimindo-o com um ponto de exclamação ao modo de um protesto[4]: "Injusto!"

É fato que todos nós temos alguma experiência de injustiça feita tanto a nós próprios quanto a outros indivíduos, e mais ainda a grupos humanos, e que somos capazes de nos enxergarmos e de nos examinarmos quanto a injustiça que podemos fazer aos outros. Do filósofo, que também é um cidadão, a experiência da injustiça requer uma reflexão apurada, ou, em certos casos, até mesmo um conhecimento vivo da violência sofrida pelas vítimas, quando o que está em pauta é uma gritante injustiça social.

Quanto a isso, um testemunho ímpar nos foi dado por Simone Weil ao assumir o trabalho de operária numa fábrica visando conhecer o mal que queria combater, ou seja, o sofrimento imposto aos trabalhadores da indústria. Sofrimento que, hoje, é cada vez mais denunciado em relação a muitos outros empregos e postos de trabalho. Se evoco aqui a grande figura de Simone Weil (1909-1943), que Ricoeur muito admirava, é sobretudo porque o jurista e professor de direito Alain Supiot não hesita em lhe atribuir o estatuto de jurista do trabalho.

No importante artigo que Alain Supiot a ela consagra, sob o título justamente de *Simone Weil, juriste du travail*[5], ele termina estabelecendo um paralelo entre as proposições que, baseadas em sua experiência pessoal, ela fazia aos sindicatos na segunda metade dos anos de 1930, e as novas disposições do Código de Trabalho da França que datam de 2009. Contudo, o artigo começa destacando a necessidade de se conhecer melhor a injustiça, tal como a compreendera Simone Weil, para se lutar contra ela, pois somente assim seria possível pensar o direito de um país mais justo e o que deveria ser feito com vistas a entrar no caminho das reformas que se impõem no campo da justiça do trabalho.

Paul Ricoeur não teria ficado indiferente à reflexão de Alain Supiot sobre Simone Weil, caso dela pudesse ter tomado conhecimento. Todavia,

---

4. Cf. Ricoeur, Paul, Une théorie purement procédurale de la justice est-elle possible? A propos de la théorie de la justice de John Rawls, in: Id., *Le juste I*, 94.
5. Supiot, Alain, Simone Weil, juriste du travail, *Cahiers Simone Weil*, v. 33, n. 1, mar., (2016) 3-43.

no contexto desse meu ensaio, o que pede para ser considerado é o confronto de Ricoeur com o problema da justiça em geral em seus múltiplos aspectos, assim como as fortes convicções que o motivam.

A minha tarefa é, portanto, mostrar, por um lado, a contribuição à reflexão sobre a justiça dos artigos de Ricoeur sobre o "justo", e, por outro, como estão esses estudos inscritos no âmago de seu pensamento filosófico, com a visada ética que o anima e, em última análise, sua conotação cristã.

É o próprio Ricoeur que ainda no prefácio de *O justo I* retoma a fórmula canônica que caracteriza a "perspectiva ética" por ele assumida enquanto filósofo, isto é, "o desejo de uma 'vida boa' com e para os outros em instituições justas"[6].

O que é subentendido aqui por "vida boa" muito pouco tem que ver com o que, na linguagem, corrente chamamos, invertendo os termos, de "boa vida", uma vida de conforto, com saúde, com muitos consumos e distrações, e sem grandes contratempos. Na expressão de "vida boa", que Ricoeur retoma de Aristóteles, o qualificativo bom tem um sentido eminente ético. O bem que se busca há de ser inseparável do bem do outro, sob pena de ser nada mais que um egoísmo repreensível, que rebaixa o sujeito e o impede de atingir o plano moral.

Aliás, no ensaio *Justiça e verdade* de *O justo II*, Ricoeur, ao se referir à expressão mesma que serve de título ao *O si-mesmo como um outro*, comenta: "A fórmula de *O si-mesmo como um outro* é neste sentido uma fórmula primitivamente ética, que subordina a reflexividade do si à mediação da alteridade do outro"[7]. Em outras palavras: a relação ao outro é constitutiva da consciência de si. E pelo fato mesmo de que é dos outros é que recebemos a linguagem com a qual falamos ou dialogamos com nós mesmos, como também os símbolos que estruturam nossa compreensão do mundo e, por conseguinte, os valores que aprendemos a respeitar, a estimar.

A este respeito — e prolongando o que já estava patente em *O si-mesmo como um outro*, nos capítulos constitutivos do que ele chamou *sa*

---

6. Esta "definição" da "perspectiva ética" (*visée éthique*) fora posta em evidência em *Soi-même comme un autre*, 202.
7. RICOEUR, Paul, Justice et Vérité, In: ID., *Le juste II*, 72.

petite éthique —, Ricoeur, no mesmo ensaio de *O justo II*, dirá ainda que, como ele, os diferentes autores por ele abordados também se afastam do "kantismo ortodoxo na medida em que ele [Kant] dá uma versão monológica do elo entre o si e a norma inerente à ideia de autonomia"[8]. À diferença de Kant, a filosofia prática não se reduz, aos olhos de Ricoeur, a uma moral do dever, em que o determinante é a obediência, a conformidade interior à lei moral. Se a lei moral é um momento incontornável de toda a vida ética, essa tem algo a mais, visa algo para além da lei. Nela, o homem deseja o bem, aspira ao bem para si e para os outros.

Em suma, em sua reflexão no campo da ética Ricoeur não se contenta com monologismo inerente ao formalismo kantiano, ou com o imperativo categórico, assim como não se recusa a fazer apelo ao sentimento, ao "coração", reconhecendo assim uma dimensão outra além da deontológica, melhor conhecida da filosofia antiga que da moderna: a dimensão teleológica. Para explicitar a teleologia interna às nossas ações, ou seja, a finalidade que, em última instância, é visada quando agimos, Ricoeur recorre frequentemente às primeiras linhas da *Ética a Nicômaco* de Aristóteles.

Segundo Aristóteles, em tudo que fazemos e em todos as nossas ações estamos sempre a buscar algum bem. Daí a afirmação que o bem é a meta, o alvo para qual tudo tende[9]. Não se ignora, porém, que o caminho em direção a essa meta é pontuado de inúmeros obstáculos provenientes de nós mesmos e dos que nos rodeiam. Os desvios, as falhas, os maus sentimentos, as más ações, a violência que marcam nossas vidas, ou a vida da sociedade a que pertencemos e a humanidade enquanto tal, despertam a consciência de uma culpabilidade, que encerra nela própria um julgamento. É a impossibilidade de escaparmos inteiramente ao mal que afeta o exercício de nossa liberdade, que ética alguma pode deixar de lado uma dimensão deontológica, isto é, a do dever de obediência à lei moral com seu caráter de imperativo e de universalidade.

Ao refletir no segundo tomo de sua *Filosofia da vontade*, que tem por título *Finitude et culpabilité*, sobre o homem falível e a simbólica do

---

8. RICOEUR, *Justice et vérité*, 103.
9. RICOEUR, *Qui est le sujet du droit?*, 33.

mal, Ricoeur já se confrontara com questões dessa ordem, como ocorreria mais tarde nas conferências pronunciadas em Lausanne em torno da questão do mal como um desafio à filosofia e à teologia. É, todavia, nos ensaios reunidos em *O justo I* e *II*, que sua atenção se volta para o entrelaçamento entre a questão ética e a questão jurídica.

No primeiro ensaio de *O justo I*, cuja questão diretriz é "Quem é o sujeito do direito?", ao analisar o "quem" da pergunta, Ricoeur observa que "juntos, estima de si e respeito de si, definem a dimensão ética e moral do si, na medida em que caracterizam o homem como sujeito de imputação ético-jurídica". A este ou àquele homem, enquanto sujeito de ações, imputa-se tal ato ou omissão, como, por exemplo, a de não fazer nada para salvar alguém. Sendo capaz de agir livremente, o sujeito humano é responsável dos atos que comete, ou omite, e em função disso é julgado.

Antes, porém, de tentarmos encarar mais de perto o entrelaçamento entre o ético e o jurídico, é indispensável que nos detenhamos diante do terceiro termo da fórmula chave de Ricoeur, a qual já aludimos: "o desejo de uma vida boa com e para os outros em instituições justas". A importância deste terceiro termo "em instituições justas" é capital. Pelo fato de que a questão propriamente jurídica só toma corpo através da instituição judiciária, é que, ela própria, corre muitas vezes o risco de ser injusta, como atestam tanto os erros judiciários quanto à discriminação social, que pode ser feita em relação às pessoas acusadas.

Mas a noção de "instituições justas" não se limita de modo algum ao judiciário, do mesmo modo que o justo não se reduz ao legal. Em qualquer sociedade, e em particular nas mais complexas, a vida social se dota de instituições diversas. E essas instituições podem dar ensejo a perpetuação de injustiças, como é o caso, em vários países, e especialmente no Brasil, da escola pública quando comparada à particular. Tenho em mente o que li algum tempo atrás nos jornais brasileiros sobre o resultado do Exame Nacional do Ensino Médio (Enem), cujos critérios estavam sendo discutidos, mas em que já se constatava que oito em cada dez escolas públicas ficaram abaixo da média. Ora, isso prejudica jovens que, embora potencialmente capazes, ficarão em grande parte privados dos ensinos indispensáveis para que possam prosseguir seus estudos numa boa universidade.

É óbvio que essa situação, que não passa de um sintoma entre muitos de injustiça social, não poderia levar a um processo diante de um tribunal de justiça. Mas se não é caso de "tribunal", pois, não há indivíduos identificáveis e imputáveis, isto não impede que, sob o ângulo político, façamos um julgamento sobre a significação do que foi apurado pelo Enem. Como não aspirar a um país menos injusto? E como não constatar que, para que essa aspiração possa dar origem a ações consequentes na esfera política, é necessário o reconhecimento dos focos mais tenazes da injustiça, a começar por aqueles que residem em nossas próprias casas e que tendemos a não ver ou diagnosticar?

Essa consideração me leva novamente a John Rawls, um autor bastante presente na reflexão de Ricoeur sobre o justo. Rawls desenvolveu hipoteticamente uma teoria puramente procedural da justiça, cujo alvo seria fazer da sociedade uma vasta empresa de acordo mútuo quanto à partilha de bens, e isso da maneira mais justa possível; o que implica assegurar aos que têm menos a melhor repartição de bens, uma repartição contratual e marcada pela equidade. Donde o segundo princípio da justiça estabelecido por Rawls consistir em "melhorar a parte mínima nas partilhas desiguais"[10]. E como ler princípio assim e não pensar na questão do salário mínimo em nosso mundo e do leque salarial em nossas plagas?

Paul Ricoeur, porém, ainda que mostre um real apreço à obra de Rawls, não poderia se contentar com uma teoria procedural do justo limitada à dimensão deontológica, isto é, ao dever de construir a sociedade menos injusta possível, como ocorre no caso de *Uma teoria da Justiça*, de Rawls, ainda que a preocupação com a sociedade possa e deva ser compartilhada, essa teoria restrita à dimensão deontológica não preenche parte dos requisitos que a ideia mesma de justiça traz consigo. Por si só, a questão do jurídico exigiria uma reflexão mais ampla sobre o justo.

No meu artigo *Perspectiva ética e busca do sentido em Paul Ricoeur*[11], evoco o último ensaio do *Le juste I*, intitulado *La conscience et la loi*. Nele, abordando a aplicação da lei a casos concretos que são, por definição,

---

10. RICOEUR, Justice et vérité, 80.
11. Cf. VILLELA-PETIT, Perspectiva ética e busca do sentido em Paul Ricoeur, 18-35 desta coletânea.

singulares, Ricoeur constata: "Aplicar uma norma a um caso particular é uma operação extremamente complexa, que implica um estilo de interpretação irredutível à mecânica do silogismo prático"[12]. Os juízes é que o digam quanto é difícil aplicar a lei em certas situações onde seria injusto não levar em conta as circunstâncias. Ricoeur considera o pronunciamento da sentença no quadro de um processo, num contexto de jurisprudência, como exemplo paradigmático. Ou, como escreve: "Dizer o direito nas circunstâncias singulares de um processo, isto é, no quadro da forma judiciária das instituições de justiça, constitui um exemplo paradigmático do que é aqui significado pela ideia de justiça como equidade"[13]. E logo após, citando Aristóteles, ele aponta "a equidade como um corretivo da lei", necessário porquanto a lei em sua generalidade não pode levar em conta as circunstâncias singulares da ação julgada.

As expressões utilizadas por Ricoeur na frase que acabamos de citar, as de "dizer o direito" e de "ideia de justiça como equidade", de certo modo sintetizam muitas das análises por ele propostas ao longo de seus ensaios sobre a questão jurídica. Vejamos a primeira, a de "dizer o direito".

No ensaio, não ainda mencionado de *O justo II*, cujo tema é a autonomia e a vulnerabilidade, ensaio esse que foi primeiro uma conferência feita em 1995 na sessão inaugural do *Institut des Hautes Études sur la Justice*, mais uma vez Ricoeur se detém sobre a dimensão discursiva do direito e, já na manifestação de sua resposta, pergunta: "O direito todo não repousa ele sobre o ganho que obtém a palavra sobre a violência?"[14]

E depois de aludir a alternativa entre violência e discurso, já posta em relevo por Éric Weil, Ricoeur prossegue evocando certas formas da palavra na prática do direito. Como ele diz:

> Ora, entrar no círculo do discurso enquanto profissional da coisa judiciária significa entrar no domínio das convenções, dos contratos, das trocas, e de maneira mais dramática para os senhores magistrados, no universo do

---

12. RICOEUR, La conscience et la loi, 211.
13. RICOEUR, Justice et vérité, 74.
14. RICOEUR, Autonomie et vulnérabilité, in: ID., *Le juste II*, 89.

processo, isto é, do debate enquanto confrontação de argumentos, assalto de palavras[15].

E, prosseguindo, faz a seguinte observação: "Imediatamente nos salta aos olhos a desigualdade entre os homens no que se refere ao domínio da linguagem; desigualdade que é bem menos um dado da natureza que um efeito perverso da cultura"[16].

Com isso, Ricoeur visa o que se costuma chamar de desigualdade de chances por razões sociais, manifesta através do uso da palavra. Como se pode notar, o que está em jogo é o fato de que o julgamento, a sentença, isto é, o que está implícito na expressão "dizer o direito" não deve ignorar as diferenças que se traduzem no próprio falar, no se exprimir, no argumentar, em suma, no que é primordial ao homem: sua capacidade de falar, de contar, de narrar, ou ainda de se justificar.

Vê-se por essas observações como Ricoeur se faz atento à fragilidade, à vulnerabilidade dos homens, considerados em si mesmos como seres singulares. Como ignorar a situação do autor de uma ação, e as circunstâncias particulares em que ela ocorre? Esta consciência do social, do político, ou ainda do histórico, que nunca esteve ausente da reflexão do Ricoeur, é um sinal patente de sua constante preocupação com a justiça, tanto na aplicação institucional da lei quanto na relação aos outros, que podem ser mais frágeis, mais vulneráveis, como o são as crianças, os pobres, os velhos, os doentes.

Sua atenção à fragilidade nos casos de doenças, de *handicaps* encontraria uma ocasião propícia para se desenvolver e se aprofundar reflexivamente quando Ricoeur foi convidado a fazer uma palestra na Associação *L'Arche*, criada por Jean Vanier, que repetiria num colóquio científico da Fundação John Bost. O título da palestra, *La différence entre le normal et le pathologique comme source de respect* [A diferença entre o normal e o patológico como fonte de respeito] faz entrever a dimensão ética que lhe imprime Ricoeur através da expressão "fonte de respeito", que vai girar aqui em torno da noção de patológico.

---

15. Ibid., 89-90.
16. Ibid., 90.

Apoiando-se nas obras de Georges Canguilhem, um filósofo voltado aos estudos da epistemologia da biologia, e anteriormente a qualquer consideração de ordem ética, Ricoeur procura primeiro "deslocar" o que geralmente se entende como oposição entre o normal e o patológico. Esse questionar dos "lugares comuns" (*lieux communs*) do que é comumente admitido me parece muito significativo. Todo filósofo deveria adquirir o hábito intelectual de interrogar, de refletir sobre o que aparece óbvio a um momento dado da história, e que por isso mesmo pouco se discute, através do diálogo com os que contribuíram para a elucidação do que está em pauta, que talvez tenham abalado posições até então aceitas sem discussão, ou pouco problematizadas. Verifica-se aí uma das atitudes características do grande pensador que foi Ricoeur. Ao contrário do que fazem tantos outros, ele não escondia o que devia aos seus predecessores e a seus contemporâneos, com quem dialogava.

Mas retornemos à questão da vulnerabilidade em termos de saúde física e ou mental e no âmbito do julgamento médico. Não estaríamos a entreter uma grande ilusão ao colocarmos uma distância grande demais entre os "normais" e os "doentes"? Como imaginar aqui fronteiras fixas? Sabemos por experiência que podemos ficar doentes, mesmo mentalmente, que somos suscetíveis de nos fazer ganhar pela tristeza, pela melancolia, pela frustração, sentindo-nos inferiorizados e vendo assim atingida a estima de nós mesmos etc. Diante disso, cabe ao médico como a todos aqueles que tratam ou convivem com pessoas vítimas de doença, de defeitos físicos ou de alguma patologia incurável, cultivar um suplemento de estima baseado no reconhecimento de valores positivos, de modo a favorecer que se viva a doença como uma maneira outra de se estar-no-mundo.

Aceitar esta diversidade é alargar nosso mundo e ativar os recursos de convivialidade e de simpatia que temos dentro de nós, sem tampouco esquecermos de nossa própria precariedade.

Contentei-me aqui de transpor em poucas linhas, e com palavras minhas, a abordagem do sujeito doente no quadro da reflexão de Ricoeur, cujo propósito é mudar nosso olhar, para que um relacionamento mais justo possa advir entre os homens, sobretudo com aqueles mais frágeis e ameaçados de exclusão. De outro modo, "o respeito devido a cada homem sem distinção", que é uma das chaves da moral kantiana, permanecerá uma generalidade vazia, não real.

Em relação a essa exigência de respeito, uma das considerações do ensaio sobre o normal e o patológico que merecem ser assinaladas é a evocação por Ricoeur da sugestão feita por Michel Foucault de que "a conquista da razão autônoma na idade moderna teve como contrapartida a exclusão do irracional como o inumano por excelência"[17].

Quanto aos efeitos resultantes da substituição da transcendência pela imanência, a da razão autônoma, e que se revelariam cruéis, que Ricoeur ainda menciona no quadro de sua referência a Foucault, eles são parte daquilo que, numa palestra, eu havia apontado como o lado ou, melhor dizendo, os lados sombrios do Iluminismo.

O justo II comporta ainda dois outros textos que concernem à área da medicina ou da bioética, por si só áreas muito polêmicas, em que o confronto de opiniões, de convicções tornam bastante complexa a tomada de decisões. O clima conflitante que suscitam a legitimação de tal ou qual ação médica ou paramédica tendo a ver com o começo ou o fim da vida não poderia ter escapado a Ricoeur, que concebia a filosofia não como uma meditação no deserto ou numa torre de marfim, mas como uma reflexão cujo espaço é a vida em comum na sociedade, na *polis*.

A comunicação *Les trois niveaux du jugement médical* [Os três níveis do juízo médico], feita em 1997 na Alemanha e precedida de um artigo na revista *Esprit* sobre a filiação, é um bom exemplo de como Ricoeur concebia seu papel de filósofo em meio aos debates de nossa época. Época marcada por conquistas tecnocientíficas que possibilitam, como ele diz, "intervenções deliberadas no processo da vida, humana e não humana"[18] e que, portanto, suscitam questões éticas.

Contudo, ao invés de se contentar em dar de chofre sua opinião sobre se se deve ou não permitir legalmente certo tipo de intervenção, Ricoeur desenvolve uma reflexão sobre as facetas e os níveis do julgamento

---

17. RICOEUR, Paul, La différence entre le normal et le pathologique comme source de respect, in: ID., *Le juste II*, 223.
18. Cf. RICOEUR, Paul, Les trois niveaux du jugement médical, in: ID., *Le juste II*, 227.

médico com o intuito de esclarecer seus ouvintes e leitores sobre a especificidade do juízo médico. Sua análise do pacto de confiança que liga o paciente a seu médico, e dos níveis do juízo médico, o prudencial, o deontológico e o da reflexão sobre o deontológico inscrito no Código de Deontologia Médica é das mais pertinentes e instrutivas. Ela mostra que não cabe ao médico sozinho decidir por si próprio certos gestos terapêuticos.

A relação entre o médico e o paciente é incontornável, no entanto, ela se complica a partir do momento em que surgem novas possibilidades de intervenção médica sobretudo no que concerne o engendramento e a morte. Intervenções essas que não podem ficar de fora do domínio da lei. E, no entanto, a decisão referente ao que a lei deve ou não autorizar não se reduz ao plano do direito, nem pode ficar restrita a uma discussão entre juristas. Ela requer da ética filosófica uma reflexão prudencial e aprofundada sobre o que é justo ou não, e que leve em consideração todos aqueles que a decisão concerne de uma maneira ou de outra.

Como não mencionar a alegria que senti ao receber em junho de 2011 um caderno sobre o fórum *Science, recherche, et société* promovido pelo jornal *Le Monde* e a revista *Recherche*. Dentre as muitas declarações pertinentes dos convidados, encontrei a seguinte citação do médico e biólogo Axel Kahn: "La science n'a pas mission de dire le juste" ["A ciência não tem a missão de dizer o que é justo"]. No pequeno desenvolvimento que se segue, ele acrescenta: "O modelo tecno-científico oriundo do século das Luzes e do século XIX, baseado sobre a ilusão de uma linearidade entre o progresso do conhecimento, o poder de agir e a felicidade humana, está largamente ultrapassado no século XXI".

E na conclusão do pequeno extrato o autor afirma: "Os jovens devem ser conscientes de que o objeto da ciência é a procura do verdadeiro, ou pelo menos do provável. Em contrapartida, ela não tem a missão nem os meios de dizer o que é justo e o bom".

Como não reconhecer aqui, até certo ponto, um eco ao *Le juste I* e *II* de Ricoeur? E como não ouvir no que é dito por Axel Kahn um apelo ao(s) filósofo(s)?

No texto de Ricoeur já mencionado, *Os três níveis do juízo médico*, que havia sido sua contribuição à Conferência Internacional *Ethics, Codes in medicine and biotechnology*, realizada em Freiburg im Breisgau, Alemanha, fica patente como ele se dava conta dos debates conflitantes que a pesquisa das ciências biomédicas gerava e haveria de gerar cada vez mais à medida que o progresso técnico aumentaria suas possibilidades de intervenção. A clonagem, bem-sucedida no reino animal, constituir-se-ia talvez numa tentação para alguns, que não hesitariam em clonar seres humanos.

A uma tentação assim, que não estando na ordem do dia, não está ausente do horizonte das conquistas tecnológicas do aprendiz-feiticeiro em que pode vir a tornar-se algum pesquisador nessa área, o filósofo que era Ricoeur respondia de antemão ao enunciar os preceitos da sabedoria prática no plano médico. Depois de sublinhar a singularidade de cada indivíduo humano e, portanto, a do paciente que precisa ser tratado, ele especifica:

> Esta singularidade implica o caráter não substituível de uma pessoa a outra, o que exclui, entre outras coisas, a reprodução por clonagem de um mesmo indivíduo; a diversidade das pessoas humanas faz com que não seja a espécie que se trata, mas cada vez um exemplar único do gênero humano. O segundo preceito sublinha a indivisibilidade da pessoa; não são os órgãos múltiplos que tratamos, mas um doente, se se pode dizer, integral. [...] O terceiro preceito acrescenta às ideias de insubstituibilidade e de indivisibilidade a mais reflexiva, a de estima de si. Este preceito diz mais que o respeito ao outro; ele visa a equilibrar o caráter unilateral do respeito, que vai do mesmo ao outro, pelo reconhecimento de seu valor próprio pelo sujeito ele próprio[19].

Ricoeur desenvolve em seguida considerações sobre a situação de dependência do doente, cuja dignidade fica assim ameaçada, se não violentada. Essas considerações poderiam ser transferidas, como ele próprio previa, para o plano não mais dos cuidados médicos, mas das intervenções que podem hoje ser feitas em matéria de início ou de fim de vida.

Como sabemos, há os que, ao invés de aceitarem como justo a suspensão do que se chama em francês de *acharnement thérapeutique*

---

19. Ricoeur, Les trois niveaux du jugement médical, 231-232.

[obstinação terapêutica], advogam a eutanásia, sem se aperceber de como tal legalização abriria ou já abre a porta a abusos que, tudo indica, ficarão ignorados pelo judiciário.

Quanto às intervenções relativas à "concepção", se algumas não implicam desrespeito à pessoa humana, outras não levam verdadeiramente em conta a pessoa da criança a nascer. Estas são questões abertas ao nível da sociedade, mas ao mesmo tempo exigem do filósofo um empenho não limitado a sua opinião, mas um empenho real, reflexivo, enquanto filósofo. Neste empenho, a colaboração entre filosofia e direito se revela indispensável e incontornável.

Isso dito, voltemos brevemente, e à guisa de uma conclusão provisória, ao fio condutor da interrogação filosófica de Paul Ricoeur. Como já tive ocasião de sublinhar, desde seus primeiros escritos e sobretudo dos três tomos que constituem sua *Philosophie de la volonté*, respectivamente, *Le volontaire et l'involontaire* e *Finitude et culpabilité*, dividida em *L'homme faillible* e *La symbolique du mal*, Ricoeur manifesta sua preocupação ética e sua busca de sentido para o existir humano como o eixo dominante de sua filosofia, que, com o passar dos anos, havia de percorrer uma pluralidade de caminhos, de veredas, sem nunca se desviar do que motivava o seu caminhar enquanto filósofo.

Como me foi dado mostrar em 2012 por ocasião do Colóquio da Associação Latino-americana de Literatura e Teologia (ALALITE), a questão da ação, do agir falível do homem sempre esteve presente a Ricoeur. Ao mesmo tempo ele procurava mostrar que se a vulnerabilidade e a falibilidade humana são incontornáveis, o homem, para se sentir culpado, não pode carecer de um desejo do bem, mesmo que esse desejo possa em certos casos estar soterrado por camadas de desejos e apetites que contrariam a busca de uma "vida boa", uma vida animada pelo desejo do bem.

Ora, um dos pontos de grande interesse ao se estudar o pensamento de Ricoeur seria de fazer vir à tona aquilo que, por um lado, ele deve a Kant e, por outro, tudo aquilo que o leva a ultrapassar Kant. Embora no contexto desse ensaio só possamos abordar a relação de Ricoeur a Kant de modo sucinto, esta relação não pode ser perdida de vista já que ela é um dos reveladores da singularidade do pensamento de Ricoeur, conquanto, em sua reflexão no que tange direta ou indiretamente à ética, a moral kantiana somente ocupa uma posição mediana.

Em primeiro lugar, Ricoeur não parte de uma clivagem entre a razão teórica e a razão prática, como o fazia Kant que, na *Crítica da razão prática*, eliminava o desejo como necessariamente contrário ao dever, à obrigação moral. E isto porque Ricoeur reconhece que antes de mais nada o homem em seu âmago é habitado pelo desejo de ser, como já o sublinhara Jean Nabert, um pensador que muito marcou a filosofia reflexiva de Ricoeur, e ao qual *Finitude et culpabilité* fora dedicado. É nesse sentido que num dos seus ensaios que figuram em *Le conflit des interprétations*, Ricoeur dirá: "Esta dupla eliminação do desejo como estranho tanto à pura forma do dever e rebelde ao imperativo da lei moral parece-me ser a ilusão maior da moral kantiana"[20].

Segundo Ricoeur, a separação que efetuara Kant entre o *a priori* da lei moral e o empírico de nossa experiência comprometia a análise da ação efetiva. O elã de uma "afirmação originária" do ser que somos, precede a obrigação moral e lhe dá uma dimensão existencial, concreta.

Em *O si-mesmo como um outro*[21], sua obra fundamental, Ricoeur desenvolverá nos capítulos centrais o que ele chamará de sua *petite éthique*. É aí, no entorno justamente da questão do si mesmo, que a atitude de Ricoeur em relação a Kant se determina de maneira decisiva. A moral deontológica, isto é, a moral do dever, se revelará precedida pela busca ética (*visée éthique*) inerente ao si em sua dimensão reflexiva sobre si-mesmo e completada pelo exercício por parte do si de uma sabedoria prática no curso de sua existência efetiva e em confronto com os conflitos que a pontuam. O si é o sujeito que inclui, como sendo imanente à sua própria definição e a compreensão de si mesmo, a análise de suas motivações, a avaliação ética do seu agir, assim como o reconhecimento do outro como um si-mesmo.

O que significa, para cada um de nós, avançarmos ao longo de nossa existência, que Ricoeur não separava do que designamos por "vida",

---

20. RICOEUR, Paul Démythiser l'accusation, in: ID., *Le conflit des interprétations, Essais d'herméneutique*, Paris, Seuil, 1969, 331.
21. A primeira edição data de 1990.

procurando nos despojar de todo egocentrismo, de toda centração sobre nós mesmos, a fim de não sacrificarmos a aspiração interior que nos habita, a aspiração a uma vida voltada para o bem e a justiça. Uma "vida boa" cuja "regra de ouro" seria, em última análise, a de amar o outro como a si mesmo, onde para Ricoeur culmina idealmente a vida ética.

Com este pequeno e sumário esboço da ética de Ricoeur, o que quero sugerir é que sua obra merece ser estudada em toda sua amplitude, uma amplitude considerável e cujos grandes eixos mostram a coerência de sua busca filosófica.

5. Justiça, direito e o problema do mal em Paul Ricoeur[1]

É importante lembrar que Paul Ricoeur sempre se interessou pelo agir. E desde o início de sua obra, como atesta sua tese em três tomos colocados sob o título geral de *Philosophie de la volonté*, dividida em *Le volontaire et l'involontaire* e *Finitude et culpabilité*, cujos tomos são *L'homme faillible* e *La symbolique du mal*.

Nela, a questão da ação prevalece sobre a da percepção, sobre a do conhecimento teórico, ou, para dizer em termos kantianos, ela concerne sobretudo à razão prática e não à pura. Logo, a ação tem que ver com a moral e a questão ética. Ela diz respeito à nossa conduta no mundo, em relação a nós mesmos, aos outros e à sociedade. Quando uma sociedade não se limita a uma comunidade, a um grupo humano com seus valores e suas regras estritas determinando o permitido e o proibido, mas tem uma dimensão política que se incarna num Estado com suas leis explícitas e escritas, surge o direito, que se exerce através de juízes, advogados etc. Ao lado da aspiração à justiça, que nos habita e habita grupos humanos

---

1. VILLELA-PETIT, Maria da Penha, Justiça, direito e o problema do mal em Paul Ricoeur, *Pensar — Revista eletrônica da FAJE*, v. 8, n. 1 (2017) 3-20. Antes de tudo, trata-se de conferência pronunciada na Faculdade Jesuíta de Filosofia e Teologia (FAJE) em 2017.

vítimas de injustiças, constitui-se um poder judiciário cuja função prioritária é de aplicar as leis vigentes do direito, embora esse, por suas próprias leis, possa, perpetuar situações injustas. Todas os pontos aqui abordados pressupõem que não há grupo humano algum que esteja livre de práticas injustas, as quais se inscrevem no horizonte da realidade incontornável do mal. "Mal" que, numa conferência feita em Lausanne, Ricoeur encarava como "um desafio à filosofia e à teologia".

A trajetória de Paul Ricoeur

Portanto, a questão do agir e da ação, digamos, em termos aristotélicos, da *praxis*, foi sempre central ao pensamento de Paul Ricoeur. Sobre isso faz ele um comentário significativo em *Réflexion faite*, que se apresenta como sua *Autobiographie intelectuelle*[2]. É a versão francesa de um artigo publicado inicialmente numa coletânea americana que tem por título *The philosophy of Paul Ricoeur*[3], na qual figura sua *Reply to David Stewart* (*Resposta a David Stewart*), atualmente publicada em francês em *L'herméneutique biblique*, uma antologia organizada e traduzida por François-Xavier Amherdt (2005).

Em sua réplica ao artigo de David Stewart, Ricoeur se pronuncia mais longamente a respeito de seu interesse pelo agir e pela ação, e, portanto, pela questão ética, que é frequentemente associada, ou subjacente a elas.

> Mas a ação foi sempre o centro de organização de minha reflexão filosófica sob uma variedade de títulos: primeiro, o voluntário e o involuntário, depois o desejo e o esforço — elevados ao nível metafísico do desejo de ser e do esforço de existir — e, finalmente, o poder da ação em *O si-mesmo como um outro*; por outro lado, pode-se considerar que a linguagem é o ponto de organização de minhas investigações. A esse respeito não há razão de se falar

---

2. Cf. Ricoeur, *Réflexion faite, Autobiographie intellectuelle*.
3. Cf. Hahn, L. E. (ed.), *The Philosophy of Paul Ricoeur*, The library of living philosopher XXII, Chicago, La Salle, 1995, 443-449.

de "virada linguística": o dizer da vontade, o dizer do símbolo etc. estiveram sempre em discussão desde minhas primeiras obras[4].

Levando em conta essa declaração, essa "confissão" de Ricoeur sobre seu projeto filosófico, o que, quando ele se refere à linguagem, inclui implicitamente tudo que escreveu sobre a narrativa, o que nos importa aqui é o destaque que, ao refletir sobre a ação e o agir, é dado à questão da justiça. Segundo Ricoeur, uma das experiências fundamentais de nossas vidas, a começar pela infância, é a que se exprime pelo grito indignado: "é injusto!" ("*c'est injuste*"). Assim, no prefácio do primeiro tomo da coletânea *O justo* (*Le juste*), ele declara a respeito de si próprio:

> É de propósito que evocando lembranças da infância, eu nomeio o injusto antes do justo, como muitas vezes o fazem aliás, de maneira claramente intencional, Platão e Aristóteles. Nossa primeira entrada na região do direito não foi ela marcada pelo grito: "é injusto!"? Esse grito é o da *indignação*, cuja perspicácia às vezes nos interpela, quando comparada às nossas hesitações de adultos obrigados a nos pronunciar sobre o justo em termos positivos[5].

Abro um pequeno parêntese para contar uma coincidência: enquanto eu buscava essa citação de Ricoeur, descubro, no dia 16 de fevereiro de 2017, na primeira página do jornal *La Croix*, uma foto anunciando o artigo das páginas 2 e 3, com o seguinte título, *En banlieue, soif de justice* (*No subúrbio, sede de justiça*). Tudo isso tendo que ver com o que sofrera Théo, jovem negro, por parte da polícia, e manifestava a indignação e a revolta que se apoderaram de certos habitantes dos subúrbios, mas onde, além do admissível, alguns cometeram também atos condenáveis.

Fechemos esse parêntese e voltemos à expressão empregada por Ricoeur: "É injusto!", ou "Isto é injusto!". Um protesto fundamental dessa ordem se reitera ao longo de nossas vidas, por um lado, quando sofremos enquanto vítimas de ações de outrem ou de outros grupos sociais, por outro, quando são os outros que sofrem por nossas ações, pela maneira como nos comportamos e agimos em relação a eles.

---

4. Ricoeur, Réponse à David Stewart, 103.
5. Ricoeur, *Le juste I*, 11.

A expressão "protesto contra a injustiça" manifesta a questão moral e ética da justiça, como inerente à nossa vida em comum. Dela, de nossas vidas, sempre decorre a instituição de regras e leis do que é permitido e proibido, este, portanto, sujeito a sanções. É o que, em civilizações como a nossa, se constitui em termos de direito no horizonte político do Estado.

Os artigos que compõem os dois tomos de *O justo* deixam ver que a questão da justiça entremeada com a do judiciário, do poder conferido à instituição judiciária num Estado de direito (*État de droit*), foi objeto de uma reflexão reiterada do pensamento de Ricoeur.

Além de *O justo I* e *O justo II*, e, mais tarde, do *carnet* publicado em 2006 pelas Éditions de l'Herne, intitulado *Le juste, la justice et son échec* [*O justo, a justiça e seu fracasso*], em que é reproduzido o texto de seu artigo que figurava no *Cahier de l'Herne*, n. 81, e a ele consagrado, saiu ainda, em 2008, com Ricoeur já falecido, um volume *Amour et justice* com três ensaios anteriormente publicados em outras línguas: *Amour et justice*; *Le soi dans le miroir des écritures* e *Le soi mandaté, Oh my prophetic soul!*[6] Todavia, alguns dos temas relacionados seja com a ideia de justiça seja com a instituição judiciária já se encontravam em artigos anteriores de Ricoeur, como os publicados em *Le conflit des interprétations* [*O conflito das interpretações*], editada em 1969.

Mas não é tudo. A questão da justiça está estreitamente associada aos outros temas de primeiro plano que ocuparam sua reflexão, o que testemunha o seu interesse por diferentes tipos de narrações, sejam literárias, históricas ou bíblicas, tanto em obras como *Temps et récit* (Tempo e narrativa, em 3 tomos) quanto na coletânea *L'herméneutique biblique* (A hermenêutica bíblica).

Devemos lembrar ainda os vários ensaios reunidos sob o nome *Lectures* [Leituras], em 3 volumes, e os artigos publicados, mais recentemente, na coletânea *Écrits et conférences* [Escritos e conferências], também em três volumes. Sem poder citar outros títulos de Ricoeur, em se tratando de justiça não posso, todavia, deixar de fazer alusão a uma obra maior,

---

6. RICOEUR, Paul, *Amour et Justice*, Paris, Points, 2008.

Soi-même comme un autre [O si-mesmo como um outro], e também a *La mémoire, l'histoire, l'oubli* [A memória, a história, o esquecimento].

Convém logo sublinhar que a frase canônica de *Soi-même comme un autre* tem que ver com a justiça e com o direito, como já o título mesmo o sugere. Essa frase implica que a autorreferência, a referência a si próprio, tem eticamente tudo a ver com a referência a outrem, ao outro (*soi-même comme un autre*) e resume por assim dizer a mensagem filosófica de Ricoeur, enraizada em seu desejo de ser e de viver voltado para o bem. Eis a frase em questão: "o desejo de uma 'vida boa' com e para os outros em instituições justas"[7].

Note-se que já no primeiro artigo de *O justo I*, "Quem é o sujeito do direito?", Ricoeur se refere à emergência de um "sujeito de direito", procurando justamente esclarecer a expressão "como eu" ("*comme moi*") implicada no título de *O si-mesmo como um outro*: "como eu, escreve ele, o outro pode se designar como *eu* quando fala. A expressão *como eu* já anuncia o reconhecimento do outro como igual a mim (*mon égal*) em termos de direitos e de deveres"[8]. O que requer, em suma, a instituição da linguagem e a capacidade de se designar a si próprio como autor de suas ações, e isto num contexto social.

A questão da justiça e do direito

Importa agora lembrar que, ao contrário de muitos filósofos que abordam a questão da justiça, Ricoeur não se esquece da multiplicidade de sentidos do adjetivo substantivado "justo". Aliás, ele se exprime longamente sobre a "gama de significações" do verbo "julgar" ao abordar os diferentes atos de julgar no seu ensaio *L'acte de juger* também de *O justo I*[9].

Ricoeur as percorre tais significações indo das mais banais, como a da emissão de uma opinião ou de uma preferência, às mais importantes, do ponto de vista ético e do jurídico. Ele menciona nesse contexto as

---
7. RICOEUR, *Soi-même comme un autre*, 202.
8. RICOEUR, Qui est le sujet du droit?, 35.
9. Cf. RICOEUR, Paul, L'acte de juger, in: ID., *Le juste I*, 185-192.

Meditações de Descartes, e, em particular a quarta delas, em que Descartes sublinha que o julgamento procede da conjunção entre o entendimento e a vontade. Ao entendimento cabe julgar se isto ou aquilo é verdadeiro ou falso, e à vontade cabe tomar posição, por um ou outro, caso se opte ou não, pela verdade.

É a partir daí, e do que resulta em termos de decisões tomadas em relação ao agir que, no estudo a que me refiro, Ricoeur afirma que nós somos levados, em nossa civilização, à questão do judiciário, do ato de julgar de acordo com as leis do direito. O que leva ao que denominamos "processo", em que se sucedem várias intervenções da palavra: a do advogado da vítima e a do defensor do acusado, a palavra das testemunhas convocadas, e, finalmente, a palavra do juiz, que arbitra entre uns e outros e toma uma decisão, pronunciando a sentença, ou seja, o julgamento oficial do tribunal.

A questão do "julgar" não se limita à jurisprudência, embora a justiça como instituição seja de grande importância, já que no "processo jurídico", a vingança, o ato de vingança, é substituído pela palavra, pelos discursos e os argumentos pronunciados durante o processo.

Voltaremos mais tarde à questão do direito, e o que ele pode encerrar de profundamente injusto, como é também o caso de sentenças pronunciadas em um tribunal.

Referi-me até agora a *O justo I*, importa, porém, sublinhar que entre os dois tomos de *O Justo* (*Le juste*), o primeiro editado em 1995 e o segundo em 2001, Ricoeur em sua reflexão sobre a justiça foi mais adiante, como ele próprio se explica em sua longa introdução ao tomo II[10]. Aliás, uma das características do pensamento de Ricoeur é que ele sempre procurou aprofundar, ou mesmo modestamente aperfeiçoar o que já havia escrito. Ele estava constantemente atento ao que lia, deixando-se interpelar e instruir por outros pensadores (filósofos, sociólogos, historiadores, teólogos e críticos literários).

---

10. No ensaio *Justice et Verité* de *O justo II*, Ricoeur se pronuncia sobre o título de seu livro *Soi-même comme un autre* dizendo que em certo sentido "é uma fórmula primitivamente ética, que submete à reflexividade do si, à mediação da alteridade do outro". RICOEUR, *Le juste II*, 72.

5. JUSTIÇA, DIREITO E O PROBLEMA DO MAL EM PAUL RICOEUR

Vejamos o que na introdução a *O justo II* ele comenta a respeito da diferença de emprego do adjetivo "justo" entre o primeiro e o segundo tomo:

No tomo I, o eixo principal passava pela relação entre a ideia de justiça enquanto regra moral e a justiça enquanto instituição. No presente tomo [isto é, no tomo II] o adjetivo é reconduzido a sua fonte terminológica e conceitual, como vemos nos *diálogos socráticos* de Platão[11].

Refere-se então ao adjetivo neutro em grego *to dikaion*, considerado ao nível de um adjetivo substantivado, o que o leva a intitular sua obra *O Justo*, "justo" tomado então como um substantivo. Alguns parágrafos depois, ele acrescenta: " nos diálogos socráticos de Platão, o injusto (*to adikon*), é regularmente nomeado antes do justo"[12].

Porém, o papel de Platão na reflexão de Ricoeur é mais restrito quando comparado ao de Aristóteles. Para ele a *Ética a Nicômaco* é a passagem incontornável de *O justo I* a *O justo II*, e como não lembrar que a primeira parte de *Temps et récit I*, consagrada ao que Ricoeur procura evidenciar, isto é, o círculo entre narrativa e temporalidade, tem como referências dominantes Santo Agostinho, sobretudo o livro XI das *Confissões*, e a *Poética* de Aristóteles.

No que concerne à reflexão ética em torno da noção da ação, Ricoeur só poderia recorrer a Aristóteles, como deixa claro em sua Introdução a *O justo II*, sendo Aristóteles justamente o recurso para não nos limitarmos à *Crítica da razão prática* de Kant e à moral dela derivada.

Na coletânea *Du texte à l'action*, Ricoeur sublinha que não é possível aceitar uma epistemologia da história que, ao buscar conferir um caráter científico ao trabalho dos historiadores, procure omitir a sua necessária dimensão narrativa, ou seja, a "reciprocidade entre narratividade e temporalidade"[13].

---

11. Cf. RICOEUR, *Le juste II*, 7.
12. Ibid., 10.
13. Cf. RICOEUR, Paul, De l'interprétation in: ID., *Du texte à l'action, Essais herméneutiques II*, 12.

Mais adiante no mesmo artigo Ricoeur traz à tona um argumento definitivo:

a história não pode romper completamente com a narração, porque ela não pode romper com a ação que implica agentes, objetivos, circunstâncias, interações e resultados que se quer (ou se aceita) ou não. Ora, a intriga [o enredo] é a unidade narrativa que compõe esses ingredientes heterogêneos numa totalidade inteligível[14].

Em *Temps et récit* [Tempo e narrativa], quando na primeira parte que mencionamos ele trata do que diz Aristóteles sobre o poeta épico e o poeta trágico, Ricoeur encara justamente o enredo como uma *mise en intrigue*.

Outro ponto que merece ser assinalado é o que acontece num processo jurídico. Embora em desacordo entre si, os vários participantes de um processo procuram traçar uma história para compreender os motivos e as ações que foram praticadas contra a vítima, ou a luta travada entre a vítima e o acusado, se, por acaso, ela ocorreu. O julgamento e a sentença do juiz não podem se passar da narração de uns e de outros, a fim de que, na medida do possível, se possa entender os motivos, mais ou menos conscientes, do crime ou da infração contra a lei. Em outras palavras, há, na instituição judiciária e na jurisprudência que leva um processo adiante, uma relação intrínseca à narratividade.

Para Ricoeur, o que se entende por "mundo do texto" é também, e de modo primordial, um extraordinário espelho (*miroir*) que nos ajuda a melhor nos enxergarmos, e, portanto, a julgar com mais pertinência algumas das nossas ações ou reações às ações alheias. Certas narrações nos levam, assim, a uma transformação interior.

Assim, no texto *De l'interprétation* [Da interpretação], que estou comentando e que abre o volume *Du texte à l'action*, Ricoeur escreve: "É este mundo do texto que intervém no mundo da ação para configurá-lo de novo ou, se ousamos dizer, para transfigurá-lo"[15].

---

14. Ibid., 15.
15. Ibid., 23.

É claro que Ricoeur está pensando não somente nos efeitos sobre nós de certas obras literárias, mas sobretudo da Bíblia. Muitas das narrações bíblicas nos conduzem a um melhor conhecimento de nós mesmos, a um julgar de maneira mais verdadeira e, portanto, mais justa o que pensamos e o que fazemos.

Moral e ética

Já fiz alusão à importância de Aristóteles para Ricoeur, mas é preciso compreender melhor o papel que assume a ética aristotélica na sua reflexão, embora ele não descarte uma passagem pela moral kantiana, isto é, pela razão prática.

Em vários de seus estudos e ensaios, Ricoeur se detém sobre a diferença que ele introduz entre moral e ética. Essa diferença de ordem hermenêutica, que não tem caráter etimológico, dado que moral é de origem latina e *ethos*, e seus derivados, de origem grega, vai servir a Ricoeur para "marcar" a distância que assume sua reflexão em relação à de Kant. À *ética*, Ricoeur atribui aquilo que não foi suficientemente pensado nos limites da moral kantiana, sobretudo na *Crítica da razão prática*.

Esta distância é analisada por nosso autor após a introdução de *O justo II*, no primeiro estudo, cujo título é explícito: *De la morale à l'éthique et aux éthiques*. É nesse estudo que fica claro que a passagem pela moral kantiana é uma etapa mediana ou intermediária quando se quer pensar em sua amplitude à questão da justiça.

Assim, a respeito do uso que faz dos termos moral e ética, logo na primeira página do artigo mencionado, Ricoeur se explica:

> eu me proponho a tomar o conceito da moral por um termo fixo de referência e lhe atribuir uma dupla função, a de designar, por um lado, a região das normas, ou seja, dos princípios do "permitido" e do "proibido" e, por outro, o sentimento de obrigação enquanto a face subjetiva da relação de um sujeito [do sujeito que age] às normas[16].

---

16. Cf. RICOEUR, Paul, De la morale à l'éthique et aux éthiques, in: ID., *Le juste II*, 55-56.

Relativamente a essa questão central da moral, e, portanto, das normas que determinam o que é permitido e o que é proibido, Ricoeur decide se voltar primeiro para o que precede, para o que antecede às normas fixas e explícitas da moral. Ele chamará esta ética anterior de *ética fundamental*, pois ela aponta para o enraizamento das normas morais na vida e no desejo do ser humano enquanto ser intersubjetivo, ser que vive com outros. Ou seja, um ser humano, enquanto ser de desejo e movido a fazer isso ou aquilo graças a suas disposições, aos seus afetos, e ainda aos sentimentos que são despertados por situações concretas.

A esse respeito, Ricoeur confere grande importância à indignação contra situações injustas e ao desejo de não humilhar: sentimentos que têm uma forte conotação ética. Mas nem todas as ações da esfera do que Ricoeur chama de ética fundamental são subordinadas ao que é normativo em termos da lei moral.

Quanto à referência ao sentimento associado à razão prática, o próprio Kant reconhece o sentimento da *obrigação*, graças ao qual reconhecemos nosso dever moral como interior a nós mesmos. Ora, esse sentimento de obrigação faz a ligação entre o reino das normas e o do desejo, desejo que a moral kantiana, na *Crítica da razão pura*, deixará de lado.

É, pois, a Aristóteles que Ricoeur recorre para pensar o desejo no horizonte da ética fundamental, anterior, segundo ele, à razão prática tal como Kant a tematizou, embora cedendo ao formalismo e em conformidade com o modelo teórico da *Crítica da razão pura*.

A propósito desse assunto, num artigo denominado *La raison pratique*, que não se encontra em *Le juste II*, mas faz parte da coletânea *Du texte à l'action*, Ricoeur declara: "Tentei constituir, indo de uma etapa à outra, um conceito de razão prática que satisfizesse a estas duas exigências: que ele mereça ser chamado de razão, mas que conserve características irredutíveis à racionalidade científico-técnica"[17]. Mais adiante, acrescenta: "Se não podemos hoje repetir a *Crítica da razão prática*, por razões que concernem à noção mesma de ação, talvez possamos pelo

---

17. Cf. RICOEUR, La raison pratique, 237.

menos retomar (*retrouver*) a função crítica da razão prática relativamente às representações ideológicas da ação social"[18].

Este papel mediano e, todavia, indispensável da razão prática, nos leva de volta ao artigo do *O justo II*, mas agora para abordar o que, em relação à ética fundamental, dita "anterior", Ricoeur qualifica então de "ética posterior", referindo-se à palavra no plural, como se constata no título do artigo: *De la morale à éthique et aux éthiques* [Da moral à ética e às éticas].

Este plural se impõe porque se trata de pensar a inserção das normas em situações reais, concretas que são sempre particulares, ou melhor, singulares. Não levar em conta a situação concreta na qual uma pessoa foi levada a agir de tal ou qual maneira é não poder julgá-la com equidade e, portanto, emitir em certas ocasiões julgamentos injustos. Em outras palavras, é não respeitar a *sabedoria prática*, noção chave da ética aristotélica, que Ricoeur já abordara ao tratar da ética fundamental.

A sabedoria prática (a *phronesis*) está associada à capacidade de se preferir racionalmente aquilo que é melhor, veja-se o conceito grego de *prohairesis*. Ela é o traço característico daquele que age dizendo a si mesmo: "isto vale mais que aquilo", decidindo então agir com vistas àquilo que se revela como preferível, como bom[19].

Não é de se espantar que em situações concretas, certos profissionais que agem, ao tomar decisões ou proceder de tal ou qual maneira, tenham que recorrer a critérios admitidos, como é o caso nos vários campos das atividades humanas. Um dos exemplos muito significativos é o da medicina, em que às vezes o corpo médico é confrontado com uma decisão nada fácil: será bom prolongar o tratamento do paciente, incapaz de se restabelecer e condenado a falecer a curto prazo, ou seria melhor substituir os remédios prescritos, por substâncias que diminuam o seu sofrimento? Hoje em dia há ainda a eutanásia, admitida em certos países da Europa e proibida em outros, e que é em si um grave problema moral.

Embora sumamente importante, a ética médica é apenas uma das éticas particulares. Incontornável é a ética em todas as áreas de ação,

---

18. Cf. RICOEUR, De la morale à l'éthique et aux éthiques, 59-60.
19. Ibid.

dado que somos levados a tomar decisões importantes, optar por agir dessa ou daquela maneira, como é evidente no campo judiciário onde o conflito julgado, um crime, por exemplo, conduz provavelmente o culpado a uma pena de prisão. Pena que não é fixada *a priori* e que só é pronunciada depois de um debate não isento, muitas vezes, de sérios conflitos entre as partes.

Nessa consideração que acabo de fazer, pode-se parcialmente entrever o porquê do título de um dos ensaios de Ricoeur: *Le juste, la justice et son échec*, sobre o qual nos deteremos.

Antes, porém, é importante lembrar que em *O justo II*, Ricoeur se estende sobre o conceito de vontade, ligado ao de liberdade. Ali, vontade designa a faculdade determinante no que tange ao agir livre e responsável, o agir daquele que é chamado a se reconhecer como autor de uma ação e a prestar contas do que dela resultou. No nosso mundo marcado pelo cristianismo, o conceito ou a noção de vontade está presente ao longo da história da filosofia, especialmente a partir de Agostinho e passando também por Kant.

No entanto, se Kant associa a noção de dever à vontade livre, no seu rigorismo, ele considera o *desejo*, interior à vida de cada ser humano, como inimigo do dever. E como erige as normas morais enquanto algo que não se deve transgredir, estabelecendo que o autor da transgressão às normas tem que ser punido, ele deixa de lado, em nome do universalismo, tudo aquilo que em circunstâncias muito especiais poderia fazer exceção, e que, embora contrariando o legal no sentido da razão prática, não seria injusto, mas ao contrário justo. Em outras palavras, Kant não leva realmente em conta nem as éticas particulares nem as situações imprevisíveis que podem obrigar a cometer infrações às normas morais, como, por exemplo, a de não mentir. Certo, mentir é uma infração à lei moral e em geral o ato de mentir ocorre por interesse próprio, como uma perversão condenável. Mentir seria, assim, desobedecer não somente as leis bíblicas[20], mas também ao que, em filosofia, Kant designa como "imperativo categórico", conferindo-lhe um sentido universal. Sobre o

---

20. Cf. no livro do Êxodo, o mandamento: "Não dirás falso testemunho" (20,16) e a formulação: "Não espalharás notícias falsas" (23,1).

que viria a ser um possível direito à mentira, Kant aliás redige um breve ensaio, *Sobre o pretenso direito de mentir por amor à humanidade* (ou *por razões humanitárias*)[21], que é uma resposta a um texto de Benjamin Constant, escrito em 1797, ou seja, pouco depois da Revolução Francesa. Veremos um pouco adiante como esta atitude kantiana permanece prisioneira de um formalismo, pelo modo mesmo como ela encara o universal.

Das várias formulações kantianas do *imperativo categórico*, Ricoeur retém, em *O justo II*, o que ele julga ser a forma mais sóbria: "Age unicamente conforme a máxima que faz que você possa ao mesmo tempo querer que ela se torne uma lei universal"[22].

O imperativo diz respeito ao sujeito que se sente obrigado a respeitar a norma e a lhe obedecer para cumprir seu dever moral, mas que pode, muitas vezes, se desviar de sua obrigação por motivos espúrios.

Ora, além dos motivos espúrios que afastam aquele que age das leis inerentes à razão prática e inscritas no direito, há, todavia, situações em que seria injusto obedecer às normas morais ou, mais grave ainda, às leis escritas que, num momento determinado da história, constituem o direito de um Estado, que ignora voluntariamente a dimensão universal que suas leis deveriam respeitar. Obedecer então às leis em vigor num Estado que aboliu o caráter universal da instituição judiciária seria cometer não apenas injustiças, mas delas ser cúmplice.

Com afirmações de tal ordem, o que tenho em vista são situações particulares e muito específicas. O caso que me interpela é o da mentira, é o da necessidade que sentiram certos seres humanos na França quando nazistas lhes perguntavam onde estava determinada pessoa ou família de origem judaica. Para não denunciar seus vizinhos, se a pessoa interrogada mentisse dizendo que eles tinham viajado ou deixado o prédio há meses, quando na verdade alguns membros se encontravam escondidos, trancados num porão (numa *cave*) onde eram alimentados

---

21. Cf. KANT, Immanuel, Sur un prétendu droit de mentir par humanité, trad. fr. de Luc Ferry, in: ID., *Œuvres philosophiques III*, coll. Pléiade, Paris, Gallimard, 1986, 435-441.
22. Formulação citada por Ricoeur em *De la morale à l'éthique et aux éthiques*, 57.

secretamente, ou estavam simplesmente em outro lugar, em outro endereço, esta pessoa estava agindo bem. Mentir, então, seria um ato moralmente justo, pois, nesse caso, o "mentiroso" não somente agia em defesa de uma possível vítima, mas corria ele próprio o risco de ser apanhado e sofrer consequências dramáticas.

Pelo viés dessas histórias, somos levados ao ensaio de Ricoeur cujo título é *Le juste, la justice et son échec*[23] [O justo, a justiça e seu fracasso], e a nos interrogar sobre certas leis vigentes, inclusive nos Estados que qualificamos de democráticos. Será também a ocasião de evocar exemplos não mencionados, ou mesmo desconhecidos, de Ricoeur, mas que ilustram sua reflexão e nos fazem refletir *à sa suite*.

O direito e o problema do mal

Na parte IV do seu ensaio intitula-se *L'échec de la justice* [O fracasso da justiça], Ricoeur se concentra sobre a justiça penal, o ramo da instituição judiciária que, para encerrar o processo, tem por meta decretar a sanção, a pena a ser aplicada ao autor, reconhecido como tal, de um ato condenável. O direito penal é uma conquista da razão prática, pois desvia da violência, de uma violência vingativa, que multiplica o mal ao contrário de procurar limitá-lo. Dessa extensão quase ilimitada do mal, um dos exemplos mais chocantes é o exposto no início do Antigo Testamento. No livro do Gênesis, surge a figura de um dos descendentes de Caim, o assassino de seu irmão Abel e que havia sido poupado por Deus: Lamec.

Depois de ter cometido crimes, Lamec diz a suas duas mulheres (Gn 4,23-24): "Sim, eu matei um homem por uma ferida, uma criança por causa de uma mancha roxa na pele. Sim, Caim será vingado sete vezes, mas Lamec setenta e sete vezes".

Tais estórias na Bíblia são simbólicas; elas deixam entrever a que excesso, a que *hubris* de violência, a vingança pode conduzir na ausência

---

23. Cito as páginas deste ensaio de Ricoeur não em sua primeira publicação no *Cahiers de L'Herne* n. 81 a ele consagrado, mas de sua publicação ulterior, em 2005, na série dos pequenos *Carnets de l'Herne*.

de um direito penal. É contra tal *hubris,* e para impor limites, que foi instaurada a lei de *talião.*

O direito penal é, portanto, uma conquista da razão, mas será que responde a uma aspiração de justiça voltada acima de tudo não para o legal mas para o bem?

Esta questão que me coloco é sem dúvida semelhante à que Ricoeur tinha dentro dele quando na quarta parte de seu ensaio *O justo, a justiça e seu fracasso* ele começa louvando a atitude assumida por Platão em dois de seus diálogos: *A República* e *Górgias*. E deixando transparecer sua admiração, escreve: "Platão ficará sendo para sempre o pensador que, tendo centrado sua atenção sobre o mal da alma que constitui a injustiça, atribui como finalidade à pena o cuidado de curar a alma pelo preço do sofrimento. Ele impôs assim aos seus sucessores um nível de resolução da aporia da pena, que não será jamais atingido nem pela teoria nem pela prática"[24].

O que Ricoeur quer pôr em relevo em Platão é a preocupação com a alma, que muitas vezes busca ser feliz sem enxergar a incompatibilidade entre a felicidade e o mal que se comete quando se vive na injustiça, como se pronunciará Sócrates no *Górgias*. Despojar-se, livrar-se da injustiça e viver na justiça, e assim longe do mal, é a condição *sine qua non* para não ser infeliz. Ricoeur se detém ainda sobre o diálogo de Sócrates com Polemarco no livro I de *A República* e reproduz uma afirmação de Sócrates, da qual aqueles que se ocupam de justiça, de fazer justiça não deveriam esquecer: "De modo algum é justo fazer mal a alguém" (333e)[25].

Embora citando apenas parte da exposição feita por Ricoeur de algumas passagens dos dois diálogos de Platão, o que eu queria deixar entrever é a crítica latente que elas comportam, como é também o caso da ética aristotélica, à posição kantiana e mesmo à hegeliana. Mas antes de passar muito brevemente dos gregos ao racionalismo moderno de Kant e de Hegel, gostaria de sublinhar que, no que se refere aos gregos, Ricoeur menciona a poesia épica de Homero e a poesia trágica, em particular

---

24. Cf. RICOEUR, Paul, *Le Juste, la justice et son échec*, Paris, Carnets L'Herne, 2006, 32.

25. Ibid., 32-33.

as três peças de Ésquilo reunidas sob o nome de *Oresteia* (*Agamêmnon, Coéforas, Eumênides*), e escreve: "a cadeia de vinganças que afligem a família dos Atridas só é interrompida pela irrupção de *Dike*, a figura emblemática da razão penal confiada a um tribunal humano. Mesmo a fúria sagrada das Erínias (uma espécie de divindades vingadoras) deve se converter em benevolência sob a figura tutelar das Eumênides"[26].

Este resumo feito por Ricoeur é a prova cabal que ele reconheceu na literatura grega um avanço considerável e decisivo na compreensão da justiça e, em particular, da justiça penal.

É justamente essa dimensão que, segundo ele, na parte V de seu ensaio, será negligenciada e posta de lado por Kant e mesmo por Hegel: "eles (Kant e Hegel) têm em comum que é, em primeiro lugar, à lei que é devida a sanção; ela só é devida à vítima porque ela é devida à lei". Em outras palavras, é, antes de tudo, à lei que o direito penal faz justiça. Quanto ao culpado punido, a ele nada se deve, a não ser o fato de reconhecê-lo como um ser racional.

Como justificar uma certa indiferença em relação à vítima, mas sobretudo ao culpado? Seria permitido a um juiz ignorar a pessoa mesma do culpado, sua história, sua situação social e as injustiças de que foi vítima durante sua vida, e não encarar a possibilidade dele se sentir culpado, arrependendo-se do que fez e procurando se reabilitar?

Ricoeur analisa a argumentação kantiana, inclusive quando, em nome do humanismo, Kant evoca, "o 'princípio de igualdade' entre a gravidade da infração e o peso da pena. Igualdade que o equilíbrio dos pratos da balança justamente simboliza. Reconhece-se aí — observa Ricoeur — a lei de talião"[27].

Kant via na pena de morte uma homenagem feita à liberdade do homem moral, ou seja, à liberdade do autor do crime. Daí sua defesa da pena de morte. Quanto a Hegel, na sua *Filosofia do direito*, ele interpreta a pena de maneira bastante semelhante, pois a considera como honrando o criminoso enquanto ser racional.

---

26. Ibid., 28.
27. Ibid., 48.

A posição de Kant, e nesse sentido também a de Hegel, tem que ver com sua atenção exclusiva à lei, e sua cegueira relativa à pessoa do condenado. Ora, essa cegueira a respeito do condenado não concerne somente ao culpado condenado à morte, mas aos culpados condenados à prisão. Kant, é claro, em seus escritos filosóficos, não se deteve sobre questões concretas como a dos presídios. Mas como poderia, hoje em dia, um filósofo, que é também cidadão, fechar os olhos para o que ocorre nos presídios? Pelas condições desastrosas que reinam nas prisões de vários países, e, em particular em nosso país, elas podem ser julgadas como "escolas superiores de criminalidade" sob os auspícios dos Estados nacionais. O sistema penal que então prevalece não tem quase nada a ver com a justiça, pois contribui a incentivar o crime e a radicalizar os jovens etc. Como então não se indignar contra os poderes que acobertam tal situação e se omitem completamente de educar os condenados inclusive para evitar a fuga e outros atos criminosos?

Vimos já a importância ética que o sentimento de indignação tem aos olhos de Ricoeur. A situação das prisões em muitos lugares desperta justamente tal sentimento.

Mas isto não é tudo. Eu me proponho a interrogar agora, e sem me referir a Ricoeur, não o cumprimento da pena, mas o direito mesmo que em certas circunstâncias políticas passa a ser a garantia legal das maiores injustiças. Comecemos pelo caso da Alemanha nazista.

Há pouco tempo foi editado na França um livro cujo autor, Olivier Jouanjan, é professor na Universidade de Paris II e historiador da tradição jurídica alemã. O título do livro é *Justifier l'injustifiable, L'ordre du discours juridique nazi*[28]. Tomei conhecimento dessa obra pela recensão publicada no jornal *Le Monde*, datada de 24 de fevereiro 2017, de autoria de Nicolas Weill.

Fica-se sabendo que não somente as leis eram extremamente racistas, o que representava concretamente a abolição do universalismo filosófico, mas que o sistema judiciário e, portanto, os juízes aplicaram as leis em

---

28. JOUANJAN, Olivier, *Justifier l'injustifiable, L'ordre du discours juridique nazi*, col. Lévianthan, Paris, PUF, 2017.

vigor durante o período nazista. Como se pode ler na recensão, o terror foi assim legitimado por um grande jurista do direito público nazista e aplicado, nos tribunais, por um grande número de juízes, enquanto que cidadãos arianos poderiam cometer, por exemplo, roubo contra judeus sem que isso acarretasse nenhuma sanção.

Um livro como esse de Olivier Jouanjan, que analisa historicamente o que ocorreu em matéria de direito na instituição judiciária, nos ensina muito e nos dá a pensar, mas não nos surpreende em se tratando do horror nazista.

Gostaria agora de evocar o filme americano *Loving*, escrito e dirigido por Jeff Nichols, que vi em 15 de fevereiro de 2017, no primeiro dia de sua apresentação em cinemas parisienses.

Antes de comentar sobre o enredo do filme em relação à questão do direito, chamo a atenção para seu título: *Loving*, que significaria em português "amando", e é, no entanto, o sobrenome do personagem masculino, Richard Loving, sendo Mildred o nome de sua mulher. Enquanto sobrenome de uma família, *Loving* é eloquente, pois aponta para o sentimento profundo que une os dois seres, ainda que racialmente diferentes. Se menciono essa diferença racial é porque a estória do filme, baseado em fatos reais, gira em torno do racismo. No Estado americano da Virginia, onde ambos moram, o direito não permitia de modo algum o casamento inter-racial. Diante dessa proibição absoluta, o casal decide ir até Washington, capital da Federação, para se casarem civilmente. O casamento é ali realizado e eles retornam com a certidão de seu casamento, que, no entanto, não tem valor no Estado de Virginia, pois, como sabemos, cada Estado dos Estados Unidos é dotado de leis próprias, que muitas vezes contrariam as leis federais. Mostrando que não são assim tão unidos...

Um outro exemplo seria o do ensino da evolução: se a corrente dita "criacionista" tiver maioria no governo de um Estado, o ensino da evolução é nos dias de hoje proibido e considerado ilegal.

Mas voltemos à história que nos conta o filme *Loving*. Quando Richard e Mildred Loving estão de posse de sua "certidão de casamento", eles voltam, mais ou menos escondidos, para se estabelecer no Estado da Virginia, onde moram suas famílias e onde eles terão filhos. E o que acontece com seus filhos diante da lei? Resumindo: serão considerados ilegais, espúrios. Seus pais os tiveram infringindo a lei, já que contrariavam o direito estadual.

Esses exemplos e muitos outros que temos que omitir[29] nos instruem sobre o que certos direitos vigentes em partes do mundo contêm de visceralmente injusto, pois contrariam o reconhecimento da pessoa humana enquanto tal.

Seria errôneo pensar que a chamada "democracia", pelo voto majoritário na escolha dos detentores do poder político, garantiria a liberdade e a igualdade, opondo-se a um tipo ou outro de discriminação. Mesmo quando as leis escritas do direito têm caráter universal e promovem abstratamente a igualdade, a verdade social pode ser bem outra e acarretar inúmeras injustiças.

Como não enxergar a distância social que discrimina e isola uma parte da população da outra, tornando-as por assim dizer inimigas no seio de um mesmo país? E como não julgar o apetite de bens materiais, que aumenta cada vez mais em sociedades onde a publicidade é sem limites e contribui para despertar nos mais desprovidos um sentimento de inferioridade, e, portanto, de inveja que pode levá-los a agir de modo criminoso?

Nos dias de hoje, questões até então ignoradas pelos racionalismos, como pudemos entrever com Kant e Hegel, são muito importantes aos olhos de filósofos e de pensadores das ciências humanas. Refiro-me à vulnerabilidade e à fragilidade, que, com uma conotação psicológica, mas também social, são objeto de vários seminários em Paris. Estudar e refletir sobre uma temática dessa ordem nos orienta justamente para a questão do direito penal.

Não queria encerrar esta comunicação sem mencionar o texto de uma conferência feita por Ricoeur em 1985 na Faculdade de Teologia da Universidade de Lausanne, na Suíça, conferência que está em parte entrelaçada com o que estamos tratando. Seu título, *Le mal*, é acompanhado de um subtítulo, *Un défi à la philosophie et à la théologie* [Um desafio à

---

29. Basta evocar nomes como o de Nelson Mandela, na África do Sul, e o de Martin Luther King, nos Estados Unidos, para lembrar a prevalência do racismo em muitas sociedades.

filosofia e à teologia]. O texto do que foi primeiro uma conferência aponta para perspectivas de caráter teológico não abordadas nos textos que tivemos em vista ao abordar à questão da justiça e da jurisprudência.

Esse texto de Ricoeur sobre o problema do mal figura na coletânea *Lectures 3, Aux frontières de la philosophie*, publicada na França em 1994, e também num livro à parte, publicado em 1996 na Suíça[30].

Sem poder entrar nos detalhes de sua argumentação, contento-me em assinalar que sobre a questão do mal, Ricoeur, em matéria filosófica, se refere à *Teodiceia* de Leibniz, à *Religião nos limites da simples razão* de Kant e a Hegel, e, por outro lado, a Santo Agostinho, ao livro de Jó e a teólogos protestantes, como Karl Barth. Penso que um dos aspectos mais centrais de sua posição é sua recusa da totalização sistemática que, de modos bastante diversos, Leibniz e Hegel empreenderam. Hegel voltando-se dialeticamente para o que chamava de história do Espírito.

Seria incondizente interpretar o sofrimento, qualquer que ele seja, como uma punição, como faziam os companheiros de Jó, que viam no que lhe acontecera uma retribuição enviada por Deus.

É essencial para Ricoeur, como ele anuncia de início, que ao invés de procurar encontrar uma espécie de solução ontoteológica para o escândalo do mal e do sofrimento, sejamos interpelados pelo mal cometido por alguém que podemos julgar responsável de ações susceptíveis de uma apreciação moral.

A questão do mal não é em primeiro lugar uma questão especulativa, seja ela filosófica ou teológica. Assim, ao concluir seu ensaio, Ricoeur procura traçar uma convergência entre o pensar, o agir no sentido moral e político e a transformação espiritual de nossos sentimentos. Para ele, pensar as aporias do mal implica se concentrar sobre o "agir" e o "sentir". No campo da ação, o mal é aquilo que não deveria ser feito, donde decorre sua condenação, pois "fazer o mal, é fazer sofrer um outro".

Cabe acrescentar, como o faz Ricoeur, que nem todo sofrimento é o resultado de uma ação maldosa, criminosa. O mal que se sofre, e que

---

30. Cf. RICOEUR, Paul, Le mal, un défi à la philosophie et à la théologie in: ID., *Lectures 3, Aux frontières de la philosophie*, Paris, Seuil, 2006, 211- 233. Ou, RICOEUR, *Le mal, un défi à la philosophie et à la théologie*.

suscita o grito de protesto ou a lamentação, pode ter causas, digamos, "naturais", como ocorre em certas catástrofes, como terremoto, erupções vulcânicas etc.

Mas é sobretudo nossa falta de tenção aos verdadeiros motivos que nos levam a agir que precisa ser corrigida pela busca de um melhor conhecimento de si mesmo, e por uma sabedoria espiritual, que se encontra também em outras religiões, como o budismo.

Após essas considerações sobre experiências espirituais de sabedoria, que acarretam também ações não violentas contra o mal, Ricoeur, para terminar, exprime o que tem em mente: "Eu não queria separar — diz ele — essas experiências solitárias de sabedoria da luta ética moral e política contra o mal que pode reunir todos os homens de boa vontade"[31].

Quanto a mim, e para encerrar essa abordagem, eu gostaria de sublinhar que a oposição ao mal é inseparável do encaminhamento real para um mundo mais justo e que esse encaminhamento em direção à justiça deve passar, a cada época, por uma leitura crítica, por uma revisão do direito e da jurisprudência.

---

31. Ibid., 433.

6. A presença de Simone Weil no pensamento de Paul Ricoeur sobre a amizade[1]

As duas grandes fontes de nossas tradições literárias, a bíblica e a homérica, nos apresentam, cada qual, um caso inesquecível de amizade. A fonte bíblica, a amizade unirá Jônatas, filho do rei Saul, ao futuro rei Davi. A fonte grega, a amizade que liga Aquiles a Pátroclo. Vejamos primeiro a fonte bíblica. O livro de Samuel informa que desde o primeiro encontro dos dois, Jônatas logo se tornou amigo de Davi e passou a amá-lo como a si mesmo (1Sm 18,1). A expressão empregada para descrever o sentimento, que Davi e suas palavras suscitaram imediatamente em Jônatas, isto é, que esse se pusera a "amá-lo como a si mesmo", é tanto mais impressionante quanto tal expressão é a que se encontra no mandamento do amor do próximo: "Ame seu próximo como a si mesmo". Não se deve, no entanto, confundir os dois planos. O mandamento tem, em princípio, uma intenção universalista, enquanto a amizade é necessariamente singularizante. Eu tenho a obrigação de agir

---

1. Meu artigo intitulado *Simone Weil présente à la pensée de Paul Ricoeur* foi primeiro uma comunicação feita no colóquio *Amitiés et inimitiés de Simone Weil*, entre 28 e 29 de outubro de 2006. Em seguida, foi publicado nos *Cahiers Simone Weil, Amitiés et inimitiés de Simone Weil IV*, tomo XXXI, n. 3, set., 2008.

com qualquer outro como eu gostaria que qualquer outro agisse para comigo, ou seja, no limite, a obrigação de amá-lo em Deus, como um irmão, sem, no entanto, ter afinidades de coração com ele, como pode acontecer quando eu sinto amizade por alguém.

O livro de Samuel insiste, de fato, e várias vezes, sobre a afinidade de coração entre os dois jovens, referindo-se sobretudo às palavras proferidas por Jônatas. É por ocasião da morte dele que tem Davi a oportunidade de cantar, por sua vez, os sentimentos que alimentava pelo amigo caído em combate. Eis aqui as palavras, que ele emprega em sua lamentação em honra a Jônatas e seu pai, Saul (2Sm 1,26): "Jônatas, pela sua morte eu estou desolado. Tenho o coração apertado por causa de você, meu irmão Jônatas. Você me era deliciosamente querido, sua amizade me era bem mais bela que o amor das mulheres".

Também é quando acontece a morte de Pátroclo, caído em combate longe dele, mas revestido de suas armas, e cujo cadáver será objeto de disputa feroz entre os gregos e os troianos, que Aquiles deixará explodir a profundidade dos sentimentos que o ligavam ao amigo, que agora já não existe mais. Assim para explicar à sua mãe, Tétis, a razão de seu choro, de seus soluços, Aquiles exclama: "Mas que prazer eu poderei ter, agora que morreu meu amigo Pátroclo, aquele de meus amigos que eu mais estimava, meu outro eu mesmo? Eu o perdi..." (*Ilíada*, canto XVIII).

Não é sem propósito evocar Pátroclo numa comunicação em torno de Simone Weil, quando sabemos como ela o distingue dentre todos os personagens do poema de Homero. Eis o comentário que dele ela fez no seu escrito *L'Iliade ou le poème de la force*:

> É necessário — para respeitar a vida de um outro quando se foi obrigado a amputar-se de toda aspiração a viver — um esforço de generosidade de cortar o coração. Não se pode supor nenhum dos guerreiros de Homero capaz de o fazer, exceto, talvez, aquele que de uma certa maneira se encontra no centro do poema, Pátroclo, "que soube ser doce em relação a todos", e que na *Ilíada* não comete nada de brutal e cruel[2].

---

2. WEIL, Simone, L'Iliade ou le poème de la force, in: ID., *Œuvres complètes* (OC), t. II, v. 3, 244.

Simone Weil não se engana ao distinguir Pátroclo, pois foi justamente sua morte, muito sentida por Aquiles, que opera a transformação trágica e que aproxima a epopeia de sua conclusão. É, com efeito, a perda de seu melhor amigo que revira Aquiles e o envia ao campo de batalha permitindo que obtivesse sua vitória sobre Heitor, e assim selasse o destino de Troia e o seu próprio. Consideremos de mais perto as palavras que usa Aquiles ao falar de sua amizade por Pátroclo: "aquele de meus amigos que eu mais estimava", diz ele, antes de acrescentar: "meu outro eu mesmo".

Haveria ainda muito a dizer, não somente em geral, sobre a relação ao outro na constituição do si mesmo, mas ainda sobre a relação entre a amizade e a identidade pessoal. Essa relação não somente foi bem sublinhada nos grandes poemas da humanidade, ou seja, na literatura, mas também foi objeto de considerações filosóficas e espirituais de primeiro plano. Até um certo ponto, Simone Weil concordaria com os heróis aos quais fizemos referência, já que, em alusão às suas próprias experiências, ela chegou mesmo a dizer que "quando um amigo morre, se é verdadeiramente amputado"[3].

E a respeito do lugar do outro, e sobretudo dos seres amados na constituição de si mesmo, como não reter o que concerne à mortalidade? A lamentação dos heróis por ocasião da morte dos amigos queridos parece indicar que o sentimento da mortalidade não penetra, de fato em nós, senão por intermédio dessa amputação que é a morte do amigo, do ser amado. "Simplesmente saber, mas saber com toda sua alma, que aqueles que amamos são mortais", como ela escreve, poderia orientar em direção de uma compreensão outra da relação, existencialmente essencial, à morte. Isto traria a Ricoeur um outro argumento de peso à crítica que que ele faz da analítica heideggeriana do *pouvoir mourir* (isto é, do ser-para-a-morte, *das Sein zum Tode*), assim como ao desejo, que é o de Ricoeur, de propor uma alternativa que leve em conta o querer viver, ou melhor, o desejo "no sentido mais vasto do termo".

Ora, não é de modo algum indiferente que no desenvolvimento consagrado a essa questão, em *La mémoire, l'histoire, l'oubli* [A memória, a

---

3. WEIL, Simone, Cahiers, in ID., *Euvres complètes*, t. VI, v. 2, 317.

história, o esquecimento], ainda que apresente a morte como "uma interrupção e inelutável e aleatória", ele escreva em nota: "De Simone Weil se pode evocar as considerações fortes sobre a sorte e a infelicidade. É sempre a despeito da sorte, que pode ser contrária, que é necessário viver e amar"[4]. E ele evoca aqui o capítulo *Malheur et joie* da coleção *Quarto* das obras de Simone Weil.

Feitas essas observações, voltemos à questão que nos ocupa, a da "amizade".

Não é inútil sublinhar que no campo filosófico o tema da amizade sofreu uma espécie de declínio, pelo menos parcial, após o Renascimento. O que, porém, não impediu que, durante o fecundo século XVII, tivesse havido alguns testemunhos de primeiro plano escritos sobre a amizade espiritual, como será de novo o caso na primeira metade do século XX, num livro como *Les grandes amitiés*, em torno das amizades que tiveram os Maritain, Jacques e Raïssa. Quanto a Ricoeur, nós já vimos o que nos trouxe seu livro sobre o reconhecimento, *Parcours de la reconnaissance*, e o lugar que nele ocupa Simone Weil.

Mas é importante também voltarmos um pouco aos antigos, ao que Epiteto chamou de "os paradoxos da amizade", quando se quer apreender de mais perto o que torna possível e determina esse laço privilegiado entre seres que vivem como amigos. Encontramos em Platão um diálogo aporético, *Lísis*, que trata explicitamente da amizade. E a mesma questão volta em outros diálogos. O mesmo acontece nas *Éticas* de Aristóteles. Isso não impede algumas divergências, como ocorreu com Simone Weil quando ficou sabendo do lugar que Maritain e Santo Tomás de Aquino concediam a Aristóteles. Uma das razões que ela teve para se voltar contra a posição assumida por cristãos em relação ao autor grego das *Éticas*, era a afirmação dele, segundo a qual, quando entre dois seres a distância é muito grande, eles são separados, assim como acontece entre os deuses e os homens, entre os quais a amizade e o amor não poderiam existir. É para colocar em questão tais afirmações de Aristóteles que Weil escreve:

---

4. Embora a referência a Simone Weil estivesse praticamente ausente nas obras anteriores de Ricoeur, o nome dela já aparecera num dos textos de *Histoire et vérité* (*História e verdade*). cf. RICOEUR, Paul, *Histoire et vérité*, 3ème éd., Paris, Seuil, 1964, 115.

"A amizade é uma igualdade feita de harmonia. De unidade dos contrários. Se Aristóteles tivesse razão, não se poderia compreender como Deus pode amar os mortais que nós somos e até aceitar a paixão de seu Filho para nos salvar."[5] Quaisquer que sejam as críticas de uma ou outra concepção de Aristóteles, o livro VIII da *Ética a Nicômaco* não é de modo algum privado de interesse por quem procura pensar a amizade. Depois de ter afirmado que a amizade é um requisito dos mais indispensáveis à vida, Aristóteles passa em revista os usos correntes e bem vastos da palavra *philia*, distinguindo três sortes de amizade, isso é, de afeição entre os seres, embora elas estejam longe de serem equivalentes e, portanto, de merecerem plenamente o nome de amizade. Ele considera assim (1) a relação que tem por motivação, o interesse, (2), a que se funda no prazer, quando, por exemplo, um ser tem prazer em companhia de um outro e isso reciprocamente, e, enfim, (3) a relação entre aqueles que são bons e se assemelham em termos de virtude. Aristóteles insiste nisso: é somente entre aqueles que são bons que a afeição e a amizade existem em sua forma mais completa. E ainda, elas requerem a duração (prolongada) e a intimidade. Assim se está diante de uma verdadeira amizade.

Os escritos dos antigos e, em particular os das *Éticas* de Aristóteles, continuariam a influenciar a meditação ulterior sobre a amizade, como se pode verificar quando se leem textos recentemente traduzidos em francês, como por exemplo, a *Epístola sobre a amizade e o amigo*, escrita no século X por um autor muçulmano, al-Tawhidi. Encontra-se nele posições notáveis atribuídas a homens de primeiro plano que o autor teve ocasião de frequentar, como Abû Sulayman, que, segundo al-Tawhidi, declarava: "Não existe verdadeira amizade quando submetida ao desejo invejoso e ao medo. Trata-se de ilusão de amizade, e por um falso passo ela se abala, e, se se quebra, é para sempre"[6].

Isto é em parte conforme ao ensino de Aristóteles, a quem igualmente se atribui a seguinte definição do amigo: "O amigo é aquele que é você,

---
5. WEIL, *Cahiers*, 385.
6. AL-TAWHIDI, *De l'amitié*, extraits choisis et traduits de l'arabe par Evelyne Largueche et Françoise Neyrod, Arles, Sibad, Actes Sud, 2006, 17.

mas que é um outro que você". Definição, cujo sentido está longe de ser claro e que aqueles que cercavam Abû Sulayman solicitam que lhes explique. É o que ele vai tentar fazer, depois de ter louvado a sutilidade do pensamento do filósofo, acentuando a união que atingem aqueles para os quais a amizade chegou a uma plenitude.

Se voltamos agora para a tradição espiritual cristã anterior, pode-se quase constatar a ausência do nome de Aristóteles. A grande referência antiga sobre o assunto é a obra *De amicitia* de Cícero, tanto por ela mesma como por sua influência sobre as *Confissões* de Santo Agostinho. Eu o recordo porque uma das mais belas meditações, sob a forma de diálogo sobre a amizade espiritual, a do cisterciense Elredo de Rievaulx (1100-1167), se apoia sobre essas duas fontes. A obra de Elredo não teria certamente desagradado Simone Weil. Da mesmo que ela, o cisterciense distingue a amizade da caridade[7], fazendo intervir a presença do Cristo como fonte e garantia de uma amizade verdadeira. É assim que ele abre seu primeiro interlóquio (*entretien*) dizendo: "Aqui nós estamos, você e eu, e, eu espero, um terceiro, Cristo, no meio de nós".

Simone Weil, depois de ter posto em relevo as noções de harmonia e de mediação como necessárias para pensar a amizade, não escreveria ela igualmente, no *Cahier XII*, que o Cristo está sempre presente entre dois verdadeiros amigos? Um e outro reconhecem assim a necessidade de um terceiro termo. A afinidade, porém, não se interrompe aí. Elredo sustentava igualmente que uma bela amizade entre seres não iguais é possível, e que ela contribui ao desenvolvimento espiritual.

Assinalemos ainda que muitos se voltam de novo para uma amizade espiritual e suas perspectivas teológicas, como testemunhou o colóquio sobre esse tema que ocorreu em outubro de 2006, no Centre Sèvres dos jesuítas em Paris. Foram então abordados autores, da antiguidade até o

---

7. Cf. DE RIEVAULX, Aelred, *Spiritual friendship*, traduzido por Mary Eugenia Laker, SSND, Kalamazzo, Michigan, Cistercian Publications, 1977. Do mesmo modo, no início de *Formas do amor implícito a Deus*, lemos essa passagem de Simone Weil: "com todo rigor, ela (a amizade) é distinta da caridade ao próximo". Cf. WEIL, Simone, *Attente de Dieu*, Paris, Fayard, 1966, 123. E no desenvolvimento que ela consagra especificamente à amizade, ela escreve (Ibid., 198): "A preferência por um ser humano é necessariamente outra coisa que a caridade. A caridade é indiscriminada".

século XVII, com certos conferencistas apontando as especificidades da Companhia de Jesus.

Essa constatação sobre o retorno do tema da amizade na cena da discussão filosófica e teológica não é sem interesse para o meu assunto. Como eu sugeria ao começar, devemos interrogar as causas do possível declínio do tema da amizade que observamos na filosofia, para começar a compreender esse declínio. Isso tem que ver com a dissolução da cristandade medieval, com as novas teologias, as guerras de religião, e a ascensão do pensamento individualista, incitando um certo número de pensadores a considerar a natureza humana como desprovida de toda bondade intrínseca: "o homem é um lobo para o homem". Isso significa, sobre um plano mais político, que é o do *Leviatã* (1651), que o estado da natureza é o da guerra de cada um contra o outro, ou de "todos contra todos".

Notemos, porém, que, no apêndice sobre o amor de si (*Of self love*) de seus *Enquiries concerning the human understanding and concerning the principles of morals*, cuja primeira edição data de 1748, David Hume protestava contra o fato de que, embora ela possa ser vivida por eles, os filósofos desconfiavam da amizade, considerando-a como uma ilusão somente ditada pelo amor próprio. Quanto a Jean-Jacques Rousseau, ele não se privará de tratar Hobbes de sofista.

Apesar de tais contradições, o fato é que o peso exercido pelo *topos* de Hobbes sobre o pensamento moral e político da modernidade foi considerável. O idealismo alemão foi, sob certo ângulo, uma réplica, como foi também, sobre o plano da moral, uma tentativa de afrontar o determinismo da ciência física moderna. Diante de tais desafios, era necessário colocar por cima da natureza um princípio subjetivo transcendente, uma dimensão transcendental, destinada, em última instância, a servir de referência a uma verdadeira moralidade. Vê-se isso primeiro em Kant, que separa a razão teórica e a razão prática e procura promover um ideal cosmopolita, mas que não poderá fazer grande caso da amizade[8].

---

8. Cabe aqui chamar a atenção sobre a grande diferença entre a posição de Kant e a de Descartes. Na sua obra *Les passions de l'âme*, embora não teça senão um breve comentário sobre a amizade, pode-se, no entanto, ler: "não há homem tão imperfeito que não se possa ter para ele uma amizade muito perfeita, quando se pensa que se é amado e

Será também o caso de Fichte para quem diante de uma natureza encarada somente sob o ângulo do determinismo newtoniano e, portanto, como tendo que ser dominada e instrumentalizada, a exigência de uma unificação moral entre os homens se impunha fortemente. Todavia Fichte não podia conceder uma real importância ao tema muito natural da amizade.

Para abreviar, no meio desse percurso, o que nos é possível entrever, poderíamos dizer o seguinte: enquanto os antigos, os medievais e os homens do Renascimento estimavam a amizade como um bem, cuja realização exigia uma virtude — e, portanto, como uma relação interpessoal digna de ser considerada no campo da moral e da ética — os pensadores que sofreram o impacto do pensamento de Hobbes mostram-se propensos a descobrir como escapar do campo da moralidade, em termos de amizade. Isso é o que foi ilustrado por Kant, para quem o único sentimento ligado à moralidade era o respeito.

Da luta pelo reconhecimento à amizade

Já que esse nosso trabalho tem por horizonte o pensamento de Ricoeur no seu terceiro estudo de *Parcours de la reconnaissance*, em que ele justamente aborda o tema da amizade, observemos o capítulo que dedica ao que chama "o desafio de Hobbes", antecedendo o capítulo sobre a réplica da filosofia de Hegel à interpretação naturalista hobbesiana das fontes da política em vista da promoção de uma motivação moral.

É, portanto, no seu terceiro estudo, sobre o problema do reconhecimento mútuo, que Ricoeur aborda a noção hegeliana de "luta pelo reconhecimento", da qual deriva, aliás, a noção de luta de classes que Marx colocará em relevo como a luta contra o capitalismo, sobretudo em regime capitalista. Acrescentemos também que a preocupação de Hegel de responder ao desafio de um pensamento como o de Hobbes é ainda

---

que se tem uma alma nobre e generosa". Essa posição de Descarte parece convergir com o que dizia Simone Weil a respeito da superioridade e da inferioridade como não sendo obstáculos intransponíveis à amizade.

mais viva que a de seus predecessores, dos quais ele difere bastante pelo caráter dialético e histórico que assume seu pensamento. É nesse contexto que emerge em Ricoeur a noção de "luta pelo reconhecimento mútuo" da obra anteriormente mencionada.

Como meu objetivo não é reproduzir em detalhe a argumentação de Ricoeur e a maneira como ele encarou a filosofia hegeliana, vou limitar-me a evocar alguns de seus trajetos que o conduzem a ultrapassar a noção de luta pelo reconhecimento e, por esse viés, a encontrar o pensamento de Simone Weil sobre a amizade.

Segundo suas próprias palavras, Ricoeur assumiu a reatualização hegeliana conforme empreendida por Axel Honneth. Todo esse trabalho de leitura hegeliana e comentário de Honneth a partir de Winnicott etc., evocaria um número importante de considerações sobre a amizade desenvolvidas por Simone Weil, referenciada nessa citação:

> Há duas formas da amizade, o encontro e a separação. Elas são inseparáveis. Contêm o mesmo bem, o bem, o bem único, a amizade [...] Contendo o mesmo bem, elas são igualmente boas; os amantes, os amigos têm dois desejos: um, de se amar tanto que penetrem um no outro e se tornem somente um; outro, de se amar tanto que, tendo entre eles a metade do globo terrestre, a união entre eles não sofra nenhuma diminuição[9].

Antes de examinar o comentário que Ricoeur propõe dessas "linhas magníficas", segundo sua expressão, eu gostaria de precisar que a nota da página 279 de *Parcours de la reconnaissance*, correspondente a essa citação de S. Weil, não é correta. Essa passagem sobre a amizade não se encontra em *Formes de l'amour implicite de Dieu*, entre as páginas 755 e 760, na edição de suas *Œuvres* por Florence de Lussy, na coleção *Quarto*. Trata-se de uma citação de *L'amour de Dieu et le malheur*, encontrando-se na página 698.

Importa acrescentar ainda que Ricoeur só reproduz um extrato da passagem em questão e não sua integralidade, como assinala ele próprio, por meio das reticências.

---

9. Cf. RICOEUR, *Parcours de la reconnaissance*, 278-279.

Notemos que na passagem de Simone Weil, através da qual se manifesta que nela as considerações sobre a amizade e o amor humano se entrecruzam intimamente com sua meditação sobre o amor de Deus, ele mesmo sendo *Amor*. Notemos ainda que nessa passagem, é como se a questão da amizade também tivesse se imposto a ela, levando em conta a infelicidade da separação que ela estava então vivendo. É bastante provável que ela pensasse em seus amigos do sul e, claro, no padre Perrin, mas especialmente em Antonio Antarés, como testemunha a carta que ela lhe enviou, pouco antes de deixar Marselha e a França, por causa da invasão nazista.

Mas voltemos a Ricoeur. É o caráter lacunar de sua citação, unicamente centrada sobre a amizade humana, e, por isso, a descontextualização que ele opera da frase de Simone Weil, que autoriza o comentário que se segue. Comentário que parece imprevisto aos familiares do pensamento weiliano. Eis o que se lê:

> Essas linhas magníficas, onde a amizade é erigida, como em Aristóteles, ao nível de bem — "bem único" está escrito —, descrevem a fase de maturidade, em que as figuras empíricas do amor estão em ressonância com a estrutura especulativa recebida de Hegel. Pode-se falar a esse respeito de uma dialética de ligação e de desligação em função dos traços especulativos e empíricos; a desligação diz o sofrimento da ausência e da distância, a experiência da desilusão, e a ligação diz a força da alma de se encarnar na capacidade de estar só. Mas é a confiança na permanência da solicitude recíproca que faz do desligamento uma coisa benéfica[10].

Não discutiremos essas linhas, porque elas não tomam verdadeiramente seu sentido senão no interior da problemática que Ricoeur desenvolve no seu terceiro estudo de *Parcours de la reconnaissance*.

Bastem, porém, duas notas: 1) a alusão a Aristóteles pode ser aceita, a despeito do fato que ele não era muito apreciado por Simone Weil, porque o autor da *Ética a Nicômaco* pode ser considerado como um grande representante desses antigos que consideravam a amizade como um bem; 2) outro é o caso da referência a Hegel. Quando Simone Weil

---

10. Ibid., 279.

fala da unidade dos contrários, referindo-se à amizade, ela não está próxima da estrutura especulativa hegeliana, mas da concepção pitagórica da harmonia; 3) o vocabulário empregado por Ricoeur, o da ligação e o da desligação, não retoma o de Simone Weil. Ainda que fale do elo entre dois seres, a autora fala de "encontro" e de separação, e essas formas não são equivalentes às precedentes. A palavra "encontro" em particular tem um sentido forte que não se deixa reduzir. Onde Ricoeur não se afasta dela, é quando sublinha a capacidade de estar sozinho e sugere a persistência da solicitude e do elo de amizade a despeito da separação e do afastamento físico.

No último parágrafo de sua obra, Ricoeur evoca ainda Simone Weil, para ir em seguida a Montaigne e reproduzir a famosa frase desse último a propósito do amor que o unia a La Boétie, amigo muito caro que a morte lhe havia roubado e do qual ele assumia o luto, como era o caso dos heróis que, no começo, havíamos evocado. Na abertura do parágrafo que conclui seu livro *Parcours de la reconnaissance*, lemos: "Antes de Simone Weil, reivindicando na distância a proximidade do amor e da amizade, Montaigne..."

Por ocasião de meus precedentes escritos, em que abordava esse livro de Ricoeur, eu havia emitido uma reserva a respeito da mutualidade do reconhecimento. Aos meus olhos, teria sido necessário distinguir mais nitidamente entre o nível social, em que se situa a reivindicação, a luta pelo reconhecimento, e o plano da amizade, que nasce do encontro entre dois seres, onde o encontro verdadeiramente aconteceu e que pode sobreviver à separação. Na minha recensão da obra, eu havia mencionado essas situações-limite que têm por eixo a justiça, o Bem, onde a única "saída" é a renúncia ao reconhecimento e na qual até a aceitação do desprezo é essencial.

No texto de minha intervenção sobre Ricoeur nas Jornadas da Filosofia na Unesco, em 2005, eu havia proposto, como possível explicação do afastamento dos obstáculos que sobrevêm sem cessar ao reconhecimento, o fato de que ele não queria terminar seu último livro por uma nota desprovida de esperança (de *inespoir*, segundo a palavra de Gabriel Marcel). Daí vem o acento que coloca nessa relação de reconhecimento, ele que conhecia tão bem a amizade.

Sem esconder tudo o que essa obra, para falar estritamente, não tem de ressonância weiliana, vou, contudo, e para concluir, fazer agora apelo a Simone Weil para corroborar a escolha feita por Ricoeur de encarar a amizade como a relação paradigmática de todo reconhecimento. Pois Simone Weil foi ela mesma atenta à inspiração de universalidade que a amizade contém. Testemunha justamente o que ela escrevera no capítulo sobre amizade das *Formas do amor implícito de Deus*, capítulo ao qual a citação reproduzida era anteriormente atribuída por erro.

Como todo ser humano (ou a maioria) é ligado a outros por laços de afeição, contendo algum grau de necessidade, ele não pode se aproximar da perfeição senão a transformando em amizade. A amizade tem qualquer coisa de universal. Ela consiste em amar um ser humano como se gostaria de poder amar cada um daqueles que compõem a espécie humana[11].

Uma afirmação de tal ordem, realçando a dimensão universal de uma relação, em si mesma singular, como é o desejo do Bem, mostra que Simone Weil havia alcançado com uma profundidade rara a compreensão do valor da amizade tanto no plano humano como no plano do amor divino. Dando a Simone Weil um lugar importante em sua obra, Ricoeur reconhecia o alcance e o caráter de primeira ordem de sua reflexão, convidando assim implicitamente seus leitores a (re)descobri-la.

Para terminar, um testemunho pessoal sob a forma de um *postscriptum*: por ocasião do que ele chamou "festa dos próximos", que ocorreu no dia 23 de setembro 2000 para celebrar a publicação de *La mémoire, l'histoire, l'oubli*, Ricoeur concluiu as palavras que havia preparado com uma citação de Simone Weil, o que muito me alegrou, mas das quais eu não mais me lembrava por não ter tomado notas. Graças a Catherine Goldenstein, que foi sua secretária, pude tomar conhecimento das passagens que foram lidas naquele dia. Vou reproduzi-las como me foram comunicadas por madame Goldenstein depois de sua consulta aos papéis do mestre:

---

11. WEIL, Simone, Formes de l'amour implicite de Dieu, in: ID., *Œuvres complètes*, Paris, Gallimard, Quarto, 1999, 759.

Uma certa reciprocidade é essencial à amizade. Se de um dos dois lados toda a benevolência está inteiramente ausente, o outro deve suprimir a afeição em si mesmo com respeito pelo livre consentimento ao qual ele não deve desejar "atingir" [...]. Os dois amigos aceitam completamente serem dois e não um, eles respeitam a distância que o fato de serem duas criaturas distintas coloca entre eles [...]. A amizade é o milagre graças ao qual um ser humano aceita olhar o outro distante e sem se aproximar o ser mesmo que lhe é necessário como um alimento [...][12].

Na mesma mensagem, Catherine Goldenstein faz ainda um comentário, muito significativo para o nosso assunto: "Devo dizer que durante aquele verão Paul se entusiasmara por tudo o que ele encontrava de Simone Weil, e descobria naquele volume. Se eu me recordo bem, foi, com efeito, Simone Fraisse que lhe havia levado o volume".

Essas palavras são uma feliz confirmação do que eu mesma senti ouvindo Ricoeur e lendo *Parcours de la reconnaissance*.

---

12. WEIL, *Œuvres complètes*, 758 ss.

7. A demanda de narração[1]

Com este mesmo título, *A demanda de narração*, eu havia apresentado uma comunicação no XIII° Congresso organizado pelo World Institute for Advanced Phenomenological Research and Learning em homenagem aos 70 anos de Paul Ricoeur e realizado na Sorbonne de 16 a 19 de junho de 1983. Congresso do qual fui a secretária e que contara com o apoio de três sociedades de filosofia: a Sociedade Francesa, a Sociedade de Filosofia da Suíça Romanda e a Sociedade Quebequense de Filosofia. Anna-Teresa Tymieniecka, que era presidente do World Institute e diretora da coleção *Analecta husserliana*, editada por Reidel Publishing Company, embora tendo todos os direitos de publicação das conferências, terminou por não publicá-las na *Analecta*, cujos textos, com raras exceções, aparecem sempre em inglês. Os outros conferencistas não tardaram a publicar seus textos em revistas ou em coletâneas, enquanto que, por uma certa negligência, deixei de publicar o meu.

---

1. VILLELA-PETIT, Maria da Penha, A demanda de narração, in: WU, Roberto; NASCIMENTO, Cláudio Reichert do, (org.), *Pensar Ricoeur, Vida e narração*, Porto Alegre, Clarinete, 2016, 243-277. Texto traduzido do francês por João B. Botton e revisto pela autora.

Só recentemente, depois de uma conversa em Paris com Cláudio Reichert do Nascimento, e tomando conhecimento do título do simpósio de Florianópolis, pensei nesse meu texto, que, nesse ano do centenário de nascimento de Ricoeur, "completa" portanto trinta anos. É importante notar que entre 1983 — quando somente o primeiro volume de *Tempo e narrativa* (*Temps et récit*) havia sido editado — e 2005, ano da morte de Ricoeur, sua obra se enriqueceu de maneira considerável. Já em 1984 e em 1985 surgiram o segundo e o terceiro volumes de *Tempo e narrativa*, dos quais ainda não dispúnhamos na época do congresso anteriormente mencionado. O que, no entanto, não impedia de estarmos parcialmente a par da sua pesquisa sobre a narração. Pois, antes mesmo da publicação de *Tempo e narrativa I*, não só Ricoeur trabalhava o tema da narratividade, mas fazia também nele se empenhar os pesquisadores dos *Archives Husserl*, do qual eu fazia parte, assim como os estudantes que frequentavam seu seminário do Centre National de la Recherche Scientifique (CNRS). Isso ocorreu, em particular, no seminário de 1977. Foi então que, a seu pedido, fiz uma apresentação da obra de Hayden White *Metahistory, The historical imagination in nineteenth-century europe*, escolhendo por título *Une poétique de l'histoire, présentation de Hayden White*. *The poetics of history*, era, aliás, o título da longa introdução do próprio autor ao seu livro.

Por ocasião desse seminário, outro dos participantes de nosso Simpósio de Florianópolis, Jeffrey Barash, abordara o tema *Verdade histórica e ontologia, Rickert e Heidegger*. Nossas contribuições fazem parte da coletânea *La narrativité*, publicada em 1980 pelas edições do CNRS, cuja primeira parte, composta de três capítulos e intitulada *Pour une théorie du discours narratif*, e o último capítulo, o capítulo IX, *Récit fictif, Récit historique*, são da autoria do próprio Ricoeur. Como indicam seus títulos, esses textos revestiam o caráter de esboço do que ele amplamente desenvolveria nos três volumes de *Tempo e narrativa*.

A fim de encerrar essa introdução, convém ainda precisar um dos aspectos da minha contribuição ao congresso de 1983. Embora eu não houvesse tomado o primeiro volume de *Tempo e narrativa* como objeto de minha abordagem, e estando sobretudo concentrada no tema da narração em geral como essencial para a constituição mesma do humano, procurei vincular o que eu pretendia pôr em evidência à nota da página 278 de *Tempo e narrativa I*[2], na qual Ricoeur previa que na quarta parte de sua obra — portanto, em *Tempo e narrativa III* — retornaria a uma ontologia do ser-em-comum, aquela que era pressuposta pelo conhecimento historiográfico que ele abordava nesse primeiro volume.

Acontece que depois do surgimento do terceiro volume de *Tempo e narrativa*, *O tempo narrado*, Ricoeur recebe o convite para professar as *Gifford Lectures* em Glasgow, Escócia, e ele será então levado a retomar a questão ontológica de forma mais ampla e independente. O que fará efetuando um longo desvio pela dimensão ética. O resultado foi esse grande livro: *O si-mesmo como um outro*. E sobre a motivação que o levou a tal, Ricoeur se explica brevemente em *Réflexion faite*, sua "autobiografia intelectual"[3].

É importante, porém, que se saiba que já em *O tempo narrado* estão presentes certos aspectos da problemática que Ricoeur retomará e aprofundará em *O si-mesmo como um outro*, como atesta, em particular, a questão da "identidade narrativa". No entanto, como admite o próprio Ricoeur, as *conclusões* por ele acrescentadas ao último volume de *Tempo e narrativa* poderiam ser lidas à título de posfácio, na medida em que foram escritas cerca de um ano depois do término da obra, quando efetuada a última revisão do manuscrito.

Ora, a mim parece que essas "conclusões" assinalam bem a mudança que se operou em Ricoeur entre o que ele anunciava na nota da página 278 de *Tempo e narrativa I* e o viés que toma o seu percurso ontológico-fenomenológico, cuja expressão mais acabada encontra-se em *O si-mesmo como um outro*.

Feitas essas observações, consideremos agora o núcleo da interpelação tácita que eu fazia à Ricoeur no texto de minha comunicação *A demanda de narração*, interpelação suscitada em parte pela nota da página 278 de *Tempo e narrativa I*. E isto, na medida em que ela tem tudo a ver com o tema de nosso simpósio: "Vida e narração".

---

2. RICOEUR, *Temps et récit I*, 278.
3. RICOEUR, *Réflexion faite, Autobiographie intellectuelle*, 75.

Mesmo que o essencial dos exemplos propostos e das observações que então eu fazia dissessem respeito ao mundo grego, sua validade ultrapassa as fronteiras de tal ou qual mundo. Além disso, voltando-me para o mundo grego, não me afastava de Aristóteles que, com a sua *Poética*, era e foi sempre uma das grandes referências da pesquisa de Ricoeur a respeito do *narrativo*, sendo as *Confissões* de Santo Agostinho a outra, no que diz respeito ao *tempo*. Sobre esse duplo apadrinhamento, o de Agostinho e o de Aristóteles, Ricoeur se explica de antemão quando no início de *Tempo e narrativa* — e sublinhando a independência dos dois autores um em relação ao outro —, insiste na circularidade da narratividade e da temporalidade. Ele escreve:

> De modo mais importante para o nosso propósito, um questiona sobre a natureza do tempo, sem aparentemente se preocupar em fundar sobre esse questionamento a estrutura narrativa da autobiografia espiritual desenvolvida nos nove primeiros livros das *Confissões*. O outro constrói sua teoria da intriga dramática sem consideração pelas implicações temporais de sua análise, deixando para a *Física* o trabalho de analisar o tempo. É nesse sentido preciso que as *Confissões* e a *Poética* oferecem dois acessos independentes um e outro a nosso problema circular[4].

Esta circularidade, já de início visada, é aquela que ao fim do percurso, isto é, ao fim de *O tempo narrado*, levará Ricoeur a afirmar aquilo a que a obra inteira convidava, "a tomar a narração como guardiã do tempo"[5].

Aderindo completamente à hipótese de Ricoeur em suas grandes linhas, e pressentindo antecipadamente o seu alcance, era-me difícil, entretanto, não detectar um ponto cego. Para me fazer compreender, eis o fio condutor da argumentação que eu desenvolvia no texto de minha comunicação de 1983.

Tendo constatado que ao falar de narração em um sentido amplo, Ricoeur não tinha em vista senão a narração escrita (o texto), eu me perguntava se para a construção dessa ontologia por ele visada — em que

---

4. RICOEUR, *Temps et récit I*, 18.
5. RICOEUR, Paul, *Temps et récit III, Le temps raconté*, Paris, Seuil, 1985, 349.

7. A DEMANDA DE NARRAÇÃO

o que se entende por narração não se restringe à narrativa historiográfica, mas deve incluir a narrativa de ficção[6] —, não era necessário que se levasse também em conta, e mesmo em primeiro lugar, a comunicação oral? E isso na medida em que narrar e seu complemento, compreender uma narrativa, fazem parte em princípio da palavra que se troca no seio de uma comunidade, e, em particular, da palavra frequentemente "mítica" que a funda.

Assim, se mesmo para Aristóteles o poeta trágico ao compor seus poemas o faz a partir de histórias transmitidas (os *paradedomonoi muthoi*)[7], de que transmissão se trata senão, em primeiro lugar, da transmissão oral? Essa observação a propósito dos trágicos é ainda mais eloquente para a poesia épica de Homero que é em parte a fonte da poesia trágica. Certamente as histórias (estórias, *stories*), os núcleos narrativos que circulavam oralmente no mundo arcaico foram transformados, agenciados, elaborados pelo poeta (palavra que ainda não era usada), ou, para melhor o nomear, pelo "aedo", ou seja, o "cantor". Mas as epopeias[8], em primeiro lugar as de Homero, se inscrevem no horizonte da "poesia oral". Não eram objetos de leitura, mas de *escuta* graças à declamação dos *rapsodos*[9], como mais tarde os poemas trágicos, cômicos ou

---

6. Certamente a narrativa histórica e o próprio conhecimento histórico pressupõem que se disponha já da escrita. Mas, antes da história dos historiadores — que é a história escrita (a historiografia) — cada coletividade humana dispõe de narrativas que a "fundam" e que têm a ver com seu "passado", em parte imaginário ou mítico.
7. ARISTÓTELES, *Poétique*, 1451b 23-24, texto, trad. e notas de Roselyne Dupont-Roc e Jean Lallot, Paris, Seuil, 1980.
8. Walter Benjamin, em *Der Erzähler*, observa com razão que "a tradição oral (é que) constitui o fundo da epopeia". Cf. BENJAMIN, Walter, Le conteur, Réflexions sur l'œuvre de Nicolas Leskov, in: ID., *Œuvres III*, Paris, Gallimard, 2000, Folio-Essais, 120. Esse, traduzido em francês como *Le narrateur*, ou, mais recentemente, *Le conteur, Réflexions sur l'œuvre de Nicolas Leskov*. Ainda que sob um ângulo bem diferente, uma nota de Ricoeur em *Vers une théologie narrative, Sa nécessité, ses ressources, ses difficultés* faz referência a esse ensaio de Benjamin, o qual, traduzido em inglês como *The storyteller*, figura em uma coletânea editada por Hannah Arendt. Cf. Ricoeur, *L'herméneutique biblique*, 329.
9. Quando no seu artigo *Une reprise de la "Poétique" d'Aristote*, publicado em *Nos grecs et leurs modernes*, textes réunis por Barbara Cassin (Seuil, 1992), Ricoeur, referindo-se ao *muthos*, afirma que em Aristóteles ele se torna uma estrutura comum à narrativa e ao "drama" teatral (1992, 307), ele não se dá bem conta que Aristóteles só podia ver as coisas assim, pois, para ele, não havia uma tão grande diferença entre epopeia e tragédia

129

os ditirambos que se farão presentes graças à voz e aos gestos dos atores por ocasião das festas atenienses, em particular as *Dionísias*.

Cabe acrescentar que o próprio Ricoeur será levado a considerar a transmissão das histórias em nosso "espaço de experiência" e seu papel no "nosso horizonte de expectativa"[10] quando, no sétimo e último capítulo de *Tempo e narrativa III*, aborda a noção de tradição. Como ele escreve:

> a noção de tradição tomada no sentido das tradições significa que nós nunca estamos na posição absoluta de inovadores, mas sempre na situação relativa de "herdeiros". É preciso considerar não somente a linguagem que nos precede, mas também as "coisas já ditas, ouvidas e recebidas"[11].

E é então que evoca brevemente a tradição oral, embora sublinhe que, para nós, "a efetividade do passado histórico coincide em grande parte com a dos textos do passado"[12]. Mas voltemos ao que me interpelava quando redigia minha comunicação de 1983.

Levando em conta a amplidão e a complexidade das questões relativas à poesia oral e à sua transmissão, sobre as quais se têm debruçado muitos antropólogos, contentava-me em evocar duas grandes noções gregas relativas à narrativa oral. Essas noções, das quais não se pode esquivar quando se aborda tanto os poemas épicos quanto os trágicos, são as de *kleos* e de *pheme*. Para dar uma ideia da riqueza semântica de *kleos*,

---

já que a primeira era "cantada", e, portando, "interpretada", pela voz do rapsodo, e não "lida", como posteriormente seria o caso.

10. Ricoeur se explica sobre as categorias de *espaço de experiência* e de *horizonte de expectativa* que toma de empréstimo a Reinhart Koselleck, (KOSELLECK, Reinhart, *Vergangene Zukunft, Zur Semantik geschichtlicher Zeiten*, Frankfurt, Suhrkamp, 1979), desde o início do capítulo 7 de *Temps et récit III*, intitulado *Vers une herméneutique de la conscience historique* (1985, 300-346).

11. RICOEUR, *Temps et récit III*, 320.

12. Ibid., 321. Alguns anos antes, em um artigo de 1975 sobre *La philosophie et la spécificité du langage religieux*, publicado inicialmente na *Revue d'histoire et de philosophie religieuses* n. 55/1), Ricoeur a propósito da interpretação não se priva de mencionar a oralidade nesses termos: "Este (o problema da interpretação) não se limita aos textos escritos, mas começa com a sutil dialética já presente na linguagem oral, em virtude da qual se exteriorizam, se articulam e se fixam formas diferentes de discurso".

limitar-me-ei ao uso que dela faz Sófocles na sua penúltima tragédia: *Filoctetes*. Quanto a *pheme*, pareceu-me significativo assinalar certos usos dessa noção em Platão.

A respeito da intriga de *Filoctetes*, lembremos que, na *Ilíada* de Homero, ele é um dos reis acaios que foram a Tróia sob o comando de Agamênon para resgatar a mulher de Menelau, Helena, raptada por Páris, um dos filhos de Príamo, o rei de Tróia. Em função de um ferimento pestilento e principalmente por causa dos gritos que ele emitia quando a dor era muito forte, Filoctetes foi abandonado na ilha de Lemnos segundo a recomendação de Ulisses. Sem dúvida seus gritos perturbavam os sacrifícios e não podiam senão desagradar aos deuses. Era o que pensava Ulisses. Mas os deuses, no final das contas, não eram nem um pouco dessa opinião. Tratava-se mesmo do contrário. Sem o retorno de Filoctetes a Tróia os aqueus não poderiam vencer a guerra.

Uma vez que o adivinho Heleno tivera essa revelação e proferira seu oráculo, era imperativo que se retornasse a Lemnos para trazer Filoctetes de volta. E é o astuto Ulisses, ele próprio, que vai dirigir essa manobra, servindo-se para isso do jovem Neoptólemo.

Quando, chegando a Lemnos, Neoptólemo, o filho de Aquiles, se apresenta a Filoctetes, este lhe pergunta se ele já havia ouvido falar dele, do seu infortúnio. Seguindo as instruções que lhe havia dado Ulisses, Neoptólemo responde a Filoctetes com uma mentira. Não, ele não ouvira falar de Filoctetes.

Segue-se então, sob a forma de uma interrogação, a queixa dolorosa de Filoctetes, formulada nos seguintes termos (Sófocles, *Filoctetes*, versos 251-252): "Assim pois, nem meu nome, nem o rumor das desgraças (*kakon kleos*) sob as quais eu sucumbi, nada disso chegou a ti?"[13].

Kleos, na expressão *kakon kleos*, é traduzido por "rumor"; a ausência de rumor, de murmúrio, significando que não se diz nada sobre a sorte do herói, isto é, que não se narra o que aconteceu a Filoctetes, a história de seus infortúnios. Ele foi, portanto, esquecido, o que significa,

---

13. Sófocles, *Philoctète*, texto estabelecido por Alphonse Dain e traduzido por Paul Mazon, revisto por Jean Irigoin, Paris, Les Belles Lettres, 1974, 19.

como o dirá inconsolável o próprio Filoctetes, uma segunda morte[14]. Ora, é esta mesma palavra *kleos* que significa a "glória", a glória dos heróis épicos e trágicos. E "glória" é entendida aqui no registro do ouvido, da escuta, à diferença da *doxa*, que é sobretudo a glória enquanto luz, brilho, no registro da visão.

Kleos é assim o centro de gravidade do poema trágico de Sófocles. Ela é a glória oriunda da celebridade, da perpetuação dos fatos que só são memoráveis porque não cessam de ser narrados, transmitidos de geração em geração e por isso mantidos vivos no conjunto do corpo social. Ela confere ao herói uma espécie de imortalidade. Não é de surpreender, portanto, que, dentre os deuses, seja justamente Héracles, aquele que conquistou sua imortalidade ao preço de atrozes sofrimentos, que acabará por convencer Filoctetes de retornar a Troia. Filoctetes pôde, com efeito, ler na história de Héracles o paradigma da reviravolta (*metabole, metabasis*) do destino, reviravolta que, finalmente, também lhe é reservada.

Se Sófocles pôde conduzir Filoctetes da privação de *kleos*, de notícia, de rumor sobre o que lhe acontecia, à promessa de *kleos*, glória, é porque no âmago desse duplo sentido da palavra subsiste a referência à oralidade e, no sentido de glória, a referência à palavra poética que perpetua a memória. Assim, é com razão que na sua notável obra sobre a *Ilíada* de Homero, James Redfield não hesita em afirmar que *kleos* é "*the matter of the epic*"[15].

No que diz respeito a *kleos* — e para dizê-lo entre parênteses —, apoiei-me bastante na obra de Redfield no momento em que redigia uma comunicação intitulada *L'enjeu des voix dans le Philoctète de Sophocle*[16].

---

14. Notemos que no discurso pronunciado por Ricoeur nos EUA, por ocasião de uma celebração interconfessional em 1989 no dia em que se fazia memória da Shoah, é feita, por sua vez, alusão ao esquecimento que "mata as vítimas uma segunda vez". Cf. RICOEUR, Paul, La mémoire de la souffrance in: ID., *L'herméneutique biblique*, 275.

15. REDFIELD, James, *Nature and culture in the "Iliad", The tragedy of Hector*, Chicago, University of Chicago Press, 1975, 34.

16. Cf. VILLELA-PETIT, Maria da Penha, L'enjeu des voix dans le *Philoctète* de Sophocle, *Les études philosophiques*, jul.-set., (1991) 313-333. Ainda sobre Filoctetes, Cf. nosso artigo VILLELA-PETIT, Maria da Penha, D'un Philoctète à l'autre (Sophocle, Kierkegaard, Gide, Weil, Fondane), *Cahiers Benjamin Fondane*, Tel-Aviv, n. 11 (2008). Textos esses que

7. A DEMANDA DE NARRAÇÃO

Comunicação que tive a oportunidade de apresentar em dezembro de 1988 em um seminário do Centro de Pesquisas sobre a Oralidade[17].

A outra noção grega a qual recorri na minha comunicação para o Colóquio Ricoeur de 1983 e que, no sentido de murmúrio, de rumor que corre, de notícia que se espalha, aproxima-se de *kleos* é a de *pheme*. A palavra *pheme*, que tem a mesma origem que a palavra latina *fama*[18], e que recobre parcialmente o espectro semântico de *kleos*, ainda que com outras conotações, é, por sua vez, uma das palavras-chaves de outra tragédia de Sófocles: *Édipo Rei*. De modo geral, *phem* é a revelação, incluindo a revelação divina, a proclamação ou a divulgação pela palavra, enquanto o verbo *phemi* é um dos que significam "dizer" em grego, no sentido de enunciar, de manifestar o pensamento pela palavra.

Se a noção de *phémé* importa a uma reflexão como a nossa é porque ela tem tudo a ver com a proclamação e a transmissão das narrações, e porque é ainda no quadro da comunicação oral que Platão visa a obra dos poetas. Aliás, quando consideramos a palavra francesa *récit*, é impossível esquecer que a palavra *récitation* (recitação) a precede. E, por *récitation*, compreende-se tanto dizer de memória (recitar) quanto ler em voz alta, bem como o fato mesmo de contar algo (de narrar).

Mas fiquemos para começar em companhia de Luc Brisson, que na sua obra sobre *Platão, As palavras e os mitos* (*Platon, les mots et les mythes*), nos instrui bastante sobre a noção de *pheme* e seus usos em Platão, sem esquecermos que, na *Odisseia*, o cantor do palácio de Ítaca, aquele que, acompanhado de uma cítara, recita os poemas nos festins que se dão na ausência de Ulisses, chama-se justamente Fémio (cf. *Odisseia*,

---

se encontram agora na minha coletânea: VILLELA-PETIT, Maria da Penha, *Incursions en grèce ancienne, en compagnie des anciens et des modernes*, Paris, Geuthner, 2015.

17. Os textos desse seminário, incluindo o meu, em uma versão um pouco mais curta que aquela da revista *Les études philosophiques*, aparecem também reunidos em REVEL, Nicole; REY-HULMAN, Diana, (org.), *Pour une anthropologie des voix*, Paris, L'Harmattan et Publications Langues'O, 1993.

18. Sobre a ambiguidade fundamental dessa palavra latina e sobre o poder monstruoso da fama enquanto indiferente à verdade, Virgílio comporá uma surpreendente alegoria no livro IV da *Eneida*.

133

I, 154 e 337). No retorno, enfim, de Ulisses, Fémio é o único do grupo de pretendentes a Penélope que será poupado do massacre que se segue.

Pheme, com uma ressonância sagrada, a *theia pheme*, é a palavra de inspiração divina que se apodera do poeta e o despoja da linguagem ordinária de modo a investi-lo de uma linguagem mais elevada. É reconhecendo essa inspiração divina, a das musas, como essencial à fala poética que, no *Íon*[19], seu curto diálogo sobre a *Ilíada*, Platão, seguindo os passos de Homero, assinala ao aedo, ao poeta, o papel de um "primeiro anel" na corrente da transmissão oral. Primeiro relativamente aos "anéis intermediários" que são os rapsodos (os declamadores), os atores, os coristas, ou seja, aqueles que tornam possível a recepção do poema.

Quando *pheme* é entendida sobretudo como "palavra da tradição", como o faz Platão em *Leis* (IV, 713c), o poeta é menos tomado por um "primeiro anel" que por um anel eminente — aquele que acolhe as narrativas tradicionais, como é o caso tanto de Homero quanto de Hesíodo no livro II da *República* (377d). São eles que, elaborando as narrativas, configurando-as, lhes dão uma elevação poética. Elevação que Platão faz depender dos "prestígios da medida, do ritmo e da harmonia" (*República*, X, 601a).

São esses procedimentos que fazem a beleza e que servem à memorização do poema. Eles constituem, pois, os recursos mnemotécnicos da inscrição do poema na memória.

Qualquer que seja o lapso do tempo, todavia decisivo, que separa Platão de Homero, durante o qual a importância da escritura não fez senão aumentar, resta que a comunicação oral não perdeu nem um pouco do seu prestígio em Platão, como o atestam a pedagogia de Sócrates e a forma dialogal dos escritos platônicos. Mas já não é mais o caso no que se refere à palavra tradicional enquanto tal, aquela que Homero contribuiu para configurar. É uma tal palavra e o pensamento que lhe é subjacente que o *logos* filosófico vai precisamente interrogar e frequentemente pôr em questão.

---

19. Ver também a introdução de MURRAY, Penélope, *Plato on Poetry, Íon, Republic 376e-398b, Republic 595-608b*, Cambridge Greek and Latin Classics, Cambridge, Cambridge University Press, 1996.

Platão conhece tão bem o poder incontornável quanto a ambiguidade fundamental da *pheme*, essa palavra tradicional que se refere tanto à conduta e aos gestos dos deuses quanto às ações dos heróis, sejam eles fundadores de cidades, guerreiros ou atletas, quando ela não se reduz aos murmúrios que correm, ou aos rumores no sentido pejorativo do termo. O dilema que se lhe apresenta é o seguinte: por um lado o filósofo encontra já em circulação na cidade um conjunto de narrativas tradicionais e de discursos irredutíveis ao *logos* filosófico, ou mesmo com ele incompatíveis. Por outro lado, ele sabe que nenhuma reforma durável da cidade é possível se não se assegura o primado do discurso filosófico sobre a *pheme*. Desse modo, como o navegador que sabe que deve manobrar com o vento, tirando partido dele sem poder reduzi-lo e menos ainda lhe fazer cessar, Platão vai tentar compor com a *pheme* para melhor orientar a vida da cidade. Daí o projeto de captar em proveito de uma política, digamos, mais justa, o poder da *pheme,* que no livro VII das *Leis,* (838d), ele qualifica de "impressionante" (*thaumaten*).

E já que a pedagogia, é um dos componentes essenciais da política na cidade, ela deve conferir um papel privilegiado ao narrativo. É preciso que a *pheme* assegure a reputação daqueles que podem servir de "exemplo". Cabe ao legislador a tarefa de depurar ou, em todo caso, de não guardar e de não encorajar, para aqueles que ainda não estão suficientemente bem formados, senão narrativas, provérbios, ditados e máximas capazes de contribuir para a reforma da cidade, segundo os critérios propostos por um verdadeiro filósofo.

O que isso quer dizer? Caberia ao filósofo legislador, tal como o concebe Platão, apenas conservar as narrativas verdadeiras no sentido de uma verdade objetiva, ou considerada como uma verdade histórica? Certamente não. Pois as narrativas tradicionais, particularmente as que foram forjadas, elaboradas pelos poetas, se referem sobretudo aos deuses, aos heróis e aos eventos fundadores, os quais escapam em grande parte, ou melhor, por natureza, ao domínio da história. De outro modo isso seria submeter o conjunto do narrativo, e mais geralmente da incontornável *pheme*, ao jugo de uma razão historiográfica, a qual, ao mesmo tempo que a escrita em prosa estava emergindo, não podia — já por razões de princípio — reivindicar certa autoridade sobre a comunicação social e sobre a transmissão das narrativas na cidade.

O que está em jogo em Platão é a compatibilidade do conteúdo das histórias tradicionais com um *logos* filosófico no qual o dizer se torna subordinado ao ver noético, ao pensamento. Suas prescrições, que são de ordem ético-filosóficas, visam a conformidade das narrativas que circulam na cidade com as máximas aceitáveis pelos que, como o filosofo, se ocupam da verdade, da justiça e antes de tudo do Bem.

Não podemos nos demorar sobre as posições de Platão a respeito das narrativas herdadas da tradição, mas todo leitor de Platão sabe que ele forja mitos, não deixando de inscrever na narrativa que faz, o caráter oral da transmissão. É o que se depreende claramente no início do mito de Thoth que encerra o *Fedro* (274c), tanto mais significativo para o nosso propósito porque não somente diz respeito ao inventor dos caracteres da escrita, mas ainda insiste sobre o fato de que ele, Sócrates, o personagem que dialoga com Fedro, viera a tomar conhecimento desse mito pela escuta, pelo ouvir dizer. Eis o que diz Sócrates: "Eu ouvi (*ekousa*) dizer que viveu nas bandas de Náucratis no Egito..."

Ainda que não seja aqui o lugar de comentar esse mito e o sentido que ele ganha no diálogo, é, entretanto, manifesto que Platão sabe melhor do que ninguém que toda cidade, certamente toda comunidade, *oferece* e *pede* narrações. As narrações têm um papel pedagógico incontornável. Escolhidas com discernimento elas podem conduzir a alma a sair da caverna de suas ilusões. A atividade narrativa, já de início em sua dimensão oral, se vê assim investida por Platão de um papel determinante na formação da alma (da *psuche*), como mostra essa passagem do livro II da *República* (377c): "Pois, desses [contos] que serão aceitos, nós persuadiremos às amas (*trophous*) e às mães (*materas*) a contá-los às crianças, e de formar seus espíritos (*psuchas*) com eles (*muthois*, 'contos'), muito mais do que seus corpos com suas mãos"[20].

Contar histórias, ou melhor, estórias, às crianças, antes mesmo que elas possam lê-las, é uma tarefa de primeira importância. Segundo

---

20. Citamos a partir da tradução de Luc Brisson, *op. cit.*, p. 69.

Platão, com efeito, a alma não tem nada de uma entidade fechada sobre si mesma, ela é por princípio aberta às vozes dos outros. Vozes que, se não são desviantes, são susceptíveis de exercer sobre ela uma função educadora. Isso implica justamente a escuta do discurso dos outros e sobretudo uma escuta de si mesmo, da voz íntima da alma pela qual ela fala à si mesma[21], e pela qual ela se interroga, discute consigo mesma, e se quiser realmente pensar, põe em causa o que crê saber, como o faz o Sócrates de Platão.

Os diálogos de Platão são, com efeito, um prodigioso exercício de escrita[22], e, além disso, de descrição mimética do pensamento em ato. Mas de uma *mimesis eikastike,* segundo a distinção, a meu ver decisiva, entre *eikastike* e *phantastike,* introduzida por Platão no *Sofista*[23]. O que não o impede de criticar o "impensado" da escrita, tanto mais que, graças à sua invenção da escrita, Thoth se vangloriava de fornecer o remédio mais eficaz ao esquecimento.

Interrompamos essas considerações à propósito de Platão e, voltando a Ricoeur, digamos que já em *A configuração na narrativa de ficção,* ou seja, em *Tempo e narrativa II,* ele recorre à noção de "voz narrativa", ainda que essa noção, desempenhando aí um papel de primeira importância, só seja mobilizada em vista da literatura escrita. Pois, o que está em pauta em Ricoeur é sobretudo a "voz narrativa" se deixando "escutar" através da leitura.

Por "voz narrativa" é então designado o "narrador", "enquanto projeção fictícia do autor real no próprio texto"[24]. No próprio desenvolvimento da narrativa o escritor forja o personagem daquele que redige ou, como se diz também, daquele que é "o autor fictício do discurso".

---

21. Ver nosso ensaio VILLELA-PETIT, Maria da Penha, What does "talking to oneself" mean? in: DASCAL, Marcelo (ed..), *Dialogue, An interdisciplinary approach*, Amsterdam/Philadelphia, John Benjamins Publishing Company, 1985, 305-319.
22. Ver sobre essa questão o esclarecedor capítulo 1, *Écrire des dialogues* em DIXSAUT, Monique, *Platon*, Paris, Vrin, 2003, 17-27.
23. Ver a respeito dessa distinção nosso ensaio VILLELA-PETIT, Maria da Penha, La question de l'image artistique dans le *Sophiste, Études sur le* Sophiste *de Platon,* publicado sob a direção de Pierre Aubenque, textos recolhidos por M. Narcy, Centro di studio del pensiero antico, Bruxelles, Bibliopolis, 1991.
24. RICOEUR, Paul, *Temps et Récit II*, Paris, Seuil, 1984, 143.

Há ainda mais. Tendo lido a obra de Mikhail Bakhtin, *Problemas da poética de Dostoievski*, Ricoeur se dá conta de que a "voz narrativa" pode ela própria se tornar plural, polifônica, cada uma falando a sua maneira com os personagens e conversando de modo diferente com cada um deles. Entretanto, mesmo que uma experiência literária como essa, levada tão longe, pudesse comprometer a compreensão da narrativa enquanto "mímese da ação", Ricoeur mantém a noção de voz narrativa, "em função precisamente, diz ele, de suas importantes conotações temporais"[25]. E a conotação temporal essencial da narração é de se produzir em um presente que "é apreendido pelo leitor como posterior à história narrada, e portanto, que a história narrada é o passado da voz narrativa"[26].

Tal observação atesta que Ricoeur leva em conta preferencialmente o romance, onde as histórias são narradas como já tendo acontecido, ao invés das "histórias" destinadas a serem encenadas, como é o caso das obras teatrais, nas quais os diálogos estão frequentemente no presente, quando os personagens conversam entre si.

Em uma obra literária escrita para se desenrolar sobre a cena teatral, convém então distinguir entre o que depende da voz narrativa, que conta certos aspectos da história, que é sobretudo da ordem da *diegesis*, e as palavras que são trocadas, comunicadas entre personagens se falando diretamente no presente. Essas trocas, encenadas pelos atores, sendo então da ordem da *mimese*, no sentido mais específico do termo, se mantemos a distinção platônica entre *diegesis* e *mimesis*, com plena consciência de que essa distinção é compatível com o entrelaçamento dessas duas formas de narração[27].

O que, entretanto, não deve ser perdido de vista é que, antes mesmo de poder ler, um ser humano é de uma maneira ou de outra marcado pelas histórias (*stories*) que ele ouviu e pelo modo através do qual elas

---

25. Ibid., 147.
26. Ibid.
27. Ver sobre a noção de *diegesis*, a qual requer as vezes outras traduções que a de narração ou narrativa, o muito esclarecedor artigo de BRANDÃO, Jacyntho Lins, Diegese em *República* 392d, *Kriterion* — Revista de Filosofia, jul.-dez., (2007) 351-366.

foram interpretadas por aqueles que as contaram em voz alta, como bem o compreendera Platão.

Depois que foram reunidos certos textos de Ricoeur até então dispersos, dos quais um certo número só havia sido editado em inglês, constatamos que, a despeito da preeminência que os três volumes de *Tempo e narrativa* conferem à narração escrita, a questão da voz se impôs cada vez mais a ele, e sobretudo quando ele se volta para a Bíblia.

Anteriormente, em um texto em inglês publicado originalmente em 1977, *Writing as a problem for literary criticism and philosophical hermeneutics*[28], texto do qual eu não tive conhecimento senão há pouco tempo, Ricoeur explicou-se sobre a escrita, sobre a passagem do falar (*speaking*), do discurso proferido em um momento dado, ao texto escrito. Ou como ele enuncia: "O que acontece com a escrita é a manifestação plena de alguma coisa que fica em um estado virtual, de qualquer coisa de nascente e incoativo no discurso vivo, dito de outro modo, é o destacamento do dito em relação ao dizer"[29]. Em outros termos: independentemente de sua ocorrência no dizer, o que é dito (*said*) tem um sentido (*meaning*) que vale por si mesmo, que ultrapassa as circunstâncias das quais ele emerge e que pode ser desse modo fixado pela escrita, frequentemente após ter sido retrabalhado.

Aqui, entretanto, o discurso vivo é tomado por Ricoeur ao nível da linguagem cotidiana, onde o que é dito não é configurado com vistas a uma obra, não permitindo assim que sua significação se desenvolva com maior plenitude. Ele omite o que os antropólogos chamam de poesia oral: a dos "cantores", dos "aedos" (para voltar aos gregos). E, portanto, mesmo no mundo da escrita quando a obra que se produz é um poema, não é possível separar a escritura da oralidade das palavras, palavras que,

---

28. Ricoeur, Paul, Writing as a problem for literary criticism and philosophical hermeneutics in: VALDÈS, Mario, *A Ricoeur reader, Reflection and imagination*, Toronto, University of Toronto Press, 1991, 320-337. Harvester Wheat sheaf, a division of Simon & Schuster International Group, Hertfordshire. (UK). Como acrescenta Valdès, em seus agradecimentos (1991, xii), o artigo em questão procede de uma conferência feita no Center for Philosophic Exchange, State University of New York at Brockport, e, foi inicialmente publicado em *Philosophic exchanges*, 2/3, 1977.

29. Ibid., 320.

atento à sua sonoridade e ao seu ritmo, o poeta reúne e articula para fazer surgir um novo dizer. Mas não é o momento aqui de nos demorarmos sobre esse aspecto da poesia, pois quando não se trata de poesia épica ou dramática, o que importa, como no caso da poesia lírica, não depende inteiramente do narrativo, mesmo se, em sua composição, sempre subsistam núcleos narrativos.

A poesia lírica é mais da ordem da celebração, do pranto, do lamento, da admiração provocada pela natureza e ou os seres humanos, que da ordem da narrativa, onde as ações e o sofrimento são articulados numa intriga e contados por uma voz narrativa.

O próprio Ricoeur o concede, como atesta seu artigo *D'un testament à l'autre*, em que confessa temer "uma inflação do narrativo enquanto gênero literário às custas de outros modelos de discurso: prescritivo, profético, hínico, sapiencial"[30].

Como sugerimos anteriormente, é sobretudo a propósito da Bíblia que Ricoeur vem a pensar de modo diferente sobre a questão da voz. Em um ensaio intitulado *L'enchevêtrement de la voix et de l'écrit dans le discours biblique*, publicado em 1992 em *Archivio di Filosofia* e republicado em *Lectures 3*[31] ele enfrenta essa dupla qualificação: "Palavra de Deus" e "Sagrada Escritura", os termos palavra e escritura, por sua proveniência e sua eminência, sendo sublinhados por maiúsculas.

No caso da Bíblia, constata Ricoeur, "A Palavra é tomada por instância fundadora da Escritura e a Escritura como o lugar de manifestação da Palavra"[32]. Essa Palavra não é emitida por uma voz, um rosto reconhecível. Vinda do "alto", ela requer ser acolhida por aquele (ou aquela) que ela *inspira*[33] ou sobre quem ela desce, para ser, em seguida, escrita e se manifestar a outros, capazes de a atestarem e compreenderem. Ou,

---

30. Cf. RICOEUR, Paul, D'un testament à l'autre, *Dialogo di filosofia*, n. 9, (1992). Depois, em RICOEUR, *Lectures 3*, 363.
31. Cf. RICOEUR, Paul, L'enchevêtrement de la voix et de l'écrit dans le discours biblique, in: ID., *Lectures 3*, 307-326.
32. Ibid., 311.
33. Sobre essa questão, no horizonte da hermenêutica bíblica, lê-se com grande proveito a obra de GREISCH, Jean, *Entendre d'une autre oreille, Les enjeux philosophiques de l'herméneutique biblique*, Paris, Bayard, 2006. Cf., em particular, o capítulo 6.

como o nota ainda Ricoeur referindo-se ao *Tolle, lege* ("Toma e lê") da voz[34] que se dirige a Santo Agostinho: "Ler, é finalmente escutar".

Em se tratando da leitura bíblica, outro aspecto de primeiro plano visado por Ricoeur é aquele do estreito parentesco, na *Torá*, do decálogo e da narrativa, quer dizer, do legislativo e do narrativo. "De um lado, escreve ele, o dom da Lei é narrado como evento tecido na trama de uma história de libertação [veja-se aqui a estória narrada no Êxodo]. Do outro, essa história só é assim porque encadeia a promulgação da lei"[35]. Daí a conclusão a qual ele chega: "Assim podemos dizer que a Lei é palavra quanto à origem do chamado, da convocação, da injunção, mas Escritura quando o legislador se *ausenta*"[36].

O que se vê de modo paradigmático através do caso de Israel é que as fontes narrativas são chamadas a contribuir de parceria com a lei, com o que é prescrito como vindo da Palavra divina. Existe aí uma "identidade narrativa" ao nível da história de um singular coletivo, como o é, a partir de certos pontos de vista, uma comunidade, um povo. A propósito da proclamação da fé cristã, Ricoeur insistirá igualmente sobre "a necessidade para o querigma cristão de se desenvolver de uma forma narrativa — a dos evangelhos"[37]. Se não se incluísse o narrativo na proclamação, o risco seria considerável de ceder à tentação gnóstica de se dissociar o passado do homem Jesus do presente do Cristo da fé.

Essa reflexão à propósito da Bíblia, que reforça o alcance da narrativa e seu caráter incontornável, conduz Ricoeur a uma dupla injunção: a primeira faz eco à teologia; a segunda, mais filosófica, diz respeito ao próprio ser do homem.

---

34. Cf. Agostinho, *Confissões*, VIII, 12, 29. A voz ouvida por Agostinho vem de uma casa vizinha onde crianças cantavam. Ouvida como uma injunção endereçada a ele, "Toma e lê", ela vai levar Agostinho a abrir o Novo Testamento e cair sob uma passagem da epístola aos Romanos que o perturba.

35. Ricoeur, *Lectures 3*, 313.

36. Ibid., 314.

37. Cf. Ricoeur, Paul, De la proclamation au récit in: Id., *L'herméneutique biblique*, 305. Uma primeira versão de *From proclamation to narrative* surgida em *The journal of religion*, v. 64 (1984).

Antes de prosseguir, reconheçamos que dentre os filósofos muitos podem se surpreender com essa proximidade que o percurso filosófico de Ricoeur não deixou de estabelecer entre a hermenêutica bíblica e a hermenêutica filosófica. Aos que questionarem a boa fundamentação dessa proximidade, permito-me remeter à obra de Jean Greisch, *Entendre d'une autre oreille, Les enjeux philosophiques de l'herméneutique biblique*. Desde a introdução, o autor formula a questão que orienta o desenvolvimento da obra. "Se é legítimo — escreve ele — se interessar pela contribuição da hermenêutica filosófica à exegese bíblica, porque não examinar a trajetória inversa, perguntando-se se a hermenêutica bíblica não pode contribuir a uma melhor compreensão dos papéis da hermenêutica filosófica?"[38].

Esta pressuposição é a mesma que anima o pensamento de Ricoeur quando defende uma teologia narrativa, ainda que em plena consciência de seus obstáculos e, por conseguinte, dos critérios a serem respeitados para que o encaminhamento em direção a uma teologia narrativa não se desvie, como deixa entrever o próprio subtítulo do seu artigo: "sua necessidade, seus meios, suas dificuldades" (*Vers une théologie narrative, Sa nécessité, ses ressources, ses difficultés*). O primeiro critério é distinguir entre essa teologia que leva plenamente em conta a dimensão narrativa da fé bíblica e o que se compreende frequentemente por teologia da história, segundo o esquema de uma história universal, fundada, no final das contas, sobre uma concepção linear do tempo. Ademais, essa concepção na verdade oblitera a natureza multiforme das tradições das quais a Bíblia surgiu e à qual convém o plural "Sagradas Escrituras".

Inseparável de uma filosofia da história que, apesar de dialética, tende a considerar os piores momentos da história como passos adiante em direção ao advento de um sentido último e totalizante, como se vê em Hegel[39], uma teologia assim busca aplicar à história o "esquema cronológico unívoco de uma história da salvação"[40]. A essa totalização

---

38. GREISCH, *Entendre d'une autre oreille*, 12.
39. Não esqueçamos que a reflexão de Ricoeur sobre a teologia da história é estreitamente associada ao capítulo de *Tempo e Narrativa III* intitulado *Renunciar a Hegel*.
40. Cf. RICOEUR, Paul, Vers une théologie narrative, Sa nécessité, ses ressources, ses difficultés in: ID., *L'herméneutique biblique*, 329.

simplificadora de uma *Heilsgeschichte*, que escamoteia as trevas do mal, Ricoeur opõe a pluralidade fecunda das narrativas bíblicas, oriundas de tradições diversas e escritas em diferentes contextos e de acordo com eixos específicos de interrogação. Essa oposição é tanto mais decisiva quanto em *A razão na história* (*Die Vernunft in der Geschichte*)[41] — a obra que está no centro da argumentação de Ricoeur em *Renunciar a Hegel* —, Hegel, junto com a narratividade[42], aboliu a pluralidade das histórias, das quais a sua filosofia anula as diferenças com a intenção de promover uma totalização conceitual da história enquanto *efetivação do Espírito*.

Ora, hoje em dia são justamente os avanços da narratologia subsequentes à valorização da narrativa, que, como o reconhece Ricoeur, têm permitido que se apreenda melhor "a inteligibilidade desenvolvida pelo ato configuracional de pôr em intriga"[43]. E por esse viés redescobrir o que Aristóteles pôs em relevo a respeito das tipificações da narrativa e do que ela implica, a saber, a proximidade de determinada inteligibilidade, a inteligibilidade narrativa, com a *phronesis*, com a sabedoria prática.

Mais que qualquer outra, uma hermenêutica bíblica deve reconhecer que a significação que emana das narrativas e de outras formas de linguagem de Um e Outro Testamento "intervém na interseção do mundo do texto e do mundo dos leitores". O que o leitor lê no texto bíblico requer ser ouvido num sentido forte, quer dizer, ser acolhido por cada um com os meios que são os seus, a tal ponto que seu mundo não continue como tem sido até então, nem, por consequência, que ele (o leitor) aja, viva do mesmo modo que antes.

Esta valorização da dimensão ética, pensada biblicamente em termos de "conversão", lança uma ponte incontornável entre narração e vida. É o que, em uma acepção mais geral, Ricoeur atribui à função

---

41. P. Ricoeur se serve sobretudo da edição de HEGEL, Georg, *Vorlesungen über die Philosophie der Weltgeschichte*, estabelecida por J. Hoffmeister, Hambourg, Felix Meiner, 1955, da qual *Die Vernunft in der Geschichte* é o tomo I. (Cf. nota 1 de RICOEUR, *Temps et récit III*, 281).
42. Cf. RICOEUR, *Temps et récit III*, 289.
43. Cf. em RICOEUR, *Vers une théologie narrative*, as observações da página 330.

narrativa quando, introduzindo a segunda seção de *Tempo e narrativa III*, observa:

A função narrativa tomada em toda a sua amplidão, cobrindo tanto os desenvolvimentos que vão da epopeia até o romance moderno, quanto os da fábula à historiografia, se define em última análise pela ambição de refigurar a *condição* histórica e de elevá-la assim ao nível de *consciência* histórica[44].

Temos aí a indicação do que Ricoeur analisará e discutirá ao longo das páginas seguintes, e que concluem esse capítulo decisivo que é *Renunciar a Hegel*.

Quanto a nós, e levando-se em conta o tema de nosso colóquio, vamos agora nos concentrar sobre o capítulo 4 de *Tempo e narrativa III*: *Mundo do texto e mundo do leitor*, pois ele nos dá a pensar sobre a função refigurante que desempenham certas narrativas em nossas vidas.

Certamente, referindo-nos a Platão, já chamamos a atenção para o papel pedagógico das narrativas, para o seu poder na formação de cada um. Mas com Ricoeur é de uma análise mais apurada da interação entre o mundo do texto e o mundo do leitor que se trata. A respeito da palavra "leitor", ele acrescenta que é preciso compreendê-lo "seja como sujeito leitor, seja como público receptor"[45]. A noção de recepção é proposta quando, em uma perspectiva mais fenomenológica que retórica, será estabelecida a correlação entre a recepção de um texto e a ação mesma de ler (ou de escutar um discurso).

Relembremos que segundo Husserl toda receptividade, a começar por aquela da experiência perceptiva, tem uma face ativa e uma face passiva[46]. Apoiando-se sobre a noção husserliana de receptividade, depois de outros fenomenólogos que se interessaram pela experiência da arte, como Roman Ingarden e em seguida Wolfgang Iser, esse último especialmente

---
44. RICOEUR, *Temps et récit III*, 150-151.
45. Ibid., 231.
46. Cf. nosso artigo VILLELA-PETIT, Maria da Penha, How is the pair of contraries, Activity and passivity envisaged in husserlian phenomenology?, in: CENTI, Beatrice; HUEMER, Wolfgang (ed.), *Values and ontology, Problems and perspectives*, Frankfurt, ontos verlag, 2009.

interessado em *O ato de leitura*, Ricoeur sublinha que quando lemos uma obra somos de certo modo por ela *afetados*. Em outros termos, o que diz um texto, o mundo que ele configura, afeta, marca o leitor que, de acordo com seu modo de ser, tenta lhe dar uma resposta, como previamente sugeríamos.

Com esse par de noções — "mundo do texto" e "mundo do leitor" —, Ricoeur opera assim uma dupla abertura: uma abertura do lado do texto, que não se fecha sobre si mesmo, como puderam fazer crer as análises estruturalistas, e uma abertura do lado do leitor que não permanece imutável. Como ele observa: "É somente na leitura que o dinamismo da configuração encerra seu percurso; e é para além da leitura, na ação efetivamente instruída, instruída pelas obras recebidas, que a configuração do texto se transforma em refiguração"[47].

Mesmo sem estarmos perfeitamente conscientes somos, com efeito, afetados pelo que lemos, seja por uma narrativa de ficção ou uma narrativa histórica, ou quando escutamos um discurso, uma pregação ou quando assistimos a uma peça de teatro. Esses textos não somente nos fazem pensar, como são igualmente capazes de suscitar em nós associações ou interrogações inesperadas. Donde a pergunta incisiva que faz Ricoeur: "O que me diz o texto e que digo eu ao texto?"[48].

Porque frequentemente nos interpelam de modo imprevisível, os "textos" nos transformam. Algumas dessas mutações, incluindo nosso modo de pensar ou de tratar um tema, podem assumir um papel eminente ao longo de nossa vida. Em todo caso, as leituras que verdadeiramente nos afetam, transformando nosso modo de ver, contribuem a refigurar nossa vida.

Essa refiguração depende do que poderíamos chamar o "encontro" entre um texto e um leitor. Pois esse "encontro" diz respeito tanto às expectativas do leitor quanto à forma como o leitor vê a si mesmo, como ele interpreta suas próprias atitudes, suas ações, e, portanto, a forma como ele dialoga consigo mesmo e constrói para si uma identidade.

---

47. RICOEUR, *Temps et récit III*, 230.
48. Essa "questão propriamente hermenêutica" é posta por Ricoeur no capítulo 4 de *Tempo e narrativa III* que estamos considerando aqui (1985, 257).

Sintetizando desse modo as posições às quais conduzem a análise de Ricoeur no capítulo *O mundo do texto e o mundo do leitor*, sou obrigada a não me deter nas sutilezas da leitura que ele faz dos pensadores que solicita, nem sobre seu modo, tão notável, de urdir o que de cada um seu próprio trabalho retira. Espero, contudo, ter deixado entrever o que sua pesquisa sobre a narração traz, inclusive para uma ontologia do ser-em-comum e sua dimensão ética.

Mas, na medida em que deixamos aparecer o entrecruzamento entre o mundo do texto e o mundo do leitor, com sua possibilidade de refiguração, e fizemos alusão aos efeitos possíveis da leitura sobre nossa identidade, faz-se mais necessário do que nunca não perder de vista a distinção que Ricoeur elabora entre identidade narrativa e ipseidade. Não há como evitar uma distinção dessa ordem ao falarmos de vida e de narração.

Ao invés, entretanto, de me dirigir em princípio às análises de Ricoeur sobre a distinção entre identidade narrativa e ipseidade, distinção que aparece em *O si-mesmo como um outro* (1990), voltei-me para algumas observações que podem ser colhidas em *A história, a memória, o esquecimento* com o propósito de realizar em seguida uma espécie de *feedback*, retornando então a *O si-mesmo como um outro*. Uma das razões principais de tal opção é que as observações que aí encontramos têm tudo a ver com a narração e a vida, na medida mesma em que elas descartam as ingenuidades que ameaçam a compreensão da relação entre uma e outra.

O risco é de ocultar a opacidade de toda vida, de toda história pessoal, que nenhuma "história", nenhuma narrativa é capaz de esgotar. Refletindo sobre o papel do testemunho, que tem o direito de dizer "eu estive lá", e assim atrelar seu testemunho pontual à história de uma vida, Ricoeur imediatamente escreve: "a autodesignação faz aflorar a inextricável opacidade de uma história pessoal que foi ela própria 'emaranhada em histórias'"[49].

O plural é importante. Existem tantos testemunhos quanto testemunhas, o que não impede uma testemunha de dar provas de probidade, de fiabilidade, e de seu testemunho ser crível.

---

49. RICOEUR, *La mémoire, l'histoire, l'oubli*, 204-205.

Onde nos enganamos é quando imaginamos que uma vida tem *somente uma história*. E quem será capaz de escrevê-la: aquele que escreve a biografia de um outro ou aquele que escreve sua autobiografia? Em uma formulação que rompe com a ingenuidade, com o fato de ignorar que a vida não adquire a forma de uma história senão em virtude de uma configuração narrativa, Ricoeur se pronuncia mais adiante nos seguintes termos: "Diremos que a vida tem presumivelmente a forma de uma história, que confere força de verdade à narração enquanto tal? Mas a vida não é uma história e não ganha essa forma a não ser na medida em que conferimo-la"[50].

Essas notas põem ao mesmo tempo o acento sobre a produção das histórias que jamais se recobrem inteiramente e sobre o aspecto de ocultação, mesmo involuntária quando se escreve uma autobiografia, ou quando se escreve a história de um outro, ainda que todo cuidado seja tomado para se dispor de um máximo de fontes, submetendo-as a confrontações e verificações afim de assegurar sua fiabilidade.

O caso é que todo autor, inclusive o de uma história dita "real" no sentido da historiografia, tem um estilo próprio de abordar seus "personagens" e de visar o que, a seus olhos, importa mostrar, tanto no que diz respeito aos seus traços de caráter, quanto no que diz respeito às ações por eles realizadas ou sofridas, e que os determinam como sujeitos agentes e sofredores. E quando nos voltamos para nós mesmos, há sempre uma perspectiva que é adotada ou um viés que é privilegiado, mesmo se escrevemos "confissões".

Em outros termos, o autor de uma narrativa é sempre o "autor implicado" na composição do que ele conta, nas marcas que sua escrita imprime, como já em *Tempo e narrativa III* dizia Ricoeur[51]. E é essa implicação do autor, frequentemente atrás da figura do narrador, que demanda uma resposta da parte do leitor. Não é diferente quando uma narrativa se apresenta como uma autobiografia em que o ator procura desenhar a identidade narrativa que ele se atribui como sendo a sua. Pois, nesse caso, qualquer que seja a honestidade e a autenticidade do autor, trata-se

---

50. Ibid., 311.
51. Cf., em particular, o §1 do capítulo 4 de *Temps et récit III*, 232-238.

sempre de uma identidade configurada, não podendo jamais constituir a integralidade de sua vida. Vida que já pelo seu começo, o nascimento, e seu fim, a morte, ultrapassa toda reflexão, todo saber de si mesmo e de sua história.

São esses resíduos problemáticos deixados inexplorados em *Tempo e narrativa* que conduzirão Ricoeur, em *O si-mesmo como um outro*, a encarar a *identidade narrativa* como a necessária mediação entre as duas vertentes da identidade que importa distinguir: a identidade-mesmidade e a identidade-ipseidade.

Graças a uma operação narrativa se constrói um conceito original de identidade, o de uma identidade dinâmica capaz de conciliar permanência e diversidade[52] concordância e discordância. Noções sem as quais não seria possível pensar a história de uma vida e, por consequência, a identidade pessoal, esta não podendo ser definida em termos de "mesmidade", tal como a entende Ricoeur.

Essas considerações em torno da teoria narrativa atraem a atenção para o emaranhamento entre a narração (as narrações) de nossa vida, e, portanto, nossa identidade pessoal, e a questão: "Quem sou eu?". Questão que na vida real abre o exame de si mesmo.

Certamente, se esse exame atinge um certo nível de profundidade, nos revela não nossa ipseidade em sua última verdade, como se houvesse uma resposta definitiva à questão "quem sou eu?", mas deixa entrever o que há de provisório, de revisável em nossa identidade narrativa, isso sem contar a parte de fabulação da qual ela não está completamente livre.

É o que Ricoeur ressalta quando observa: "Quanto à noção de unidade narrativa de vida, é preciso ver aí também um misto instável de fabulação e experiência viva". E ele prossegue: "É precisamente em razão do caráter evasivo da vida real que temos necessidade do recurso à ficção para organizar essa última retrospectivamente a partir do que já se deu [...]"[53].

---

52. Cf. RICOEUR, *Soi-même comme un autre*, capítulo VI, em particular as páginas 170 e seguintes.
53. Ibid., 191.

Para dizê-lo em poucas palavras: a alusão que Ricoeur faz aqui à "fabulação" poderia se estender mesmo à historiografia, ou seja, à unidade narrativa de uma comunidade, de um coletivo. Com efeito, nenhum historiador escapa ao que se impõe em determinado momento, de uma forma ou de outra, como o fio condutor ao qual se apela para configurar a identidade narrativa de uma coletividade ou de uma "civilização". Esse fio condutor jamais está inteiramente livre de traços ou de nuances ideológicas. Como, por exemplo, o observava Simone Weil em *O enraizamento* — obra escrita em Londres durante a Segunda Guerra Mundial e nos últimos meses de sua vida —, foi a "superstição do progresso" que permanecera subjacente à escrita da história da França desde a idade do Iluminismo (*Lumières*)[54].

Em conclusão, e para mais uma vez voltar à questão da unidade narrativa de uma vida pessoal. É, certamente, graças às narrativas, seja sobre a vida de personagens de ficção, seja sobre a vida de outras pessoas, e do que elas testemunham, que aprendemos a melhor nos observar e assim traçar os eixos determinantes que, em meio à dispersão de nossa vida, contribuem a nos orientar. Fornecendo-nos a ocasião de exercer implicitamente um julgamento moral, essas narrativas (ou algumas delas) podem ser encaradas no final das contas como um convite a nos descentrarmos, fazendo-nos ultrapassar o limiar da ética. E isso porque são, como gostava de dizer Ricoeur, e como já o havia em algum sentido percebido Platão, o "primeiro laboratório do julgamento moral"[55]. Elas nos incitam a apreciar, a admirar as ações das pessoas e/ou, inversamente, a condenar aquelas ações más que lhes são imputáveis.

Como bem pôs em evidência Ricoeur, toda constituição de uma ipseidade, ou seja, de uma vida pessoal com seus altos e baixos e, portanto, toda compreensão de si-próprio, comporta em e por si mesma uma *demanda de narração*.

---

54. Cf. sobre isso o esclarecedor artigo de EVANS, Christine Ann, The nature of narrative in Simone Weil's vision of history, *Cahiers Simone Weil*, tomo XVII, n. 1, mar. (1994).
55. RICOEUR, *Soi-même comme un autre*, 167.

8. Pensando a história: de *História e verdade* a *Tempo e narrativa*[1]

Comecemos por uma sentença narrativa do tipo analisado por Arthur Danto em sua *Filosofia analítica da história* (*Analytical philosophy of history*). Nossa sentença narrativa poderia ser formulada nos seguintes termos: "Em 1955, Paul Ricoeur, autor de *Tempo e narrativa* (*Temps et récit*), já publicara um livro de ensaios intitulado *História e verdade* (*Histoire et vérité*) na série *Esprit*, sob o patrocínio da revista do mesmo nome, pelas Éditions du Seuil".

Se para completar essa sentença narrativa acrescentarmos que estes ensaios foram distribuídos em duas seções — *Verdade no conhecimento da história* e *Verdade na ação histórica* —, estaremos então enfatizando que desde muito cedo, cerca de 30 anos antes de *Tempo e narrativa*, a preocupação de Paul Ricoeur com a história já se fazia sentir. E que para ele a história deveria ser entendida em seus dois aspectos: de um

---

1. A versão em português foi publicada em *Uma aproximação a Paul Ricoeur*, *MultiTextos*, CTCH, PUC, Rio de Janeiro, ano 1, n. 5 (2007), que reúne três artigos da autora; e o original francês, sob o título *D'Histoire et verité à Temps et récit*, Questions d'histoire, in: GREISCH, Jean; KEARNEY, Richard (ed.), *Paul Ricoeur, Les metamorphoses de la raison herméneutique*, 185-197.

lado, a história escrita por historiadores; de outro, a história real e efetiva, aquela com a qual nós, seres humanos que sofremos e agimos, estamos envolvidos.

Mas ao admitirmos o interesse permanente de Ricoeur pelos aspectos epistemológicos e práticos (ético-políticos) da história, como entender o que minha frase narrativa também sugere, isto é, que a articulação entre *Tempo e narrativa* e *História e verdade* está ainda para ser feita? A tentativa de fazê-la não se legitim tão facilmente assim. Primeiro porque é entre *Tempo e narrativa* e *A metáfora viva* que Ricoeur estabelece uma estreita ligação. Aliás, o prefácio de *Tempo e narrativa* começa com a declaração de que *A metáfora viva* e *Tempo e narrativa* formam um par: publicadas uma após a outra, essas obras foram concebidas conjuntamente[2].

Mesmo deixando de lado a declaração do autor, o elo entre essas duas obras é inquestionável. Ambas estão às voltas com o desafio hermenêutico lançado pela emergência de novos significados ou, como diz Ricoeur, pela inovação semântica, embora em diferentes níveis: (1) o nível da frase, onde cabe à metáfora revelar uma nova pertinência semântica, por meio da aproximação ou do choque que opera entre campos semânticos normalmente separados no uso comum da língua; (2) o nível dessas unidades mais amplas do discurso que são as narrativas, as quais, efetuando a síntese de elementos heterogêneos (situações, personagens, ação, circunstâncias diversas, resultados indesejáveis etc.), através da criação de um enredo (*une mise en intrigue*), conferem uma nova e mais Inteligível significação a uma série de acontecimentos.

Além disso, quando adotamos o ponto de vista do próprio Ricoeur a respeito da sucessão e progressão de suas obras[3], somos levados a interpretar *A metáfora viva* e *Tempo e narrativa* como retomadas criativas de resíduos problemáticos deixados em suspenso, especialmente por *A*

---

2. RICOEUR, *Temps et récit I*, 1983.
3. Em THOMPSON, John B., (org., trad.), *Hermeneutics and the human Sciences*, Cambrigde, Cambridge University Press; Éditions de la Maison des Sciences de l'homme, 1981, podemos ler na página 32 a seguinte declaração de Ricoeur: "cada obra responde a um determinado desafio e o que a liga às que a antecederam me parece menos o desenvolvimento contínuo de um único projeto do que o reconhecimento de um resíduo deixado pela obra anterior, um resíduo que, por sua vez, dá origem a um novo desafio".

simbólica do mal. Nessa sua obra, que é o segundo volume de *Finitude e culpabilidade*, Ricoeur já havia de fato se deparado com a metáfora e a narrativa, em particular com a narrativa mítica, mas subordinava-as à questão da linguagem religiosa em suas expressões simbólicas e ainda estava longe de considerá-las como questões que mereciam ser investigadas tematicamente por elas mesmas.

Isso dito, retomemos agora as interrogações sobre a conexão entre *Tempo e narrativa* e *História e verdade*. A tentativa de estabelecê-la é questionável, não porque Ricoeur nunca a tivesse sugerido, ao passo que sublinhara a complementaridade de *Tempo e narrativa* e de *A metáfora viva*, mas porque a junção das duas obras esconde uma armadilha. Ela parece sugerir a fácil (ainda que falaciosa) analogia "orgânica", que nos convida a considerar uma obra madura como contida em embrião numa obra anterior. Uma analogia dessa ordem teria pouco valor heurístico porque, para seu detrimento, nela o tempo não passa de um fator de maturação, ao invés de ser considerado como um tempo propriamente humano, um tempo de iniciativas, de trabalho, de encontros.

Ao ampliar o círculo de seus contemporâneos, no sentido de Alfred Schutz (1899-1959), passando a ler com assiduidade autores do mundo anglo-saxão, Ricoeur teve seu pensamento exposto a problemáticas que, de início, lhe eram desconhecidas. Se a elas não se furtou, é porque, de certa forma, pelo próprio modo como concebia sua obra filosófica, ele as buscava. De fato, a reflexão filosófica praticada por Ricoeur não só difere da meditação autocentrada, mas exige ainda que não sejam contornados os vários núcleos epistêmicos envolvidos nas questões que o preocupam.

Os aspectos epistemológicos das questões se tornam, portanto, para Ricoeur uma fonte de perplexidades e de dificuldades que, ao serem confrontadas, ajudam sua reflexão a progredir. É esse progredir, através dos núcleos epistêmicos postos também em evidências pelas ciências humanas, que caracteriza o itinerário de Ricoeur — a odisseia do seu pensamento. Donde o chamado "caminho longo", que ele não hesita em seguir e que torna mais cheio de peripécias, e distante, o momento do retorno reflexivo (hermenêutico, não especulativo) aos pressupostos ontológicos do campo investigado, de seu questionamento.

Aí reside também a diferença entre a forma de proceder de Ricoeur e a adotada por Heidegger em *Ser e tempo*, visto que o projeto desse último é o de uma ontologia fundamental que restringe ou até mesmo deprecia todo o campo do conhecimento "positivo". Por mais longo, no entanto, que seja o percurso de Ricoeur, ele o cumpre com uma extraordinária fidelidade ao seu núcleo de preocupações e metas, que desde os primórdios marca sua investigação filosófica. Se tivesse que descrevê-la em uma só palavra, não hesitaria em chamar sua busca de busca por significados que dão sentido à vida, afastando-se tanto do dogmatismo quanto do otimismo ingênuo. Trata-se de uma busca movida pela convicção de que os significados devem ser procurados já pela criativa aceitação de nossas tradições, em meio a dificuldades e a despeito dos perigos de erros e absurdos que inevitavelmente os ameaçam. Ademais, como afirma Ricoeur nas últimas páginas do primeiro volume de *Tempo e narrativa*, é em relação à gênese do sentido (dos significados) que se situa a responsabilidade do filósofo.

Ora, são precisamente os ensaios reunidos em *História e verdade* que dão testemunho do fato de que, para Ricoeur, toda busca de sentido está intimamente ligada à questão da história. Uma releitura desta coletânea traz justamente à luz alguns aspectos constantes e faz pressentir alguns dos rumos que seriam tomados pelo seu pensamento. (1) Neles, o tempo já é considerado como uma força dispersora e difusora e a narrativa como um trabalho de síntese e composição, graças ao qual surge o significado. (2) A desconfiança de Ricoeur com relação à filosofia da história "substancialista" estava patente desde *História e verdade*. (3) E, finalmente, o interesse de Ricoeur por uma epistemologia não positivista da história (da qual os representantes principais para ele eram Raymond Aron e Henri-Irénée Marrou) já aparece em suas primeiras obras, assim como seu interesse pelos historiadores da *École des Annales*.

Minha primeira declaração relativa à forma pela qual Ricoeur considerava a relação entre a narrativa e o tempo apoia-se sobre o que ele então escrevia para tornar explícito o julgamento de valor que o historiador faz a fim de estabelecer o objeto de sua pesquisa: "É o julgamento da importância que descartando o acessório cria continuidade; a vivência que pode ficar desconectada, lacerada de insignificância, enquanto a narrativa se articula e adquire sentido devido a sua continuidade"[4]. Mais adiante lemos: "O historiador não pode escapar à natureza do tempo, na qual reconhecemos, desde Plotino, o fenômeno do afastamento de si, da distensão, em suma, da alteridade original (de nos tornarmos diferentes)"[5].

Seria possível dizer, a esse propósito, que o tempo em Ricoeur foi de preferência sempre pensado segundo o prisma plotoniano e agostiniano da distensão do que segundo o prisma bergsoniano da duração (*durée*).

Já em 1952, quando escreveu o ensaio *Objectivité et subjectivité en histoire* (do qual esses trechos foram extraídos), era evidente que, para Ricoeur, somente uma narrativa era capaz de enfrentar o desafio da distensão temporal que afeta a experiência humana. Assim, tacitamente, ele já incluía a história no campo da narrativa, como afirmaria mais tarde.

Uma vez sublinhados esses elementos que tornam consonantes a abordagem da história em *História e verdade* e em *Tempo e narrativa*, como não observar, paralelamente, a distância que separa as duas obras não apenas no plano de sua conceitualização, mas também no de sua complexidade "problemática"? Basta notar a diferença entre o simples recurso à noção rudimentar de continuidade em *História e verdade* — muito embora já fosse uma ousadia fazer o sentido de uma continuidade temporal depender da narrativa — e o grau de elaboração dedicado à noção de criação, de enredo (*mise en intrigue*) em *Tempo e narrativa*. A *mise en intrigue* sendo a operação que confere à narrativa seu poder de configuração temporal. Basicamente, tal distância entre uma e outra obra provém do fato de que aquilo que não era explicitado nos primeiros escritos, passa a ser, em *Tempo e narrativa*, objeto de uma problematização cada vez mais detalhada e rigorosa. Este é precisamente o caso, tanto para a questão do tempo como para a questão da narrativa, cuja articulação é o real objeto da trilogia. Ou, como diz o próprio Ricoeur ao enunciar sua hipótese diretriz: "O tempo se torna humano na medida em que é articulado por meio de uma forma narrativa, e a narrativa atinge o seu pleno significado quando se torna uma condição da existência temporal"[6].

---

4. RICOEUR, *Histoire et vérité*, 29.
5. Ibid., 30.
6. RICOEUR, *Temps et récit I*, 85.

No novo contexto problemático, a abordagem da história como historiografia é inerente à interrogação sobre como se articulam tempo e narrativa. Por sua vez, esta articulação olha em direção de uma "hermenêutica da consciência histórica". Deve-se lembrar que esse é o título do último capítulo de *Tempo e narrativa*. Além disso, visto que em *Tempo e narrativa* está em questão o estabelecimento de uma problemática capaz de tratar conjuntamente da narrativa histórica e da narrativa ficcional, são necessárias distinções sutis para que se evite a redução da história à ficção, e que a interseção (entrelaçamento) entre as duas possa ser corretamente apresentada.

Quanto à questão do tempo humano, ela se encontra não só numa posição inicial, recebendo sua configuração da narrativa, mas também numa posição terminal, pois é justamente o tempo (vivido pelo ouvinte ou pelo leitor de histórias) que a narrativa contribui a reavaliar. Seria a narrativa que abre novos caminhos para a apreciação da nossa experiência temporal, existencial, tornando possíveis novas formas de ser e de agir?

Não menos significativa é a constâncias da atitude fundamental de Paul Ricoeur com relação ao que está em risco no confronto da filosofia com a história: ele recusa a reivindicação da filosofia ou a tentação em que ela incorre de se estabelecer como "filosofia da história" (no sentido hegeliano).

Em outro ensaio de *História e verdade*, podemos ler: "Creio que é necessário, entretanto, ter a coragem de nos privarmos dela e fazer a história da filosofia sem fazer a filosofia da história"[7]. Ou ainda: "A história nunca proporá à nossa compreensão nada mais do que 'partes totais' (nas palavras de Leibniz), isto é, 'síntese analíticas' (que é uma expressão ousada tirada da 'dedução transcendental' de Kant)"[8].

Afirmações dessa ordem devem ser lidas, atualmente, à luz do notável capítulo do terceiro volume de *Tempo e narrativa*, intitulado *Renunciar a Hegel*, no qual Ricoeur nota que é "o próprio projeto de totalização que confirma a ruptura entre a filosofia da história de Hegel e todos os

---

7. RICOEUR, *Histoire et vérité*, 46.
8. Ibid., 27.

modelos de compreensão, relacionados, embora de forma ainda distante, com a ideia de narração e enredo"[9].

A atitude de Ricoeur de renunciar à totalização do significado histórico — uma totalização que seria equivalente a constituir o enredo dos enredos, decifrando o enredo supremo e tornando qualquer outro enredo de somenos importância — se apresenta agora com mais rigor. E decorre do pleno reconhecimento dos recursos de inteligibilidade que são próprios à narrativa e que não podem ser totalmente superados e assumidos (*aufgehobt*) por uma lógica especulativa. Em outras palavras, é somente a narrativa — e não um sistema de categorias, oriundas do pensamento especulativo, reivindicando assumir num presente atemporal a totalidade da significação essencial do passado histórico —, que nos permite não apagar a nossa temporalidade[10]. Daí Ricoeur também declarar que a narrativa é "a guardiã do tempo humano".

Tendo delineado as tendências dominantes da questão da história na obra de Ricoeur, passo agora a apresentar a abordagem que ele faz dos aspectos metodológicos e epistemológicos da historiografia em *Tempo e narrativa*. Os desafios e demandas que Ricoeur enfrenta nessa etapa de sua investigação têm uma dupla origem. Uma delas há de ser procurada nas orientações metodológicas da historiografia francesa; já a outra provém do debate anglo-saxão sobre a epistemologia da história. É o fato de levar em conta essas duas problemáticas (a metodológica e a epistemológica) que, na minha opinião, confere uma amplitude inigualável à reflexão de Ricoeur sobre a inteligibilidade da história.

A ocultação da narrativa na historiografia francesa

Em suas obras, os historiadores franceses haviam deixado de lado a questão da narrativa, já que ela parecia intrinsicamente associada ao que

---
9. RICOEUR, *Temps et récit III*, 298.
10. Ibid., 296. Opondo-se a Hegel, Ricoeur escreve: "A própria noção de história é abolida pela filosofia, desde que com o presente equiparado ao efetivo, ao real, seja abolida sua diferença do passado".

chamavam de "história dos acontecimentos" (*l'histoire événementielle*), ou ainda de "história narrativa". Esta "história dos acontecimentos" fora depreciada pelos historiadores da *École des Annales* em seus esforços para promover outra forma de "escrever" a história. Segundo os maiores representantes dessa corrente, era necessário escrever não mais uma história política, favorecendo agentes individuais em sua relação com eventos bem identificados (como batalhas, lutas pelo poder, por exemplo), mas, sim, uma história social, que daria amplo espaço à economia, à sociologia, à demografia, e que se basearia nos elementos constantes que caracterizam uma civilização em sua relação com um ambiente geográfico específico.

É importante observar que em momento algum Ricoeur despreza esse esforço (que poderia ser chamado de não narrativista) da *École des Annales*, nem defende "um renascimento da narrativa" nos moldes do historiador Lawrence Stone. Ricoeur nem sequer pretende que a distinção entre uma "história dos acontecimentos" e uma "história estrutural" seja desprovida de pertinência, como ocorre com Moses Finley em seu ensaio *Progress in historiography*[11]. O objetivo de Ricoeur não é, aliás, o de se envolver com as divergências que surgem entre historiadores, e menos

---

11. Cf. FINLEY, M. W., Progress in historiography, *Deadalus*, Discoveries and Interpretations, Studies in Contemporary Scholarship 1, verão (1977) 125-142, aqui, 139. "Progressos na técnica — escreve Finley — me parecem uma questão menor nesse contexto. Tal é, em grande parte, o caso da distinção entre história evenemencial e qualquer outra espécie, seja ela chamada de estrutural, serial, quantitativa ou econométrica. Trata-se, sob outra forma, de uma distinção de ordem técnica, ou então de uma decisão de se limitar a certos fenômenos porque se prestam melhor a utilização de métodos novos e mais sofisticados. Todas as estatísticas que se possa imaginar sobre a idade do casamento, o tamanho da família ou o número de filhos ilegítimos nada acrescentarão à história da família". Essa declaração parece convergir com a tese de Ricoeur segundo a qual, no discurso histórico, as análises sociológicas e econômicas desempenham papel de elementos subordinados à narrativa, elementos cuja função é tornar o curso das ações e eventos mais compreensível. A esse respeito, é bom lembrar o seu adágio: "explicar mais é entender melhor". Em outras palavras, é a estruturação em uma narrativa através da criação de um enredo que dá à história o seu caráter histórico. Além disso, convém ainda lembrar as transformações por que vem passando a historiografia francesa nos últimos anos. Assim, tanto a noção de "evento" quanto a de "história política" foram reabilitadas nas obras recentes de François Furet e Mona Ozouf, embora isso não signifique uma volta ao que costumava ser descrito como "uma história de eventos".

ainda de lhes prescrever rumos, mas sim o de refletir sobre o que eles realmente fazem. É por aceitar a prática dos historiadores, particularmente os requisitos metodológicos e as ideias preconcebidas da historiografia francesa (que pareciam mais resistentes à sua hipótese do caráter narrativo da história), que Ricoeur pode submeter a teoria narrativista a um verdadeiro teste ou desafio. Redobrando de atenção ao trabalho empreendido pelos historiadores franceses seus contemporâneos, ele chega a uma avaliação mais precisa do que distingue a narrativa histórica de outras formas de narrativa.

É como se seu conhecimento dos menos "narrativistas" dos historiadores levasse Ricoeur a desconfiar mais ainda de uma visão *puramente* narrativista da história. Ainda que sua reflexão vise revelar os traços estruturais que, no nível da criação de enredos, são comuns tanto à narrativa histórica quanto à ficcional, não é ele nem um pouco tentado a transformar a história numa espécie de "estória" (*story*). Ao contrário, ele sublinha com insistência que os objetivos intencionais de ambas (da história e da ficção) são heterogêneos[12]. Assim, acerca da discussão epistemológica sobre a imputação causal singular e a construção de modelos probabilistas de explicação histórica, ele escreve: "É por essa razão que o historiador não é simplesmente um narrador, ele dá as razões pelas quais considera um determinado fator em vez de um outro como sendo a causa suficiente de uma certa sucessão de eventos"[13]. Nesse sentido, o historiador se encontra numa situação semelhante à de um juiz: "Ele é colocado numa situação real ou potencial de contestação e tenta provar que uma certa explicação é melhor do que uma outra. Ele busca então garantias, e em primeiro lugar a prova documentária (a prova material)"[14].

---

12. Ricoeur sublinha, assim, sua oposição a W.B. Gallie, para quem "A história é uma espécie do gênero estória". (Cf. GALLIE, W. B., *Philosophy and the historical understanding*, Nova York, Schocken Books, 1964, 66), e continua a enfatizar a heterogeneidade dos objetivos intencionais do historiador e do poeta ou romancista. Isto não impede, no entanto, que para ele seja também importante ir além dessa heterogeneidade para que se possa pensar o entrelaçamento e a confluência da ação e da história no âmbito da configuração e da reconfiguração do tempo humano pela narrativa.
13. RICOEUR, *Temps et récit I*, 261.
14. Ibid., 247.

Em *Tempo e Narrativa*, Ricoeur responde mais ou menos diretamente aos receios legítimos de certos historiadores de que os teóricos narrativistas pudessem subestimar a especificidade da história[15]. Por outro lado, é aceitando e analisando as obras dos historiadores franceses mais hostis a uma "história de acontecimentos", a "uma história narrativa" — sobretudo F. Braudel, mas também G. Duby, F. Furet, J. Le Goff — que Ricoeur torna evidente o indefectível pertencer da história ao campo narrativo. Um pertencer que, se durante longo tempo permanecera na obscuridade, está hoje em dia sendo de novo reconhecido pelos próprios historiadores franceses, graças justamente à obra de Ricoeur[16].

A questão da narrativa na epistemologia anglo-saxã

No entanto, se em *Tempo e narrativa* Ricoeur dedicou tão amplo espaço aos preceitos metodológicos da rica historiografia francesa, não deixou, porém, de observar que, na França, o pensamento epistemológico sobre a história havia permanecido um tanto marginalizado. A

---

15. Cf. a reserva expressa por A. Momigliano a respeito da combinação entre análise retórica e análise ideológica (tal como foi empreendida, de maneira notável, por seu amigo Hayden White). Ela tenderia a tornar impossível "distinguir-se entre ação e historiografia", já que ignora a questão do documento ou da evidência. (Cf. MOMIGLIANO, A., *Biblical studies and classical studies, Simple reflection upon historical method*. Discurso feito na seção sobre método da Centésima Reunião da Sociedade de Literatura Bíblica em Dallas, em 6 de novembro de 1980. Depois, MOMIGLIANO, A., *Problèmes d'historiographie ancienne et moderne*, trad. francesa de Alain Tachet, Paris, Gallimard, 1983.)
16. Cf., entre outros, Roger Chartier em *Esprit* (jul.-ago. 1988), número dedicado a Paul Ricoeur. Chartier constata os "efeitos decisivos" das obras de Ricoeur no campo da historiografia francesa (1988, 259): Ele contribui a "esclarecer algumas das confusões e ilusões existentes entre os historiadores. Dentre elas, por exemplo, a que fez considerar a recusa ou a rejeição da história de eventos como sendo sinônimo do abandono da narrativa. Por outro lado, sua reflexão permite 'uma estimativa mais justa' das recentes discussões (em grande parte falsos debates), entre os historiadores sobre o tema do retorno à narrativa". Aqui Chartier está se referindo à obra de Lawrence Stone intitulada *The revival of narrative*. Ele acrescenta que "O livro de Ricoeur revela que não existe base para debate, já que a suposta inovação não existe. Ele (o debate) deve ser expresso de modo diferente e visar a elucidação das várias implicações contidas na escolha de diferentes fórmulas narrativas".

mais notável exceção a esse estado de coisas fora certamente o ensaio de Raymond Aron intitulado *Introdução à filosofia da história*, *Um ensaio sobre os limites da objetividade histórica*, que já havia sido levado em consideração por Ricoeur em *História e verdade*, como anteriormente mencionamos.

Assim, em *Tempo e narrativa I*, para aprofundar seu pensamento epistemológico da história, Paul Ricoeur apoia-se principalmente no mundo de fala inglesa. Também nele a questão da narrativa emergiu gradualmente, após um tempo de eclipse. Só que tal eclipse não foi, como na França, decorrente das opções metodológicas dos historiadores, mas sim da investigação filosófica sobre o status epistemológico da explicação na história. O clímax desse eclipse foi atingido em 1942 com a publicação de um artigo de Carl G. Hempel intitulado *A função das leis gerais na história*. Preconizando uma epistemologia unitária da ciência, Hempel sustentou que se existe uma explicação da história, ela não poderia diferir epistemologicamente daquela das ciências naturais. Não escaparia, portanto, de ser uma explicação segundo leis, as quais, como no caso das leis científicas em geral, abrangem casos particulares e, uma vez determinadas as condições iniciais de uma ocorrência, permitem que se façam previsões.

A tentativa de Hempel, eu diria, é uma perfeita ilustração do que Husserl revelou e criticou na *Crise*, isto é, que na Idade Moderna o estilo causal habitual do mundo de nossa vida (*lebenswelt*) recuou, sendo substituído pelo que ele chamou de "lei da legalidade exata, de acordo com a qual toda ocorrência na natureza (em uma natureza idealizada) deve seguir leis exatas"[17]. À luz desse ensinamento husserliano, podemos, portanto, afirmar que, com seu modelo de "lei geral", Hempel simplesmente esqueceu que os acontecimentos com que trabalha o historiador (e cujas causas ele tenta determinar) não são os de uma natureza idealizada "galileana", mas os que, muito menos "idealmente" e muito mais dramaticamente, dizem respeito aos homens em suas vidas, e às comunidades em

---

17. HUSSERL, Edmund, *La crise des sciences européennes et la phénoménologie transcendantale*, trad. fr. de Gérard Granel, Paris, Gallimard, 1976, 61.

seu "mundo da vida" (*lebenswelt*). Referindo-se a Aristóteles, Paul Veyne veio aliás a caracterizar esses eventos como "sublunares".

Na verdade, o modelo de Hempel foi logo visto como inadequado e muito distante do verdadeiro trabalho do historiador, tanto mais que Hempel tratara da questão da explicação histórica deixando inteiramente de lado a *interpretação*, inerente ao trabalho do historiador. Isolava assim a explicação da trama histórica efetiva, da trama narrativa dos fatos e circunstâncias com os quais o que ocorre está necessariamente entrelaçado. Porque, como observa Ricoeur em outro trecho de sua obra, "o historiador não pretende subordinar um caso a uma lei, mas interpolar uma lei em uma estória a fim de tornar novamente possível a compreensão"[18]. Como quer que seja, Ricoeur reconhece que o modelo de Hempel teve pelo menos o mérito de dar origem, por um lado a uma série de retificações que só poderiam enfraquecê-lo para torna-lo mais compatível com o trabalho do historiador, e por outro lado, a uma série de "réplicas" que, na verdade, levaram a seu abandono.

Dentre as muitas obras epistemológicas estudadas por Ricoeur, vale mencionar as de William Dray, que diferenciando a explicação causal da explicação por lei, permite que o historiador recorra a uma explicação causal não subordinada a leis. Esse autor abria assim caminho para uma reformulação cada vez mais refinada da questão da explicação na história, compatível com o reconhecimento de seu caráter narrativo. Desejo referir-me também às obras de Arthur Danto sobre a sentença narrativa e, sobretudo, à teoria da ação em *Explanation and understanding* de H. von Wright (a ação sendo, aqui, intencionalmente compreendida), que combina explicação através de causas e explicação através de razões. Ao discutir profundamente todas essas questões, Ricoeur fortalece sua tese de que é graças a uma operação de criação de enredo que as várias estratégias e tipos de explicação na história se mantêm unidas sem roubar-lhe a especificidade, isto é, sem que a história deixe de ser lida como uma estória que, como tal, deve apelar para a competência narrativa do leitor.

---

18. RICOEUR, *Du texte à l'action*, 180.

Muitos outros autores, sobretudo os seguidores da tendência narrativista (especialmente Louis Mink e Hayden White), contribuíram grandemente para o esforço de Ricoeur, porque mostraram como associar explicações históricas e compreensão narrativa: por exemplo, Louis Mink, ao acentuar o fato de que, por si própria e em si mesma, a atividade narrativa é autoexplicativa, já que reconstitui a relação intrínseca entre um evento e o outro. Defende também a inteligibilidade específica do conhecimento histórico pela distinção que faz entre três formas de compreensão: a teórica (a das ciências), a categórica (a da filosofia), e a configuracional (a da narrativa).

Mas é sem dúvida Hayden White o que mais avança no sentido de uma "poética da história", por sua análise dos procedimentos de criação de enredo, adotados pelos grandes historiadores e filósofos da história no século XIX, bem como pela atenção que presta aos efeitos explicativos próprios de cada nível quando se escreve história, chegando a ponto de detectar as implicações ideológicas que decorrem da própria maneira pela qual cada historiador articula seus "dados" numa "figura" de linguagem[19].

A abordagem de Ricoeur desses dois pensadores pode ser tomada como exemplo da forma pela qual ele aborda as obras de outros. Mesmo quando, através delas, muito aprende, ele nunca abandona sua vigilância crítica. Assim, Ricoeur critica Mink por ter destemporalizado a forma configuracional da compreensão a ponto de suprimir suas ligações com a forma sequencial — que é inerente tanto às narrativas como ao curso dos acontecimentos que elas "representam". Quanto a Hayden White, de quem se reconhece devedor, Ricoeur vê claramente que a ênfase, quase que exclusiva, que ele dá às estratégias retóricas dos escritos históricos corre o risco de suprimir a diferença entre história e ficção.

Finalmente, depois de seu longo e rigoroso percurso pela epistemologia da história, Ricoeur retorna à historiografia francesa e faz algumas análises notáveis, especialmente a da obra prima de F. Braudel: *O*

---

19. Cf. VILLELA-PETIT, Maria da Penha, *Présentation de Hayden White, Une poétique de l'histoire*, in: *La Narrativité* de Paul Ricoeur e o Centro de Fenomenologia, Paris, CNRS, 1980, 161-181.

mediterrâneo e o mundo mediterrâneo na época de Filipe II. Com bastante precisão, ele consegue mostrar que essa obra historiográfica de primeiro plano permanece estruturada como uma narrativa.

O que apresentamos até aqui não passou de uma apreciação sucinta da reflexão empreendida por Ricoeur acerca da metodologia e da epistemologia da história, no primeiro volume de *Tempo e narrativa*. Mas "pensar a história", para Ricoeur, significa ir muito além desses aspectos. Como demonstra o terceiro volume de *Tempo e narrativa*, a própria epistemologia é um passo essencial, ainda que subordinado, de um projeto cuja meta última é a hermenêutica da consciência histórica. Dentro desse horizonte, a narrativa histórica e a narrativa ficcional são ambas consideradas como contribuições essenciais à reavaliação de nossa condição histórica. Essa reavaliação tem necessariamente uma dimensão ético-política, dimensão essa sempre presente ao pensamento de Ricoeur quando lida com a história.

É aqui que a questão do entrelaçamento entre historialização e ficção com a ficcionalização da história encontra o seu lugar, na medida em que por um lado tanto a história quanto a ficção nos remetem transcendentalmente a uma imaginação produtiva (no sentido da terceira *Crítica* de Kant), e por outro, na medida em que ambas contribuem a mudar nossa compreensão do mundo em que vivemos.

Convém ainda que se note que, sendo mais sistemática do que histórica, a abordagem de Ricoeur em *Tempo e narrativa* deixa até certo ponto de lado um aspecto da "recepção" da história: seu possível uso "mítico" (mistificador), ou seja, o seu mau uso. Esse mau uso muitas vezes é alimentado por omissões ou por preconceitos ideológicos mais ou menos sutis, que podem já ter impregnado a própria escrita da história. A esse respeito, temos de falar não só da reconfiguração, mas também da desfiguração da nossa condição humana pelas narrativas históricas. E aqui é mister que não se dispense uma "crítica das ideologias".

Mais importante, porém, é observarmos qual o caminho seguido por Ricoeur a fim de retornar da questão epistemológica à questão ontológica da história. Ele começa o terceiro volume da trilogia, intitulado *O tempo narrado*, analisando as abordagens fenomenológicas do tempo feitas por Husserl e por Heidegger com vistas a sublinhar como uma e outra, embora por razões diferentes, falharam ao estabelecer a temporalidade histórica como tal.

Somente depois de um cuidadoso exame dessas "fenomenologias do tempo" é que Ricoeur é levado a considerar as implicações ontológicas do conhecimento histórico. Assim, um dos grandes interesses de sua reflexão ontológico-hermenêutica consiste em realizar-se como um questionamento retroativo (um *Rückfrage*), isto é, do nível epistemológico para o ontológico, ainda que desde o início este último esteja sempre à vista. Como já indicamos, esse modo de proceder é essencialmente diferente do de Heidegger em *Ser e tempo*. Ao tentar submeter totalmente as ciências históricas à analise existencial do *Dasein* e à problemática de derivação dos níveis de temporalização (de *Zeitlichkeit, Geschichtlichkeit a Innerzeitligkeit*), Heidegger acabou sem enxergar os problemas apresentados pela história e o tempo ou tempos históricos[20].

Ora, essa falta de compreensão não seria comprometedora caso ficasse restrita ao nível epistemológico. Mas não é o que acontece. Não somente ela afeta a compreensão da própria historicidade (como problema ontológico), como talvez inscreva uma lacuna ao nível da ontologia como um todo. Uma ontologia que, embora abra espaço para *Mitdasein e Mitsein*, teria permanecido "radicalmente monádica", como Ricoeur discretamente sugere[21].

Com vistas a concluir, lancemos um olhar para a implicação ontológica da história, tal como revelada por Ricoeur. A primeira dessas implicações tem a ver com o tempo histórico, sob o tríplice aspecto do tempo do calendário, da sucessão de gerações e da questão decisiva do documento, do vestígio — decisiva na medida em que diz respeito à linha divisória entre história e ficção. Esse terceiro aspecto é também capital porque tudo que pode ser colocado na categoria de vestígio (do documento) exige que se mantenha a diferença entre presente e passado. O

---

20. Em *Temps et récit III*, 116, Ricoeur questiona a intenção de Heidegger (em *Ser e Tempo*) de estabelecer uma base para as ciências históricas. "Podemos, entretanto, nos perguntar se a historiografia encontrou uma base na historicidade, ou se, em vez disso, seus problemas específicos foram simplesmente evitados".
21. Ibid., 110, nota 2: "Não seria a ontologia de Dasein radicalmente monádica a esse respeito"?

corolário disso é que o passado não pode ser plenamente assumido (*aufgehobt*), ou seja, assumido "sem resto" em um presente "eterno", aquele do Espírito, como desejava Hegel. Por sua vez, o historiador há também de reconhecer que sua investigação crítica leva a uma plausível (porque significante) "reconstrução" do passado, que uma fórmula como a de Ranke *"wie es eigentlich gewesen"* ("como a coisa realmente aconteceu"), tomada ao pé da letra, tenderia a mascarar[22].

A reflexão sobre o tempo histórico faz com que ele apareça também como o de uma coordenação, de uma ponte lançada através da existência social humana, entre dois tempos antinômicos, o tempo vivido e o tempo cósmico.

A outra implicação ontológica do tempo histórico, intrinsecamente ligada à anterior, tem a ver com a questão da realidade do passado, do "acontecer histórico" e de sua representação. Essa reflexão sobre o status ontológico do passado conduz às considerações finais acerca da consciência histórica. Ao fortalecer a questão do presente como aberto às nossas iniciativas e expectativas, essas considerações aprofundam a relação entre a história narrada e a nossa história de vida, aquela em que sofremos e agimos, interligando esses dois aspectos da história, que sempre constituíram uma das preocupações centrais de Paul Ricoeur.

---

22. Quanto à ilusão que consiste em desejar abolir a diferença entre presente e passado, como se a história não fosse uma reconstrução interpretativa e crítica com base em documentos e vestígios, poderíamos evocar o projeto "extremo" ou hiperbólico de Balzac (e, portanto, condenado ao fracasso), de escrever o romance *La Bataille* (trata-se de Napoleão em Essling). "Uma vez fechado o livro", escreveu ele à senhora Hanska, "você deve ter uma visão intuitiva de tudo e ser capaz de recordar a batalha como se tivesse estado lá". Mas o próprio Balzac admite que se tratava de um livro impossível e jamais o escreveu. "Parece demais com um quadro para poder funcionar como narrativa, incapaz de reunir dois espaços heterogêneos em um mesmo e único tempo...", como observam Roland Le Huenen e Paul Perron em um estudo intitulado *Balzac e a representação*, sobre esse projeto fracassado (em *Poétique*, n. 68). O que é "impossível", mesmo para um romancista, tanto mais o será para um historiador, cuja narrativa, ainda que resulte em parte de uma "racionalização", não pode pretender, como diz Ricoeur, ser outra coisa senão uma "representação do passado", um passado reconstruído e submetido à crítica, e que jamais poderia se apresentar como "presente".

9. Paul Ricoeur: agir e narrar em suas dimensões ontológica, literária e teológica[1]

Que questionar o ser humano enquanto ser que não apenas percebe e "representa" o mundo mas que nele é levado a agir tenha sido desde o início uma das preocupações de Paul Ricoeur, por si só sugere sua opção inicial pelo desenvolvimento de uma *Philosophie de la volonté* como tema determinante de sua pesquisa universitária. Na esteira dessa preocupação, Ricoeur escreve sua primeira grande obra, *Le volontaire et l'involontaire*, e em seguida os dois volumes reunidos sob o nome geral de *Finitude et culpabilité*, que se intitulam respectivamente, *L'homme faillible* e *La symbolique du mal*.

Enquanto que em *Le volontaire et l'involontaire*, ele havia deixado de lado a questão do mal, ele a reintroduz nos volumes que compõem *Finitude et culpabilité*, em particular, o segundo, *La symbolique du mal*, já que se apercebera que "para se ter acesso ao concreto da vontade má, era preciso introduzir no círculo da reflexão, um longo circuito pelos símbolos e mitos". Ora símbolos e mitos requerem interpretação por parte

---

[1]. VILLELA-PETIT, Maria da Penha, *Paul Ricoeur, Agir e narrar em suas dimensões ontológicas, literárias e teológicas*, Revista Teoliterária, v. 2, n. 4 (2012) 54-72. Disponível em: <https://revistas.pucsp.br/index.php/teoliteraria/article/view/22901>.

do filósofo e sendo assim sua reflexão não pode deixar de comportar um viés hermenêutico.

Pouco a pouco Ricoeur se dará conta de que não basta analisar o duplo sentido das expressões simbólicas que ocorrem nos mitos; é preciso que se leve sobretudo em consideração sua forma narrativa. É assim que em sua grande trilogia *Temps et récit*, nos anos 80, ele desenvolverá sua reflexão sobre a narração tanto no que se refere às narrações literárias quanto à dos historiadores. Anteriormente a ela, Ricoeur havia publicado *La métaphore vive*, obra em que ele tematiza o novo sentido que o procedimento metafórico é capaz de produzir, pois vê que a novidade semântica que a metáfora viva faz surgir se aparenta à criação de uma "estória" fictícia.

O escopo da forma narrativa ainda aparece maior ao filósofo quando ele se interroga sobre a compreensão que cada um tem de si mesmo e dos outros. É graças às narrações, que lemos e ou que nos são contadas, que ficamos habilitados a melhor nos conhecer. Tornamo-nos assim mais capazes de julgar, apreciando ou condenando aquilo que fazemos ou que os homens se fazem uns aos outros. As narrações têm a ver, portanto, com a busca de sentido para a vida, ainda que em meio ao desafio do sofrimento e do mal. Quando a leitura que delas fazemos exerce um verdadeiro impacto sobre nós, somos conduzidos a mudar nossa maneira de ver e de agir. Vamos então *do texto à ação*, como sugere o título eloquente de uma das obras de Ricoeur, escrita logo após *Temps et récit*.

É sob o fundo das narrações transmitidas por cada tradição cultural que cada um se forja em uma identidade narrativa. Identidade incontornável, mas que não escapa ao olhar "parcial" ou deformante que temos de nós mesmos e dos outros.

Esse limite da identidade narrativa (que tem sempre seu lado de ficção) estará em pauta quando Ricoeur retoma a questão da identidade em sua obra *Soi-même comme un autre*. Nela, Ricoeur desenvolve o que ele próprio chamou de sua *petite éthique*. Não obstante a modéstia desta denominação, o fato é que jamais a preocupação ética esteve ausente do trabalho de Ricoeur, não fosse ela, certamente, seu principal "motivo".

Isto se torna ainda mais claro quando temos em vista a formação por ele recebida. Educado num meio familiar protestante, desde muito cedo Ricoeur veio a ser um leitor assíduo da Bíblia. Embora nunca tivesse confundido a fé com a filosofia, e tivesse sempre mantido a distinção entre o plano filosófico e o teológico, sua frequentação da Bíblia nutriu, de maneira notável, a vertente hermenêutica de seu pensamento filosófico que nunca rompeu com a fenomenologia. Lembremos, *en passant*, a expressão que ele cunhou de "enxerto hermenêutico à fenomenologia".

Em *Resposta a David Stewart*, autor de *Ricoeur on religious language*, texto publicado numa coletânea intitulada *The philosophy of Paul Ricoeur*[2], Ricoeur assim se exprime:

a ação foi sempre o centro de organização de minha reflexão filosófica sob uma variedade de títulos: primeiro, o voluntário e o involuntário, depois o desejo e o esforço — elevados ao nível metafísico do desejo de ser e do esforço de existir — e, finalmente, o poder da ação em *O si-mesmo como um outro*; por outro lado, pode-se considerar que a linguagem é o ponto de organização de muitas investigações. A esse respeito não há razão de se falar em "virada linguística": o dizer da vontade, o dizer do símbolo etc. estiveram sempre em discussão desde de minhas primeiras obras.

Essa declaração aponta efetivamente para a motivação profunda que norteou, em suas grandes linhas, o itinerário filosófico de Paul Ricoeur. Se ela corrige o que seu intérprete havia encarado como uma virada linguística (*tournant linguistique*), até certo ponto ela retifica o que lemos em *La critique et la conviction*, quando de modo mais circunstancial e em relação a Maurice Merleau-Ponty, outro grande fenomenólogo francês, cinco anos mais velho que ele, e que ele encontrara pessoalmente entre os anos 1945 e 1948, Ricoeur observava: "Como ele (Merleau-Ponty) tinha, em minha opinião, balizado o campo da análise fenomenológica da percepção e de seus mecanismos, não me restava mais verdadeiramente aberto — pelo menos acreditava nisso nessa época — senão o domínio prático"[3].

---

2. Cf. RICOEUR, Paul, Reply to David Stewart, in: HAHN, L.E. (org.), *The philosophy of Paul Ricoeur*, Chicago, La Salle (Ill.), 1995. A *Réponse à David Stewart*, a que nos referimos, se encontra reproduzida em francês no volume *L'Herméneutique biblique* (2005).
3. RICOEUR, Paul, *La critique et la conviction*, entretiens avec François Azouvi et Marc de Launay, Paris, Calmann-Lévy, 1995, 44-45.

Não se pode negar tal fato. *A Fenomenologia da percepção* de Merleau-Ponty foi um marco para o movimento fenomenológico na França e fora dela. Essa situação tornava temerário para quem quer que fosse, ou mesmo impossível ao nível acadêmico, retomar o tema fenomenológico da percepção. Na verdade, porém, Ricoeur só poderia se alegrar de se encontrar nesse contexto, porque lhe abria um espaço sem fronteiras pré-traçadas, deixando livre para sua própria investigação o campo da ação, ou seja, o domínio prático.

A decisão de Ricoeur de elaborar uma filosofia da vontade, a bem dizer se enraíza no âmago de sua exigência ética e de seu desejo do que ele chamará uma "vida boa". Apesar da falibilidade humana e de todos os obstáculos ("as pedras no meio do caminho") com que nos deparamos, nossa vida tem sentido se a orientarmos em direção ao bem, o que para um cristão tem, em última análise, a ver, por um lado, com a criação ontologicamente boa, e, por outro, com a redenção e a salvação, já que a vida do homem é de fato maculada pelo desvio, pela perversão de sua vontade.

Note-se que Ricoeur entende "prático" no sentido da *praxis* grega. Embora marcado pela filosofia kantiana, ao caracterizar *a posteriori*, como vimos anteriormente, essa sua primeira grande obra, os três volumes de sua *Philosophie de la volonté*, ele evita a expressão "razão prática", por ter, de início, compreendido no horizonte pós-kantiano da filosofia reflexiva francesa, que uma "filosofia da vontade" não poderia ser encerrada nos limites da simples razão, ou seja, da razão prática kantiana, nem tampouco de uma fenomenologia "puramente" eidética. Não tinha ela que se confrontar com o mistério incontornável do mal, da vontade má que, constituindo um desafio à própria razão, só pode ser realmente expresso percorrendo um longo circuito através de símbolos e mitos?

Assim, depois de um volume sobre *O voluntário e o involuntário* e um segundo sobre *O homem falível*, no terceiro volume da *Filosofia da Vontade*, Ricoeur se envereda por uma *simbólica do mal*.

Retrospectivamente, Ricoeur dirá que *A simbólica do mal* surgira da impossibilidade de uma "pura" fenomenologia da vontade de enfrentar por si só a vontade "má", ou, segundo a formulação que se encontra em

Réflexion faite, "vontade historicamente má"[4]. O advérbio "historicamente" sendo acrescentado como uma alusão à condição "adâmica", que é a nossa, e a fim de assinalar, concomitantemente, que não se trata de uma maldade ontológica do ser humano, mas de algo que acontece, uma vez o homem criado, sendo esse o sentido verdadeiro do mito adâmico[5], que contrasta com os mitos de uma divindade má, de um princípio do mal prévio à criação. Caso assim fosse, o Deus criador não poderia ter visto sua criação como "boa" como ocorre no Gênesis.

Na *Filosofia da vontade* estavam presentes, mas sem a centralidade que vão em seguida adquirir, o "agir" e o "narrar", que constituem a temática desse meu estudo. O agir é abordado, em *Le volontaire et l'involontaire*, como o segundo termo da tríade: decidir, agir, consentir. Diferentemente do decidir, que tem que ver com o futuro de um projeto de vida, o agir aparece ligado a uma decisão pontual tomada no presente. Quanto ao narrar, ele só aparecerá em *A simbólica do mal* quando, após levar em consideração os símbolos que dizem a culpabilidade, Ricoeur tem que reconhecer que símbolos e mitos, que "dizem" o mal, estão intrinsicamente associados. O mito é então considerado como um símbolo desenvolvido em forma narrativa, "apropriada à afirmação da contingência do mal", pois o mal "advém e surge como um acontecimento que se narra (que se conta, *qu'on raconte*)".

Ora símbolos e mitos pedem para ser interpretados por si mesmos e para se constituírem em objeto de reflexão. Começa desde aí, ou seja, desde *A simbólica do mal*, o que Ricoeur qualificará mais tarde, como já aludimos, de "enxerto da hermenêutica na fenomenologia". A partir de então o interesse de Ricoeur por narrativas se afirma cada vez mais e isto vai desde sua interpretação de Freud até sua reflexão sobre o tempo humano como exigindo para ser dito, ser configurado sob uma forma narrativa.

Em nossos dias, diferentemente do que prevaleceu na física moderna, mesmo até poucas décadas atrás, em que as leis eram tidas por imutáveis,

---
4. RICOEUR, *Réflexion faite, Autobiographie intellectuelle*, 29.
5. Já no segundo volume da *Philosophie de la volonté*, em *L'homme faillible*, Ricoeur distinguia a bondade originária e a manifestação histórica da vontade má (*mauvaise*).

os novos conhecimentos da energia e da matéria, levam até mesmo os cientistas a falar dos "grands récits de l'univers".

Mas fechemos esse parêntese e fiquemos no plano da temporalidade humana. É graças às estórias que lhe são contadas que ele é levado a contar sobre si mesmo que o ser humano pode começar a dar sentido às suas ações, ou seja, à sua vida e ao mundo em que vive.

Para que venha a se situar no seu mundo de vida (*lebenswelt*), optando, na medida do possível, por esse ou aquele caminho, o ser humano requer que, de um modo ou de outro, histórias de sua tradição lhe sejam contadas. Sem essas "variações imaginativas" (expressão oriunda da fenomenologia husserliana[6]) ficaria ele sem recursos até mesmo para se relacionar com os outros. O papel das narrativas tem bastante a ver com a aquisição da linguagem e com a constituição para cada um de sua identidade narrativa, como ficará bem claro quando Ricoeur escreve o terceiro tomo de *Temps et récit, Le temps raconté*.

Em *Temps et récit*, Ricoeur parte da convicção que tanto as estórias fictícias quanto as histórias dos historiadores têm em comum serem narrações. O que na época não era do agrado de muitos historiadores que, se esforçando para que sua disciplina fosse reconhecida epistemologicamente como "ciência", queriam afastá-la da literatura. E, portanto, ainda que a historiografia tenha por princípio obedecer a certos critérios de cientificidade, ela não escapa à forma narrativa, já que, de acordo com seus objetivos, busca apreender um certo encadeamento temporal de fatos, isto é, de acontecimentos e ações que se deram em

---

6. Cf. HUSSERL, Edmund, *Ideen zu einer reinen Phaenomenologie und phaenomenologischen Philosophie*, 1913; HUSSERL, Edmund, *Idées directrices pour une phénoménologie*, trad. fr. por Paul Ricoeur, Paris, Gallimard, 1950. No §70 Husserl observa: "Pode-se tirar um partido extraordinário dos exemplos fornecidos pela história e, numa medida ainda mais ampla, pela arte e em particular pela poesia; que, sem dúvida, são ficções; mas a originalidade na invenção das formas, a riqueza de detalhes, o desenvolvimento sem lacunas da motivação os elevam muita acima da nossa própria imaginação". Algumas linhas mais adiante, tirando as lições desse §70, Husserl acrescenta: "a ficção constitui o elemento vital da fenomenologia como de todas as ciências eidéticas; a ficção é a fonte em que se alimenta o conhecimento das 'verdades eternas'". Desse livro de Husserl (*Ideen I*) dispomos hoje de uma melhor tradução, mais ampla (com apêndices) e mais recente, de Jean-François Lavigne.

circunstâncias particulares, articulando simultaneamente as razões que permitem explicá-los.

Por outro lado, qualquer que seja o tipo de narração que se constitua, tanto fictícia quanto histórica, há entre ela e a experiência vivida por uns e outros uma certa distância criativa, pois a narração, não sendo uma série desordenada de eventos, requer um trabalho prévio de configuração (um *poiein*). É o que Ricoeur explicita de maneira sintética no texto *De l'interprétation*, que serve por assim dizer de abertura a *Du texte à l'action, Essais d'herméneutique II*[7].

Pelo que já passamos em revista, é patente que, para Ricoeur, a narração vem a ser um gênero englobante e inseparável de nossa ação no mundo. Narrar, produzir narrações, faz parte do mundo da vida (*lebenswelt*) ou, em termos heideggerianos, de nosso ser-no-mundo (*in-der-welt-sein*). Enquanto tal, a narração é inseparável do que a linguagem é capaz de trazer de novo em matéria de sentido, de significação.

Ricoeur concebeu conjuntamente as duas vertentes de sua pesquisa filosófica sobre a emergência de novos sentidos, o que o levaram a escrever *La métaphore vive* e os três volumes de *Temps et récit*. Enquanto a metáfora, descartando o sentido literal de uma palavra, faz surgir um sentido novo ao nível da frase, a narração o faz configurando, ou reconfigurando, estórias de vida (fictícias ou historiográficas)[8], permitindo assim que elas possam ser "lidas" de outro modo, ou seja, que aquelas ações e acontecimentos de que tratam possam ser esclarecidos sob uma luz que os torna mais inteligíveis.

Ademais, se em *Temps et récit* Ricoeur não hesita em colocar tanto a ficção literária quanto a história dos historiadores sob a égide do *récit*, da narração, é por ter sido encorajado, como ele próprio confessa, pela descoberta, em Chicago, de "uma epistemologia do conhecimento histórico que punha em relação a explicação histórica com a estrutura

---

7. Cf. RICOEUR, Paul, De l'interprétation in: ID., *Du texte à l'action, Essais d'herméneutique II*, em particular, 14-15.
8. Sobre o paralelismo ou a simetria entre uma predicação "estranha" (bizarra), como ocorre com a metáfora, e o ato de configurar uma intriga, Cf. RICOEUR, *Du texte à l'action*, 20, e Id., *Escritos e conferências 2*, textos reunidos por Daniel Frey e Nicola Stricker, trad. Lúcia Pereira de Souza, São Paulo, Loyola, 2011, 32.

narrativa"[9]. A outra fonte de seu interesse pela narração residindo em seu profundo apego à exegese bíblica, como ficara patente desde *A simbólica do mal*. Tudo isso se dá no horizonte de sua preocupação de filósofo pelo agir e sofrer do ser humano, que, como vimos, desde cedo o motivara a se voltar para o lado da práxis. E onde o agir e o sofrer se dão a pensar senão em histórias de vida, como ocorre na história e na literatura (em sentido amplo), incluindo-se aí, e para começar, o que herdamos dos gregos e dos hebreus?

Antes de prosseguir na leitura que aqui proponho do pensamento de Ricoeur, os termos da pergunta que acabamos de formular me levam a esclarecer o título de minha comunicação. Ao apontar como tema o agir e o narrar, não havia como não pressupor também o reverso do agir que é o sofrer; ambos, agir e sofrer (ou padecer), caracterizam a condição humana, sendo, portanto, a grande matéria prima do que em geral se narra tanto na história quanto na ficção. Isto porque quando nos referimos ao agir nunca nos referimos à ação de um ser isolado, mas de um ser que está no mundo com outros, e, portanto, inscrito desde o início numa rede de relações familiares, sociais, políticas, em que o mal nunca está ausente.

Como comenta Ricoeur em um de seus textos de *O justo I*: "As histórias de vida são a tal ponto entrelaçadas umas com as outras que a narração (*récit*) que cada um faz ou recebe de sua própria vida se torna um segmento de outras histórias (*récits*) que são as histórias dos outros"[10]. É dentro de um contexto dessa ordem, e no meio ambiente de uma natureza nem sempre propícia e algumas vezes bastante hostil, como ocorre por ocasião das catástrofes naturais, que o homem age e sofre.

Na linguagem corrente, cotidiana, é comum indagarmos: "O que houve com ele?", "Por que ele fez isso?", "Mas quem o levou a tal estado?", "Como ele chegou a esse ponto?", "De onde vem tal atitude?" etc. Questões cujas respostas contêm *in nuce* fragmentos narrativos, mesmo que seja de maneira esparsa por não serem ainda compostos sob a forma de uma narração, de um texto narrativo.

---

9. Cf. RICOEUR, *Réflexion faite*, 64.
10. RICOEUR, Qui est le sujet du droit?, 36.

A propósito desse tipo de questões que acabo de sugerir como exemplos, Ricoeur fala de um "esquema conceitual no qual se inscrevem todas as noções que, na linguagem ordinária, se referem à ação humana", ou seja: circunstâncias, intenções, motivos, deliberação, moção voluntária ou involuntária, passividade, opressão, resultados desejados ou não etc."[11].

Esse esquema conceitual é também imanente às histórias narradas em obras poéticas, literárias, só que nessas obras elas adquirem um sentido enriquecido, uma maior inteligibilidade, graças à arte do poeta, isto é, ao seu ato configuracional de compor uma intriga (*de mise en intrigue*). Saem transformadas pelo fazer do poeta, dos escritores, e, assim moldadas, passam a ser referências no seio de uma tradição, oferecendo ao mesmo tempo uma espécie de espelho no qual podemos "ler" melhor as nossas vidas, julgar melhor nossas ações, tomando assim uma maior consciência de nós mesmos.

Aristóteles, que no que toca à arte poética, é, para Ricoeur, o filósofo desbravador do papel eminente que tem a poesia para a sabedoria prática, não hesitava em considerar a poesia como mais filosófica que a história. Segundo as próprias palavras de Ricoeur num texto apresentado em um Colóquio de Teologia Narrativa: "Aristóteles foi o primeiro a sublinhar a capacidade da poesia de 'ensinar', de transmitir significações revestidas de uma certa forma de universalidade"[12]. O texto de onde extraímos esta citação é praticamente contemporâneo ao primeiro volume de *Temps et récit*, cujo primeiro capítulo é consagrado justamente à *Poética* de Aristóteles; enquanto o segundo, que aborda a questão do tempo humano enquanto inseparável da narrativa, é uma "leitura" das *Confissões* de Santo Agostinho.

À margem dessa afirmação de Ricoeur a propósito do autor da *Poética*, não seria inútil fazer uma breve observação no que se refere a Platão. Anteriormente a Aristóteles, Platão reconhecera a importância pedagógica dos *muthoi*, das narrativas, tanto que, referindo-se àquelas que seriam julgadas benéficas para a educação infantil, dizia: "nós persuadiremos as

---
11. RICOEUR, Paul, Semântica da ação e do agente, in: ID., *Escritos e conferências 2*, 38.
12. RICOEUR, Vers une théologie narrative, 330.

amas e as mães de narrá-las às crianças, de moldar suas almas com essas narrativas, muita mais que seus corpos com as mãos"[13].

Por essa citação daquele que se passa, aos olhos de uma opinião muito pouco fundamentada, por um inimigo dos "poetas", o que pretendo ressaltar é que também Platão não ignorava o papel decisivo, na educação, das histórias que nos são narradas; e, portanto, se preocupava com os contos a serem contados às crianças e aos jovens. É graças a certas narrativas que podemos instruir e educar nossas almas. Isto converge justamente com o que dirá Ricoeur em *O si-mesmo como um outro* ao afirmar que "a narração, nunca eticamente neutra, mostra-se como o primeiro laboratório do julgamento moral"[14].

Esse reconhecimento do papel das estórias em nossa formação e em nossas vidas levará Ricoeur a uma reflexão em que se entrelaçam a questão da identidade narrativa, que, como mencionávamos, surge em *Temps et récit*, e a questão da "leitura" das grandes unidades de ações que desenham nossa identidade narrativa como um "texto", como indica *Du texte à l'action*.

Como nos lembra Ricoeur em sua conferência *Implicação ética da teoria da ação*, uma intuição semelhante se encontra em Marcel Proust, quando, em *Le temps retrouvé*, ele se refere a seus possíveis leitores, aos leitores de *À la Recherche du temps perdu*. Antes de serem leitores de Proust, eles seriam na verdade leitores deles próprios: "Pois para mim, escreve Proust, eles não seriam meus leitores, mas os leitores deles mesmos, já que meu livro seria para eles apenas como uma daquelas lentes para perto oferecidas pelo óptica de Cambrai a um comprador; meu livro, graças a ele, eu lhes forneceria o meio de ler-se neles mesmos"[15].

---

13. PLATÃO, *República* (II, 377c). Em seu ensaio *O narrador*, Walter Benjamin não deixava de estar em sintonia com Platão ao se referir ao "conto maravilhoso, que ainda hoje é o primeiro conselheiro das crianças". A respeito de Platão, veja-se também o artigo de MOUTSOPOULOS, Évanghélos, Platon sur l'âme imprégnée de musique, in: BRANCACCI, Aldo; EL MURR, Dimitri; TAORMINA, Daniela Patrizia (org.), *Aglaïa, Autour de Platon, Mélanges offerts à Monique Dixsaut*, Paris, Vrin, 2010, 113-317.
14. RICOEUR, *Soi-même comme un autre*, 167; RICOEUR, *O si-mesmo como um outro*, 167.
15. PROUST, Marcel, *À la recherche du temps perdu*, t. III, *Le temps retrouvé*, ed. P. Clarac, A. Ferré, Paris, Gallimard, coll. Pléiade, 1033. Já no seu artigo *L'identité narrative*,

Esta expressão "ler-se neles mesmos" de Marcel Proust, que, junto com Virginia Woolf (*Mrs. Dalloway*) e Thomas Mann (*A montanha mágica*), é um dos autores estudados por Ricoeur no segundo tomo de *Temps et récit*, revela-se bastante significativa do papel das narrações na maneira como elaboramos e reelaboramos a nossa identidade narrativa. Questão que será retomada em *O Si-mesmo como um outro* no sexto estudo *O si e a identidade narrativa*, ao qual há pouco fazíamos alusão.

É nesta grande obra de Ricoeur, em que está não apenas em jogo a questão de identidade narrativa, mas sobretudo a do si mesmo, isto é, de nosso próprio ser que, enquanto ser que, agindo, sofrendo e se transformando, procura se compreender, que se manifesta plenamente a dimensão ontológica da narrativa. Empreguei o verbo "transformar-se" propositalmente, pois um dos pontos altos da ontologia do si é a distinção a ser feita entre *mesmidade* e *ipseidade*.

O si mesmo, que é o sujeito de uma história de vida, não é apenas portador de uma identidade que o individualiza pela digamos mesmidade de seu DNA ou pelo que nele é da ordem de um traço psicológico permanente, ou seja, do caráter involuntário. Não se trata, portanto, de saber apenas "o que" alguém é, mas "quem" ele procura ser e fazer de sua vida, constituindo assim, até certo ponto, sua própria história.

A mediação aqui da identidade narrativa entre o *idem* e o *ipse* se revela imprescindível. A tese de Ricoeur é que "a natureza verdadeira da identidade narrativa só se revela [...] na dialética da ipseidade e da mesmidade"[16].

Sendo impossível seguir em detalhe todas as etapas da argumentação de Ricoeur, privilegiarei umas poucas passagens que as sintetizam, ou que chegam a conclusões decisivas sobre o estatuto da identidade narrativa. Eis os tópicos que me pareceram importantes convocar aqui:

---

publicado na revista *Esprit* (jul.-out., 1988, 304), Ricoeur fazia referência a essa frase de Proust de *Le temps retrouvé*.
16. RICOEUR, *Soi-même comme un autre*, 167; RICOEUR, *O si-mesmo como um outro*, 168. A propósito da "identidade narrativa", convém lembrar que entre a publicação de *Temps et récit III* e a de *Soi-même comme un autre*, Ricoeur, no seu artigo intitulado justamente *L'identité narrative*, observa (1988, 296) que "essa noção e a experiência que ela designa contribuem à resolução das dificuldades relativas à noção de identidade pessoal".

A pessoa, compreendida como personagem de narrativa, não é uma entidade distinta de suas experiências. Ao contrário: ela divide o regime da própria identidade dinâmica com a história relatada. A narrativa constrói a identidade do personagem, que podemos chamar sua identidade narrativa, construindo a da história relatada. É a identidade da história que faz a identidade do personagem[17].

O elo intrínseco que existe entre o personagem e sua história, sem a qual sua identidade narrativa não se constituiria, anuncia o que a reflexão sobre o si mesmo trará à tona, que o ser que somos se constitui temporalmente através de escolhas, iniciativas, ações, omissões etc. No que diz respeito à identidade narrativa que cada um constrói de si mesmo, com a ajuda das histórias recebidas da tradição, embora não possamos superá-la, pois tal identidade nos situa em relação aos outros no mundo em que vivemos, ela não é a "última palavra" sobre nós mesmos. Ela é um "misto instável entre fabulação e experiência viva"[18], segundo as palavras mesmas de Ricoeur.

Todos nós sabemos que sempre corremos o risco de nos iludirmos sobre nós mesmos, seja nos favorecendo seja nos desfavorecendo. De qualquer forma, as nossas avaliações tanto de nós mesmos quanto dos outros são sujeitas a caução. Essas observações apontam para as implicações éticas que estão sempre no horizonte de nossa compreensão de nós mesmos e da interpretação de nossas histórias de vida.

Como afirma Ricoeur, ainda que sob o modo interrogativo: "de que maneira a componente narrativa da compreensão de si pede como complemento as determinações éticas próprias à imputação moral da ação a seu agente?"[19].

Partindo da associação entre o si e o bem sugerida por Charles Taylor em *Sources of the self, The making of the modern identity*, Ricoeur dirá ainda que "esta correlação exprime o fato que a questão 'Quem?' — 'Quem sou eu?' —, presidindo a toda busca de identidade pessoal, encontra um esboço de resposta nas modalidades de adesão pelas quais

---

17. Ibid., 175; 176 da tradução.
18. Ibid., 191; 191 da tradução.
19. Ibid., 193.

respondemos à solicitação de avaliações fortes"[20]. Com efeito, como separar o que somos, da questão dos valores que norteiam as nossas ações e orientam a nossa vida? Ora, esses valores nos foram em grande parte transmitidos por narrativas com suas implicações éticas. Antes mesmo de considerarmos a importância crucial que revestem as narrações bíblicas para muitos dentre nós, a começar pelo próprio Ricoeur, eu gostaria de mais uma vez sublinhar o quanto é relevante para uma comunidade o fato de poder encarar a vida em comum, e o poder político, no espelho das narrações literárias. A leitura de certas obras literárias é como uma advertência contra os abusos, os desvios, as deturpações tanto do poder quanto da própria comunidade em relação às outras. Nenhum formalismo moral pode se substituir à imaginação, que precisa ser nutrida de histórias e de sentimentos para poder entrever os caminhos dignos de serem seguidos e aqueles que devem ser evitados, repudiados.

Tendo constantemente ouvido falar, em minha infância, sobre a Segunda Guerra Mundial, em que um primo havia sido expedicionário, e apreciando muito o teatro, tive bem cedo o pressentimento que se a Grã-Bretanha ficara imunizada contra um regime político ditatorial atroz, nos moldes do que afetara a Alemanha nazista, era, não somente, é claro, mas em boa parte, por ter tido desde o Renascimento um dramaturgo como Shakespeare. Como sabiam os gregos, a poesia épica recitada e a poesia trágica ou cômica encenada num teatro são uma escola de primeira ordem para a vida de uma comunidade. Por eles próprios, tais poemas detêm um repertório de apreciações e avaliações indispensáveis à vida ética.

Ricoeur com acerto resume o que está aqui em pauta quando diz: "As experiências de pensamento que conduzimos no grande laboratório do imaginário são também explorações que têm a ver com o reino do bem e do mal"[21]. Este pleno reconhecimento da função narrativa ao nível pessoal, social e político tem ainda uma dimensão capital no plano religioso e teológico. A reflexão sobre a narração e ação do filósofo e hermeneuta que era Ricoeur não poderia deixar de repercutir sobre a sua

---

20. RICOEUR, La conscience et la loi, Enjeux philosophiques, 211.
21. RICOEUR, *Soi-même comme un autre*, 194. Tradução nossa.

leitura da Bíblia. Muitos de seus textos de interpretação das Escrituras, em particular do Novo Testamento, foram publicados em inglês, pois era sobretudo no contexto americano, anglo-saxão, que Ricoeur dialogava a esse respeito. Embora lesse também os grandes exegetas alemães e tivesse, na França, uma grande admiração pelo jesuíta Paul Beauchamp[22]. Em 2000, graças a François-Xavier Amherdt, dispomos em francês de uma antologia de textos de Ricoeur sob o título de *L'herméneutique biblique*, aos quais Amherdt consagra uma longa introdução.

Num artigo desta coletânea, dedicado à memória de Norman Perrin, um exegeta de primeiro plano e autor de *Rediscovering the teaching of Jesus*, Ricoeur de início anuncia (e eu o parafraseio) que ele defenderá o empreendimento de Perrin colocando-o no contexto do problema que ele estava então explorando, o da "necessidade para o *kerigma* cristão de se desenvolver em uma forma narrativa — a dos Evangelhos"[23].

Como não reconhecer que a proclamação cristã contém um núcleo narrativo se apresentando de maneira concentrada em formulações tais como a de 1 Coríntios (15,3-8): "o Cristo foi morto, ... sepultado... ressuscitou ao terceiro dia... e apareceu à Céfas e a outros"? Tal proclamação pressupõe uma identidade entre o Jesus terrestre, o homem Jesus, e o Cristo da fé, sublinha Ricoeur.

Não entro, e nem teria competência suficiente para fazê-lo no quadro da discussão polêmica, nas divergências que separavam Norman Perrin e Ricoeur de um Rudolf Bultmann, que pretendia isolar o Jesus da história do Cristo da fé cristã. O que importa aqui para mim é aquilo que Ricoeur vai pôr em relevo no que diz respeito às parábolas encaradas sob a dimensão de controvérsias. Pronunciadas em situação de crise e anunciando a novidade que constitui a vinda do reino de Deus, elas pedem para ser interpretadas como "um desafio, uma justificação, uma

---

22. Admiração recíproca, como já se podia inferir do texto de Paul Beauchamp, SJ, publicado na revista *Esprit* (jul.-out., 1988) dedicado a Paul Ricoeur. Em sua notável contribuição, *La Bible et les formes du langage ou le texte du pardon (Daniel 9)*, Beauchamp começa evocando a importante afirmação de Ricoeur segundo a qual não se deve "separar as figuras de Deus das formas de linguagem (*discours*) das quais essas figuras advêm".

23. RICOEUR, Paul, De la proclamation au récit, in: ID., *L'herméneutique biblique*, 305.

provocação". Interpretação que, segundo Ricoeur, "permite apreender uma das características gerais de todo o ministério de Jesus, tanto mais que as palavras assim colocadas numa situação de crise aparecem por isso mesmo como ações". Fazendo sua a célebre questão de John L. Austin: "Como fazer coisas com palavras?", Ricoeur as ratifica a respeito de Jesus: "Sim, as palavras de Jesus fazem alguma coisa. Elas criam a crise que conduz da proclamação à história do sofrimento", isto é, às narrativas da Paixão.

Essa interpretação geral que Ricoeur propõe das parábolas de Jesus como interpelações, provocações, inscreve-se no horizonte da tese, por ele defendida, da necessidade de uma teologia narrativa. Tese essa que aparece claramente no título de um outro de seus textos: *Vers une théologie narrative, Sa nécessité, ses ressources, ses difficultés*, primeiro apresentado num Simpósio em torno da obra de Edward Schillebeeckx.

Sem negar as dificuldades de uma teologia narrativa, Ricoeur partilha com alguns teólogos da segunda metade do século XX a recusa de uma teologia puramente especulativa, que deixa de lado toda referência às narrativas de "um e outro" Testamento. Não menos rejeita uma teologia de orientação moral, que apenas retém os ensinamentos atemporais de um monoteísmo ético. Também confessa sua antipatia por uma teologia existencial, que, atenta à "irrupção da palavra no instante da decisão de fé", se mostra indiferente à dimensão histórica da revelação[24]. A teologia narrativa que preconiza Ricoeur teria que se liberar de uma história bíblica linear entendida segundo o esquema de uma cronologia universal indo do *Gênesis* ao *Apocalipse*.

A recusa de Ricoeur tem que ver também com sua renúncia à filosofia hegeliana da história. O esquema hegeliano que, mesmo que seja de cunho dialético, tende a edulcorar os dramas, os perigos, os horrores da história como se fossem meros episódios que nada alterassem de essencial, dissimula também a natureza multiforme das tradições que estão na base da elaboração do Antigo e do Novo Testamento. Com o desenvolvimento atual da narratologia, uma teologia narrativa pode hoje contar com recursos inéditos.

---

24. RICOEUR, Vers une théologie narrative, 326.

Segundo Ricoeur, o que é determinante, em se tratando das narrações bíblicas, é que elas são associadas, conjugadas com outras modalidades de discursos como o discurso dos mandamentos, os discursos proféticos, os salmos de louvor ou de lamentação. Contentemo-nos dessa enumeração — e deixemos ao teólogo a tarefa de prolongar no campo próprio da teologia as aquisições provenientes dos estudos das narrativas bíblicas e da narratologia em geral. O que sobretudo importa ao auditor e leitor da Bíblia é, como diz Ricoeur, "supor que essa palavra (a da predicação) faz sentido, que ela merece ser aprofundada e que seu exame possa acompanhar e conduzir sua transferência do texto à vida onde globalmente ela poderá ser verificada".

Através dos trabalhos pontuais, embora notáveis, de Paul Ricoeur no âmbito da hermenêutica bíblica, a lição que me parece essencial é que a recepção das narrações pelos leitores da Bíblia seja valorizada. Essa recepção só acontece realmente quando se opera "a transferência do texto à vida", ou seja, quando ela nos torna capazes de melhor nos conhecer, de nos transformar, de nos *converter*, "transfigurando" nosso agir e, mais geralmente ainda, nossa experiência de vida e nossa maneira de compreender o mundo.

10. O sujeito múltiplo e o si-mesmo. O "eu sou vários" de Fernando Pessoa[1]

A partir do terceiro volume de *Tempo e narrativa*, o problema da identidade, que gira em torno da interrogação "Quem?", vai se apresentar como decisivo aos olhos de Paul Ricoeur.

A meu ver, a experiência tanto literária quanto existencial de Fernando Pessoa constitui um poderoso desafio para uma reflexão filosófica voltada para a questão do "Quem?". Daí meu interesse em confrontar a experiência da obra-vida do poeta com o pensamento elaborado pelo filósofo, sobretudo em *O si-mesmo como um outro* (*Soi-même comme un autre*), em que se estabelece a importante distinção entre identidade como *ipseidade* e identidade como *mesmidade* (este neologismo traduz o também neologismo francês *mêmeté*).

Por ipseidade há de se entender aqui a identidade que advém ao longo de uma história de vida, a vida de um ser dotado da capacidade de referência a si mesmo (*ipse*). Por mesmidade, as características

---

1. Versão ligeiramente modificada de VILLELA-PETIT, Maria da Penha, Le sujet multiple et le soi, Le 'je suis plusieurs' de Fernando Pessoa, *Études de Lettres, Revue de la Faculté des Lettres de l'Université de Lausanne,* Autour de la poétique de Paul Ricoeur. À la croisée de l'action et de l'imagination, n. 3-4, (1996) 109-124.

inalteráveis do ser individual que continua sendo o mesmo (*idem*), apesar das mudanças por que passa ao longo de sua vida.

O confronto a que me proponho entre a experiência do poeta e a reflexão do filósofo está longe, no entanto, de poder ultrapassar o nível de um primeiro e breve ensaio. Limitar-me-ei a um exercício de vai e vem entre as análises de Ricoeur, tendo-se em vista a contribuição que elas podem trazer para uma leitura filosófica do que se chamou (como já o poeta, ele próprio, o fazia) o *caso* Pessoa, e a confirmação das dificuldades que seu "caso" oferece a um pensamento da identidade pessoal, ou ainda a uma *egologia*, quando a unidade do "eu" é postulada, sem que se leve suficientemente em conta as objeções céticas a respeito da "ficcionalização" identitária que, anteriormente a Nietzsche, já Hume tinha trazido à tona.

Foram, aliás, dificuldades dessa ordem que determinaram o ponto de partida de Ricoeur em *Soi-même comme un autre*, como ele próprio aponta em seu prefácio, em particular nas páginas que consagra ao *cogito brisé*. São elas que sua hermenêutica do "si mesmo" se propõe enfrentar e superar. Com este fim, Ricoeur adota o que ele chama de uma "longa via", que se inicia por uma consideração de ordem semântica a respeito da referência identificante, passa em seguida por uma semântica e uma pragmática da ação, até chegar à questão do "Quem?", interrogação pressuposta por toda ação, e, por conseguinte, pelas narrações por meio das quais as ações e suas consequências são relatadas.

Nesse contexto, Ricoeur mostra-se ainda atento aos casos de perda de identidade, tais como os explora, por exemplo, a ficção literária. Esse desafio teve uma de suas mais brilhantes ilustrações na obra de Robert Musil *O homem sem qualidades* (*Der Mann ohne Eigenschaften*). Segundo ele, casos como o exposto nessa obra de Musil "se deixam reinterpretar como um desnudar da *ipseidade* pela perda do suporte da *mesmidade*", perda implicada pelo "sem qualidades"[2].

A experiência singular e limite da obra/vida de Fernando Pessoa proporciona, no meu entender, uma variação imaginativa ainda mais rica e

---

2. Ricoeur, *Soi-même commme un autre*, 1900, 178.

"desconcertante", capaz de manifestar um outro aspecto das dificuldades em se conceber a identidade pessoal, desde que a distinção e a superposição da identidade enquanto *ipseidade* e da identidade no sentido do *mesmidade* não seja suficientemente problematizada.

Mas, antes mesmo de empreender o cotejo a que me proponho, queria manifestar minha dívida a este guia incomparável do périplo identitário de Pessoa que foram os dois volumes de Teresa Rita Lopes, *Pessoa por conhecer*[3], ainda que se possa divergir de algumas de suas interpretações. O que, na verdade, está aqui em pauta?

Ao levantar essa questão, não tenho em vista tão somente o leitor não conhecedor da obra do poeta português, mas todos aqueles "iniciados", que se interrogam sobre o *status sui generis* desta obra-vida plural. Fernando Pessoa é, com efeito, o poeta que escreveu quatro obras poéticas dotadas cada uma de características próprias e atribuídas a um poeta-autor, inclusive as assinadas sob o nome de "Fernando Pessoa". Legou-nos ainda poesias dispersas e vários textos em prosa (artigos, ensaios, notas fragmentárias, cartas) atribuídas a personagens fictícios que se apresentam como "signatários" de seus escritos. No entanto, é apenas a propósito das obras poéticas de maior porte que, segundo os dizeres do próprio Pessoa, se coloca em sentido pleno a questão da *heteronímia*. Quatro são então esses poetas-autores constitutivos de "eu-plural" de Pessoa: Alberto Caeiro, Ricardo Reis, Álvaro de Campos e Fernando Pessoa *ele mesmo*.

Quanto aos textos em prosa — "em prosa é mais difícil de se outrar", diz Pessoa (que inventa aqui um neologismo: o verbo reflexivo *se outrar*)[4] —, eles são atribuídos a personagens fictícios que não chegam a alcançar o *status* de heterônimos. Dentre eles, uns são ingleses, e escrevem muito bem nesta língua, que foi a primeira língua literária de Pessoa; há ainda um pequeno número de franceses que assinam textos curtos em "sua" língua, o francês, que Fernando estudara em seu

---
3. LOPES, Teresa Rita, *Pessoa por conhecer*, 2 v., vol. I — *Roteiro para uma expedição*; vol. II — *Textos para um novo mapa*, Lisboa, Estampa, 1990. Os textos de Pessoa recolhidos no vol. II são numerados. Observamos esta numeração quando os citamos e fazemos referências.
4. Ibid., v. I, 200.

pensionato inglês na África do Sul; e, enfim, os portugueses, que são a grande maioria.

Quanto aos inúmeros "nomes próprios" adotados por Pessoa (Teresa Rita Lopes diz que somam setenta e dois, incluindo aí os poetas heterônimos), alguns são efêmeros, outros têm *vida* mais longa. Uns poucos, no entanto, se destacam pelo que revelam: Márcio Alves, António Mora e, sobretudo Bernardo Soares. Este último acaba ocupando o lugar de Vicente Guedes como autor de um tipo de jornal íntimo, o famoso *Livro do desassossego*. Sobre Vicente Guedes, que termina por "se suicidar", lê-se, em um fragmento, que "este livro é a biografia de alguém que não teve vida"[5]. Ora, na carta de 13 de janeiro de 1935, destinada a Adolfo Casais Monteiro, na qual Pessoa tenta uma "reconstituição" da gênese dos heterônimos, Bernardo Soares, que substituíra Vicente Guedes como autor do *Livro do desassossego*, é tido como um semi-heterônimo, do qual a "personalidade" é uma "mutilação" da sua própria. "Sou eu menos o raciocínio e a afetividade", escreve Pessoa. A isto voltaremos mais adiante. Mas comecemos pela heteronímia.

Note-se, de início, que, embora não de todo errôneo, não seria muito esclarecedor considerarmos o heterônimo como equivalente ao pseudônimo. Este último costuma ser o artifício de um autor que, por razões diversas, recorre a nomes de empréstimo para *assinar* alguns de seus escritos. É verdade que o recurso a pseudonímia pode ser bem mais significativo e enigmático. Foi o que ocorreu em particular com Søren Kierkegaard. Segundo Karl Jaspers, Kierkegaard "inventa pseudônimos que, por sua vez pensam e inventam". Pensam e inventam o quê? As "diversas possibilidades da existência humana". Mas, observa ainda Jaspers, "Kierkegaard recusa-se a se identificar com uma ou outra destas figuras"[6]. De Pessoa, poder-se-ia igualmente dizer, e isto serve de advertência a seus intérpretes, que ele também não se identifica completamente com nenhum de seus heterônimos.

Convém logo acrescentar que os heterônimos de Pessoa tampouco são experiências imaginárias de um autor/pensador inventando maneiras

---

5. Ibid., v. II, 184 (Ms).
6. JARSPERS, Karl, *Kierkegaard vivant*, Paris, Gallimard, 1996, 84.

de existir esteticamente sedutoras, mas contra as quais, no âmago de si mesmo, ele *já* se escolheu, *já* se decidiu.

Não é essa justamente a situação de um Kierkegaard que, habitado pela exigência da seriedade da fé e da mais alta lealdade, não hesitava em afirmar de sua obra que "ela faz explodir a ilusão da cristandade e (que) abre os olhos sobre a necessidade de tornar-se cristão"? Tanto é que, referindo-se a sua dualidade ou a seu desdobramento dialético como autor, ele se explica sobre sua obra nos seguintes termos: "Enquanto dava conta de suas produções estéticas, o autor vivia sob categorias religiosas decisivas". Em nota a esta afirmação, Kierkegaard acrescenta: "Ver-se-á aqui a importância dos *pseudônimos*, e por que deles me revesti em minhas obras estéticas: minha vida no que ela tinha de mais próprio se fundava sobre categorias bem outras, e eu vi desde o início nesta produção uma obra de espera, um divertimento (ficção?), um aprimoramento necessário"[7].

Não nos estenderemos sobre a necessidade vivida pelo pensador dinamarquês de desdobrar-se em vários personagens, nem sobre o interesse de um estudo comparativo entre a sua pseudonímia e a heteronímia de Pessoa. O importante é ter em vista que, ao contrário de Kierkegaard, Pessoa não busca existir enquanto indivíduo "com toda a seriedade de que um homem é capaz", diante de um outro transcendente: o *outro divino*. A alteridade dos heterônimos de Pessoa a ele se impõe e é vivida intimamente, como uma multiplicação de vozes poéticas que tomam corpo dentro dele. Ou seja, na cena de uma subjetividade, que, incapaz de *existir* mais plenamente por ela própria, consegue, no entanto, escrever *em um outro, como um outro,* e conferir, até certo ponto, a estas vozes *outras* uma existência dotada da consistência e da permanência demandadas pela criação de uma obra.

Contudo, tanto Pessoa quanto Kierkegaard tiveram em comum o sentido de responderem a um apelo, de serem chamados a uma missão, ainda que ela fosse em detrimento de uma "realização" mundana. Cada um deles encarava essa missão como a contrapartida de seu ser de

---

7. KIERKEGAARD, Søren, Point de vue explicatif de mon oeuvre, in: ID., *L'école du chistianisme*, trad. franc. P.-H. Tisseau, Paris, Librairie Académique Perrin, 1963, 104-105.

exceção, de sua genialidade. Para Kierkegaard, em sua qualidade de "um espião a serviço de Deus", como chegou a se definir, a missão era a de ser um "corretivo" e a de descobrir "o crime da cristandade, aquele de se dizer cristão quando não se é"[8]. Quanto a Pessoa, ele se propunha como poeta uma "missão de civilização" ("o objetivo criador de civilização de toda obra artística"[9], "eu me devo à humanidade futura"[10]) através da obrigação de "elevar bem alto o nome português"[11].

Ressaltemos que, do ponto de vista de Pessoa, este "mandato subjetivo" tanto compreendia uma rejeição à Igreja católica (responsável, segundo ele, junto com a Monarquia, do atraso português) quanto pressupunha a preparação poética de um "neopaganismo" (até que ponto conciliável com um certo cristianismo seria a interrogação a se lhe fazer...).

É bem verdade, porém, que, quando tentou se explicar como "autor", explicar sua heteronímia, Pessoa hesitou. Na carta datada de 19 de janeiro de 1915, endereçada a seu amigo Armando Côrtes-Rodrigues, ao comunicar seu projeto "de lançar sob pseudônimo a obra Caeiro-Reis-Campos", Pessoa acrescenta: "Isso é toda uma literatura que eu criei e vivi, que é sincera, porque ela é ressentida, e que constitui uma corrente com uma possível influência, incontestavelmente benéfica, sobre as almas dos autores"[12].

Mais tarde, tanto na carta de 1935 a Adolfo Casais Monteiro, escrita no ano da morte do poeta, quanto na carta datilografada datada de 14 de outubro de 1931, em se tratando de Alberto Caeiro, Ricardo Reis e Álvaro de Campos, a pseudonímia é rejeitada: "Estes nomes, contudo, não são pseudônimos: eles representam pessoas inventadas como personagens (figuras) em um drama ou personagens isolados declamando em um romance sem intrigas"[13].

---

8. Citado em JASPERS, *Kierkegaard vivant*, 85.
9. Ver a carta a Armando Côrtes-Rodrigues que se encontra reproduzida em PESSOA, Fernando, *Obra em prosa*, edição de Cleonice Berardinelli, Rio de Janeiro, Nova Aguilar, 1982, 52-56.
10. LOPES, *Pessoa por conhecer*, v. II, 47.
11. Cf. Ibid., v. I, 128, especialmente a carta a Côrtes-Rodrigues citada na nota 8 e também o comentário da autora.
12. Ibid.
13. Ibid., v. II, 345.

Se a heteronímia de Pessoa de certo modo é e, ao mesmo tempo, *não é* simplesmente uma pseudonímia, então como pensá-la? Sabemos que ela suscita interpretações das mais diversas. Seria judicioso vê-la como a construção pelo poeta de personagens dramáticos fictícios, ou seja, um grande artifício literário, a "fábula da heteronímia", como o diz Maria Aliete Galhoz? A declaração de Pessoa, que acabamos de citar, consolidaria esta visão? Mas o que entender aqui por "fábula"? Seria ela, esta fábula, desprovida de sinceridade? Na mesma carta a Côrtes-Rodrigues, Pessoa levanta com acuidade esta questão, acrescentando: "Isso é sentido na *pessoa de outro*; é escrito *dramaticamente*, mas é sincero (no meu grave sentido da palavra) como é sincero o que diz o Rei Lear, que não é Shakespeare, mas uma criação dele"[14].

A questão em pauta não é nada menos que a da teoria poética de Pessoa. Há de se supor que esteja estreitamente vinculada à sua maneira de se conceber como poeta-plural. Ora, para Pessoa, como para Aristóteles, a poesia por excelência é a poesia dramática, ou seja, a poesia representativa que se origina de uma *mimesis*. No entanto, em lugar da classificação aristotélica, Pessoa traça um tipo de gênese, ou melhor, uma "gradação contínua" do poético, indo da poesia lírica à dramática (cf. alusão a Ésquilo), na qual se opera uma despersonalização maior do poeta.

> Outro passo — diz ele —, na mesma escala de despersonalização, ou seja, de imaginação, e temos o poeta que em cada um dos seus estados mentais vários se integra de tal modo nele que de todo se despersonaliza de sorte que vivendo analiticamente esse estado de alma, faz dele como que a expressão de um outro personagem, e, sendo assim o mesmo estilo tende a variar. Dê-se o passo final, e teremos um poeta que seja vários poetas, um poeta dramático escrevendo em poesia lírica[15].

Eis em poucas linhas a mais pertinente definição que se possa dar da poética de Pessoa e de sua realização como poeta-plural. De maneira oblíqua, Fernando Pessoa nos ensina que, diferentemente do dramaturgo, o qual, mostrando-se fiel à definição da *mimesis* como representação da

---

14. Pessoa, *Obras em prosa*, 55.
15. Ibid., 86-87.

ação, escreve peças para a cena teatral, em que os personagens agem e sofrem, ele iria, por sua vez, compor uma obra lírica diversa, plural, distribuindo-a por personagens que nascem e se perfilam sobre seu próprio teatro interior. Não é ele autor nem de tragédias nem de comédias — que são as formas mais "miméticas", no sentido aristotélico, da poesia —, nem tampouco de romances autenticamente polifônicos, como são para Mikhail Bakhtin os romances de Dostoievski. E, todavia, a favor desta "orquestra oculta" que habita sua alma, ele se autodetermina como um poeta dramático: "O ponto central da minha personalidade como artista é que eu sou um poeta dramático; tenho, continuamente, em tudo quanto escrevo, a exaltação íntima do poeta e a despersonalização do dramaturgo"[16], escreve ele ainda na carta datada de 11 de dezembro de 1931 a João Gaspar Simões.

Como compreender então que Pessoa tivesse uma necessidade tão vital deste drama em si mesmo, desta "fábula" heteronímica, ou seja, dessa incessante *mimesis*, sem a qual ele não teria, talvez, conseguido criar nem mesmo viver? Não é sua obra-vida o seu romance polifônico? O que pensar desta *escritura dramática* de si mesmo que se realiza como um engendrar contínuo de personagens dentro de si? A esta pergunta, é tentador e talvez instrutivo de se propor, como também para Kierkegaard, explicações de tipo psicanalítico (no caso de Kierkegaard teríamos um pai muito presente; no de Pessoa, um filho, muito cedo, órfão de pai). Apoiando-se em uma nosologia psiquiátrica, o próprio Pessoa não cessou de "diagnosticar" o mal do qual ele se remoía, tendo nutrido desde sua juventude o temor de tornar-se louco, como acontecera com uma de suas avós. Carecendo, todavia, de maiores competências nesta área, contentar-me-ei com uma abordagem de tipo reflexiva, o que me permite ficar em diapasão com Ricoeur, quando, em *Soi-même comme un autre*, ele reflete sobre a questão do "quem", elaborando e entrelaçando noções, que têm para o caso Pessoa um interesse todo especial, como as noções de identidade narrativa, de identidade pessoal e de *ipseidade*.

---

16. Ibid., 66.

No prefácio de *Soi-même comme un autre*, distanciando-se tanto das filosofias do *cogito* quanto das filosofias que reduzem o sujeito a uma pura fenomenalidade, Ricoeur consagra, sob o título *Le cogito brisé*, algumas páginas ao que ele chama de exercícios de dúvida hiperbólica, nas quais Nietzsche exerce o papel de *malin génie* (gênio maligno). Estes exercícios nietzscheanos visam, nem mais nem menos, destruir a questão para a qual o *cogito* cartesiano era considerado como trazendo "resposta"; eles pretendem revelar a ilusão do *sujeito*, e proclamar a fenomenalidade do mundo interior. O "eu" seria assim o efeito de um efeito, ou seja, o resultado de uma interpretação de tipo causal, sua unidade não passando de uma ficção encobrindo a multiplicidade dos instintos. Em conclusão de sua análise da "destituição" nietzscheana do *cogito*, Ricoeur observa: "É sobre o modo hiperbólico que eu compreendo fórmulas tais como esta: 'minha hipótese, o sujeito como multiplicidade'"[17]. E em seguida comenta: "Nietzsche não diz dogmaticamente — embora isto também possa ocorrer — que o sujeito é multiplicidade: ele *ensaia* esta ideia"[18].

Ora, grande seria a tentação de pegar a "deixa" (a insinuação) e de prosseguir dizendo: "se, em sua crítica à *falsa substancialização do eu*, Nietzsche levanta a hipótese do sujeito como multiplicidade, ensaiando esta ideia, Fernando Pessoa, quanto a ele, não se limita à ideia da multiplicidade à guisa de hipótese, mas vive realmente essa multiplicidade do sujeito. Ou melhor ele só é, ou só pode vir a ser, como eu plural". Na esteira do que acabo de formular, seria então plausível interpretar a experiência de Pessoa como confirmando a hipótese nietzscheana, de modo a ver no seu "eu-plural" uma versão do "homem múltiplo" de Nietzsche?[19]

Deixemos para mais tarde a resposta a esta questão, pois, se apresentada agora, seria prematura. Retenhamos somente que se, para

---

17. Ricoeur, *Soi-même comme un autre*, 27.
18. Ibid.
19. Em um fragmento, Nietzsche observa que ainda nos "falta o grande homem sintético" e que "o que temos é um homem múltiplo", acrescentando logo depois: "o homem múltiplo: Goethe a mais bela expressão do tipo". Cf. Nietzsche, Friedrich, *Oeuvres philosophiques complètes*, v. XIII, ed. G. Colli, M. Montinari, tr. P. Klossowski, Paris, Gallimard, 1967, 69. Mas até que ponto coincidem a hipótese do "sujeito múltiplo" de Pessoa e a do homem múltiplo de Nietzsche que Goethe ilustraria?

Nietzsche, a crença no sujeito, em sua unidade egológica, é uma ficção posta a serviço da vida, para Pessoa é a pluralidade que preenche esta função. Para além desta primeira diferença, digamos "funcional", importaria ainda que nos perguntemos se a hipótese da multiplicidade defendida por Nietzsche — e essa hipótese lhe chegara via o empirismo cético de Hume —, encontra, e até que ponto, a pluralidade tal como vivida por Pessoa.

Esse nó de questões nos remete precisamente à problemática da identidade pessoal e da identidade narrativa abordadas por Ricoeur nos estudos centrais (o quinto e o sexto) de *Soi-même comme un autre*.

É a partir desses estudos que se revela, de modo mais concreto, a importância da distinção proposta por Ricoeur entre as duas formas de identidade já mencionadas: a *identidade-mesmidade* (*idem*) e a identidade-ipseidade (*ipse*). O caráter eminentemente problemático da identidade pessoal só é superado caso se reconheça que ela "não pode se articular a não ser na dimensão temporal da existência", isto é, por intermédio da "identidade narrativa, a qual se constitui através do processo mesmo de narrar"[20]. É a identidade narrativa que assegura a mediação dialética entre as duas polaridades da identidade pessoal: a do *idem*, representado pelo caráter, e a do *ipse*, que tem que ver com a dimensão ética do eu. É graças a sua imbricação com a construção de uma intriga, de uma "história", que podem ser integrados "os traços de diversidade, de variabilidade, de instabilidade" de uma pessoa, esta sendo assim compreendida da mesma maneira como se compreende um personagem de ficção.

À luz das análises aqui esboçadas em seus grandes traços, voltemo-nos de novo para o "caso" Pessoa. Como acontece com Kierkegaard que, na obra *Ponto de vista explicativo de minha obra*, diz querer explicar o que ele é "como autor", acrescentando em nota: "pois é perfeitamente normal que eu possua uma explicação mais precisa e estritamente pessoal do que me é pessoal"[21], faz-se também necessário em Pessoa distinguir o "autor"

---
20. RICOEUR, *Soi-même comme un autre*, 168.
21. Cf. KIERKEGAARD, Point de vue explicatif de mon œuvre, 113, em nota.

e o que lhe é estritamente pessoal, sabendo-se de antemão que aqui toda linha de demarcação revela-se pouco precisa.

Como autor, Fernando Pessoa se multiplicou, foi plural, como em uma fuga incessante de toda identidade *idem*. Para além desta fenomenalização proteiforme, Pessoa, autor, não cessou de confiar a certos personagens de seu "romance interior" o sentimento quase permanente de "uma incompetência para a vida", de uma incapacidade de se assumir senão como a "cena" de suas múltiplas "exteriorizações".

É assim que o *Livro do desassossego*, atribuído a Bernardo Soares, abunda em alusões à nulidade desta vida: "a vida na qual nada se passa salvo na consciência dela"[22]; "é um estrangulamento da vida em mim mesmo"[23]; "vivo-me esteticamente em um outro"[24]. Ou ainda: "posso imaginar-me tudo, porque não sou nada"[25]. A literatura parece assim assumir o lugar da vida: "Mais vale escrever do que ousar viver"[26]. "A vida prejudica a expressão da vida"[27].

Quase na mesma época, Kafka fazia uma experiência análoga de "nulidade" e de incompetência para a vida que apenas o ato de escrever poderia redimir. Em carta datada de 5 de novembro de 1912 a sua noiva Felicia Bauer, com quem nunca se casaria, ele escreve: "É possível que minha literatura não seja nada, mas, então, é igualmente para lá de certo que eu não sou nada"[28]. A propósito de uma frase do tipo "eu não sou nada", que encontramos também enunciada pelo personagem de Musil, Ricoeur escreve que ela "deve guardar sua forma paradoxal: 'nada' não significaria nada, se 'nada' não fosse atribuído de fato a um 'eu'. Mas quem

---

22. Pessoa, Fernando, *Livro do desassossego por Bernardo Soares*, seleção editada por Leyla Perrone-Moisés, São Paulo, Brasiliense, 1986, 179.
23. Ibid., 200.
24. Ibid., 175.
25. Ibid., 218.
26. Ibid., 120.
27. Ibid., 175.
28. Kafka, Franz, *Lettre à Felice*, ed. J. Born, E. Heller, tr. M. Robert, Paris, Gallimard, 1972. Cf. também Villela-Petit, Maria da Penha, Le chez-soi, Espace et identité, *Architecture & Comportement*, v. 5, n. 2 (1989) 127-133. Quanto às semelhanças constatáveis entre Kafka e Pessoa, poder-se-ia destacar a posição que ambos assumem em relação ao dia e à noite. Escrevem à noite enquanto os outros dormem.

é ainda eu quando o sujeito diz que ele não é nada?". E Ricoeur responde: "um si (*ipse, soi*) privado de auxílio da *mesmidade*"; acrescentando: "tal hipótese não carece de verificações existenciais"[29].

Em Pessoa, ou mais precisamente neste "quase ele mesmo" que é Bernardo Soares, "autor" do *Livro do desassossego*, o sentimento de uma falência diante do viver, ou, ainda, o sentimento de ser "nada" se acompanha da consciência de uma "incapacidade para a ação"[30]. Com efeito, Bernardo Soares, no *Livro do desassossego*, registra numerosas reflexões testemunhando esta inaptidão: "Agir foi sempre para mim a condenação violenta do sonho injustamente condenado"; "A futilidade imanente de todas as formas de ação foi, desde a minha infância, uma das medidas mais queridas do meu desapego até de mim"; "Agir é reagir contra si próprio. Influenciar é sair de casa"[31].

E, no entanto, estas reflexões são bem de Bernardo Soares, ou seja, de um Pessoa "mutilado", pois este último, sob seu nome próprio ou sob o nome de seus outros "eu" pôde exercer uma atividade de poeta, de jornalista e de crítico procurando, à sua maneira, intervir na realidade, ou seja, "influenciar" a vida cultural de seu país.

Mas, para além do fato de que durante sua vida esta "influência" se exerceu apenas modestamente, através, sobretudo, de sua colaboração em revistas (frequentemente efêmeras), a desconfiança com o agir é a contrapartida de um dos traços dominantes do temperamento de Pessoa ou, para dizer com Ricoeur, de sua *identité-idem*: a sua *hiperestesia*. "Quem, como eu, sofre, porque uma nuvem passa diante do sol", lê-se no *Livro do desassossego*. É justamente esta exacerbação da sensibilidade que é realçada pela transformação que ele opera no célebre adágio de navegadores de outrora ao substituir "navegar" por "sentir": "Argonautas, nós, da sensibilidade doentia, digamos que sentir é necessário, mas que não é necessário viver"[32].

---

29. RICOEUR, *Soi-même comme un autre*, 196.
30. Cf. acima o importante comentário de LOPES, *Pessoa por conhecer*, v. I, em particular, 143-144.
31. PESSOA, *Livro do desassossego*, 240.
32. Ibid., 271.

Pessoa dá assim a compreender porque seu drama-vida é "sem intriga", e porque é necessário pensar "as marcas da diversidade e da variabilidade", sem que ela implique sua articulação em uma "intriga", ou seja, em uma história tecida como "um drama em atos".

Ao vermos em Pessoa sua sensibilidade "doentia" se revelar inseparável de sua multiplicação identitária, observemos que, em *Soi-même comme un autre*, à questão "quem"? — que introduz, de modo interrogativo, as asserções relativas à problemática do *si* (*soi*) —, vão corresponder "quatro maneiras de interrogar: quem fala? quem age? quem narra? quem é o sujeito moral da imputação?"[33]. Este quaternário deixa, contudo, um tanto de lado o "Quem sente?", o "Quem vê?", isto é, a dimensão da sensibilidade, que Merleau-Ponty havia chamado de reflexi(bili)dade do sentir[34].

Visando a dimensão ética do si e voltada para o *telos* de uma vida capaz de ser tida como "boa", a hermenêutica de Paul Ricoeur podia não tematizar a articulação do "falar" ao "sentir". Apesar do lugar que atribui ao "sentir" no sentido de sofrer (de padecer), ele o considera em sua correlação com o agir. No entanto, isso não impediu Ricoeur de bem entrever a propósito de Nietzsche a questão da afinidade entre sentir e falar. Já em seu prefácio, citava um fragmento póstumo no qual se encontra uma alusão à "fenomenalidade do mundo *interior*: tudo aquilo de que nos *tornamos conscientes* — prossegue Nietzsche — é do começo ao fim previamente arrumado, simplificado, esquematizado, interpretado..." Em outros fragmentos da mesma época (entre novembro de 1887 e março de 1888), ou anteriores, Nietzsche insistia nesta ausência de imediatismo tanto da sensação quanto do sentimento ou do pensamento enquanto presentes à consciência[35].

Que haja uma defasagem entre o sentir e seu *se tornar consciente*, ou antes, seu tornar-se *exprimível*, é a experiência crucial de Pessoa-poeta.

---

33. RICOEUR, *Soi-même comme un autre*, 28.
34. Cf. VILLELA-PETIT, Maria da Penha, Le Soi incarné, Merleau-Ponty et la question du sujet, in: HEIDSIECK, François (ed.), *Merleau-Ponty, le philosophe et son language*, Paris, Vrin, 415-447.
35. NIETZSCHE, Friedrich, *Oeuvres philosophiques complètes*, v. XI, *Fragments posthumes* (Automne, 1884 — Automne, 1885), Paris, Gallimard, 1982.

Já que como artista, ele transforma a impressão incomunicável em impressão expressa, ele prova sua "insinceridade", que resume esta quase-confissão: "O que eu sinto é (sem que eu queira) sentir para que se escreva o que se sentiu". E, posto que sensação e memória são ligadas, não é de se admirar que este "quase ele mesmo" que é Bernardo Soares se recorde de sua infância com "lágrimas rítmicas nas quais já se prepara a prosa". Essa "insinceridade" (completamente compatível com a sinceridade artística mencionada na carta citada abaixo) revela justamente a *verstellung* nietzscheana que, como Ricoeur, nós traduziremos por deslocação-dissimulação[36].

Em suma, Fernando Pessoa, cuja atividade artística consiste precisamente em *explorar as sensações*, vive intensamente esta não coincidência entre o falar e o sentir. Na impossibilidade de evocar suas inúmeras reflexões neste sentido, vou me contentar em reproduzir uma passagem do *Livro do desassossego*, em que Bernardo Soares nos dá sua visão de literatura:

> A arte consiste em fazer os outros sentir o que nós sentimos, em os liberar deles mesmos, propondo-lhes a nossa personalidade para especial libertação. O que sinto, na verdadeira substância com que o sinto, é absolutamente incomunicável; e quanto mais profundamente o sinto tanto mais incomunicável. Para que eu, pois, possa transmitir a outrem o que sinto, tenho que traduzir os meus sentimentos na linguagem dele, isto é, que dizer tais coisas como sendo as que eu sinto, que ele, lendo-as, sinta exatamente o que eu senti. E como este outrem é, por hipótese de arte, não esta ou aquela pessoa, mas toda a gente, isto é, aquela pessoa que é comum a todas as pessoas, o que, afinal, tenho que fazer é converter os meus sentimentos num sentimento humano típico, ainda que pervertendo a verdadeira natureza daquilo que senti[37].

---

36. É no primeiro capítulo de *Soi-même comme un autre*, intitulado *Vers quelle ontologie?*, que, referindo-se a Nietzsche, em particular à *Genealogia da moral*, Ricoeur evoca tanto a questão tropológica quanto a da *Verstellung* (deslocamento-dissimulação). Cf. em particular, RICOEUR, *Soi-même comme un autre*, 398, nota 2.
37. PESSOA, *Livro do desassossego*, 390. Notemos que a fenomenologia husserliana, com sua concepção de uma constituição por camadas, permite compreender ao mesmo tempo o diferencial entre o sentir e o dizer (o nomear) e a relação que se estabelece entre eles por meio de uma tipologia da experiência. Sobre esta questão, cf. VILLELA-PETIT,

Ora, esta arte de dizer, com o diferencial que lhe é intrínseco em relação ao sentir, supõe no artista uma "distância íntima" mais acentuada do que aquela que toda consciência de si mesmo já implica. Sob a máscara de Bernardo Soares, Pessoa fará referência a sua *arte espacial*: "Sou o pai, a mãe, os filhos, os primos, a criada e o primo da criada, ao mesmo tempo e tudo junto, pela arte espacial que eu tenho de sentir ao mesmo [tempo] várias sensações diversas, de viver ao mesmo tempo — e ao mesmo tempo por fora, vendo-as, e por dentro sentindo-as — as vidas de várias criaturas"[38].

É neste "espaçamento" em si, de si — e não apenas a consciência de sua alteração (de seu devir) ao longo do tempo — neste *se ver sentir de fora*, aguçado pela procura da expressão, que está a raiz do desdobramento do poeta. Eis como, com sua excepcional lucidez, Pessoa descreve o processo interior de geração de seus "outros": "Numa grande dispersão unificada, 'ubiquito-me' neles e eu crio e sou"[39]. Assim a dispersão do seu "eu plural" não deixa de ser a de um *ipse*, a do si-mesmo de Pessoa, como diz a maravilhosa expressão (o oximoro) "dispersão unificada". A multiplicidade subjetiva de Pessoa, portanto, não exclui, mas, ao contrário, requer a unicidade de um si (*ipse*).

Pessoa podia se ver "sentir" como um outro que não ele mesmo, já que ao tentar dar expressão a este sentir, fazia-se outro e falava como um outro, tanto mais que tinha um sentimento aguçado da distância íntima, do "intervalo" que havia entre ele e ele mesmo. Vem daí esta vida-obra onde ele *se narra* como sendo muitos, dotando-se de várias identidades narrativas, não obstante, em última análise, o que há de constante em seu caráter (no polo da *identité-idem*).

A propensão a se inventar personagens se manifestara desde a infância e nele permaneceria como um *habitus* profundamente enraizado. Em um esboço de conto, *Carta à Argentina*, ele escreve: "É que o meu sonho

---

Maria da Penha, Receptivité ante-prédicative et familiarité typique, *Archives de Philosophie*, out.-dez. (1995). Ressalte-se também o emprego do epíteto "típico" na passagem citada de Pessoa.
38. Ibid., 291.
39. Ibid., 155.

contido, desde a infância, o meu íntimo e único íntimo pensamento foi o *ver-me de fora*, foi o desdobrar-se em Eu e em Testemunha de mim, em uma Vida estranha, curiosa, interessante, e em o Autor dela"[40].
Ver-se sentir, ver-se de dentro se vendo de fora. Este *voyeurismo* sobre o qual chega a exclamar: "Ah! Olhar em mim, uma perversão sexual!", dito de outra maneira, esta hipertrofia da vista e do ouvido associa-se em Fernando Pessoa à inibição do vetor de contato que é o tato: "Ver e ouvir são as duas únicas coisas nobres que a vida contém. Os outros sentidos são plebeus e carnais"[41]. Observe-se que poucas linhas antes, no *Livro do desassossego*, lia-se este conselho: "Aprende a gozar em tudo, não o que ele é, mas as ideias e os sonhos que provoca. Porque nada é o que é: os sonhos sempre são os sonhos. Para isso precisas não tocar em nada. Se tocares, o teu sonho morrerá, o objeto tocado ocupará a tua sensação"[42].

Ou, como diz o personagem da segunda veladora na peça *O marinheiro, drama estático em um quadro*, ou seja, drama "sem conflito nem intriga": "Só viver é que faz mal... Não rocemos pela vida nem a orla das nossas vestes"[43]. A "incompetência para a vida", que o poeta afirma, talvez se esclareça um pouco à luz desta "inibição": o temor do contato, tão desejado e, contudo, sublimado ao se tornar "substância poética".

Em verdade, porém, este "se ver de fora" não esgota o desejo da criança que Fernando Pessoa foi. Há um sonho ou um ideal ainda mais fundamental que muito cedo ele confia a seu diário em inglês, como se pressentisse que jamais se realizaria: o de ter um verdadeiro amigo íntimo. Pessoa transportou para dentro de si seu desejo de um *alter ego*. Construiu-se uma intersubjetividade imaginária com a qual se relacionou, se confrontou, ao mesmo tempo que esquivava "o corpo a corpo" com um outro real. Lembremo-nos que os heterônimos têm uma biografia.

---

40. Cf. Lopes, *Pessoa por conhecer*, v. I, 128. Optamos por não reproduzir a grafia portuguesa de Pessoa.
41. Pessoa, *Livro do desassossego*, 319.
42. Ibid.
43. Pessoa, Fernando, *Le Marin*, ed. bilíngue, trad. de Bernard Sesé, Paris, José Corti, 1991, 24-25.

Pessoa chega até a traçar seus "horóscopos" baseando-se em suas datas de nascimento. Os heterônimos nem sequer hesitam em escrever textos críticos uns sobre os outros, e também sobre o poeta Fernando Pessoa. O que será, no entanto, que falta a estes "outros" dotados cada um de uma "identidade" definida, e que Pessoa diz ver, entender? Não seria justamente um corpo verdadeiro, um corpo de carne e osso? Mesmo se, enquanto "outros", eles lhe resistem, é na alma de Fernando Pessoa que espectralmente eles habitam. É na cena fechada de sua consciência que eles vivem e evoluem, já que são desprovidos de um corpo carnal (*Leib*). Falta intercorporeidade à intersubjetividade que Fernando Pessoa veio a constituir com seus outros. Daí o caráter fictício que possuem, mas não menos revelador da necessária constituição intersubjetiva de todo "eu". Mesmo sendo um grande solitário (ainda que socialmente se mostrasse jovial e sorridente), Fernando Pessoa não teria conseguido viver em *solus ipse*. Em sua qualidade de poeta, passou a criar e viver seus *outros*. O fato é que sua "pluralidade" parece ser de natureza mais complexa que a "multiplicidade" da qual Nietzsche formulou a hipótese.

Assim, embora desconcertante, o caso Fernando Pessoa atesta, de maneira cabal, a ligação dialética fundamental entre *ipseidade* e *alteridade* sobre a qual insiste *Soi-même comme un autre*. Dito isto, é preciso ainda compreender que, como ensina Ricoeur, a metacategoria de "alteridade" recobre uma alteridade *polissêmica*. "Outro" não designa somente outrem, um outro que é eu e como eu, mas também este outro inseparável de *mim mesmo* que é o meu próprio corpo e enfim o outro *em mim* sob a figura da "voz da consciência".

À luz desta reflexão, que nos contentamos em esboçar, o "caso" Pessoa se situaria no confluir ou no conflito de sua ipseidade tanto com a alteridade de seu próprio corpo — vivenciado como irrisório, feio, donde o medo do contato —, quanto com a alteridade de um outro eu, que nele só consegue ser um *alter ego* verdadeiramente íntimo sob a modalidade "figural" e "fictícia" de um outro gerado dentro de si mesmo. Este "dentro" se define não por sua plenitude, mas por seu vazio, por sua capacidade de abrigar estes outros eus imaginários, na ausência dos quais não teria podido responder à voz da consciência, ao "mandato subjetivo" da qual se sentia investido para se tornar "criador de civilização".

"Sede" de uma tal experiência, ao mesmo tempo existencial e poética, Fernando Pessoa revela o caráter inexpugnável do si como "lugar" (*lieu*)[44], como o lugar de uma experiência singularizante. Deixa, assim, entrever que o si (da referência a si mesmo), talvez não tenha mais afinidade com a dimensão temporal (a que é privilegiada por Ricoeur), que com a dimensão espacial do *existir*. Era esta dimensão "espacial" (mesmo imaginária) que permitia a Pessoa pensar "em" um "outro", como exterior a si próprio. Enfim, não era Pessoa cônscio que entre o que ele era em si mesmo (*soi-même*) e a sua morada, a cidade de Lisboa (*son chez soi*), existia bem mais que uma relação exterior de simples inerência espacial, mas um diálogo íntimo e inseparável de sua própria identidade?

---

44. Em um manuscrito de 1935, sobre *Mensagem*, Fernando Pessoa emprega exatamente o termo "lugar" para designar tanto o Indivíduo quanto a Humanidade: "O Indivíduo e a Humanidade são dois lugares, a Nação é o *caminho* entre eles".

11. Narratividade e a questão do mal na Bíblia[1]

Seria um erro pensar que as histórias contadas na Bíblia sejam meramente ilustrativas, tão somente molduras às partes legislativas. Se a Bíblia, com um e outro Testamento, pretende ser uma fonte de orientação apta a conduzir nossa existência em direção a Deus, ao nosso Criador, ela não poderia, por princípio, se limitar a enunciação de leis e regras rituais a serem cumpridas pelos fiéis.

Em seus diversos livros que, segundo a classificação adotada, figuram no Pentateuco, nos Livros Históricos, nos Sapienciais e nos Escritos dos profetas, a Bíblia hebraica ou faz alusão a certos acontecimentos ou narra histórias individuais inseridas na história de um povo com vistas à sua conversão ao Deus verdadeiro, à sua edificação e, por extensão, à edificação de todos os seres humanos. Histórias que, por sua própria natureza, e a luz da Revelação do Deus único, exigem o dom da Lei. E isto porque já o primeiro homem se deixou enganar, se autoenganou, iludindo-se sobre si-mesmo, e assim se afastou de Deus. Como enunciava o grande

---

1. VILLELA-PETIT, Maria da Penha, Narratividade e a questão do mal na Bíblia, *Revista Teoliterária*, n. 7, (2014) 26-37.

exegeta que foi o jesuíta francês Paul Beauchamp: "Dans le dispositif biblique, rien ne commence à la loi. Le récit précède la loi."[2]

A Polifonia bíblica manifesta a diversidade das palavras que nos interpelam, julgam e instruem, reclamando de cada um uma escuta atenta e o traçar de um caminho de vida que não nos afaste de Deus, mas, ao contrário, nos faça acolhê-lo com humildade e amor na profundeza de nossa existência.

O fato mesmo de nomear a Deus Criador faz apelo à noção de um relato mítico. Como imaginar a gênese, a criação do mundo sem recorrer ao mito, e isso numa época como a nossa, em que o desenvolvimento científico do que chamamos de astrofísica é notável. Nenhum cientista, a menos de delírio ideológico, pode "experimentar" algo como o *big-bang* inicial, ainda que possa formular hipóteses, fazer suposições, ou mesmo experiências (como a que recentemente confirmou o bóson de Higgs) para confirmar leis da física teórica ou, mesmo, se informar sobre o que, ao nível material, precedeu a formação do universo, o caos, as primeiras partículas etc.

O que nos importa, porém, neste trabalho é de outra natureza. Trata-se de atrair a atenção, não sobre os relatos da criação, mas sobre narrações que têm a ver com a questão do mal. Seria o mal na criação, o mal dos quais todos fazemos experiência, um princípio tão fundamental quanto o do bem?

Se levanto uma questão desta ordem é levando em conta formas recentes de maniqueísmo, tais como o que pude constatar ao ler a entrevista dada pelo autor polonês Gustaw Herling-Grudziński a Édith de la Héronnière, publicada na tradução francesa de seu livro *Variations sur les ténèbres*[3].

Já no início da entrevista, o autor confessa: "Sou maniqueísta. A esse respeito — continua ele — vou ler, caso você não se importe

---

2. BEAUCHAMP, Paul, L'exégèse biblique, Sa place dans l'enseignement de l'éthique, in: ID., *Conférences, Une exégèse biblique, avant-propos* de Michel Fédou, Paris, Éditions facultés jésuites de Paris, 2004, 41. Cf. também, BEAUCHAMP, Paul, *La loi de Dieu, D'une montagne à l'autre*, Paris, Seuil, 1999.
3. Cf. HERLING-GRUDZIŃSKI, Gustaw, *Variations sur les ténèbres*, trad. fr. por Thérèse Douchy, seguida de uma entrevista com Edith de la Héronnière, col. Solo, Paris, Seuil, 1999.

[referindo-se à entrevistadora], uma passagem do prefácio de Krzysztof Pomian à edição francesa do meu Diário. O que nos importa aqui é a seguinte frase: 'A sensibilidade de Herling é maniqueísta tanto quanto a metafísica subjacente à sua obra'. Mas o maniqueísmo não é um culto do Mal. Ele admite a existência de dois princípios claramente separados, e cujo confronto permeia a história do mundo, o do Bem e do Mal, o da Luz e das Trevas"[4].

Ainda que eu não conheça a maior parte das obras de Gustaw Herling-Grudziński, o que gostaria de dizer é que, embora tenha razão de sublinhar as trevas do mal que são inerentes ao nosso mundo, ele não viu que o bem é mais originário que o mal e que, portanto, o mistério do bem está para além do mistério do mal, como nos revela incoativamente o Gênesis e, sobretudo, o Novo Testamento. Como poderia Deus revelar sua lei, seus mandamentos, aos homens, caso não fosse ele o princípio mesmo do bem, de um bem muito além do abismo do mal? É o que nos faz compreender que, precedidos pela afirmação do amor de Deus, os mandamentos enunciam sobretudo o que não devemos fazer se quisermos, apesar de tudo, ser-lhe fiéis, responder ao seu amor.

O excesso originário do Bem que suplanta o excesso do mal e é alvo de nossa esperança, no sentido teológico do termo, transcende, contudo, a história do mundo, que é o mundo de nossas vidas. Como deixa entrever *en passant* Paul Beauchamp, na conferência que mencionei[5], as grandes figuras negativas do Antigo Testamento não são a encarnação de um mal absoluto.

Por outro lado, mesmo os grandes heróis da Bíblia são marcados pela "falta" inaugural e, portanto, pela ambiguidade do bem e do mal. Basta que se pense em Moisés, Davi, Salomão ou até mesmo em São Pedro, que, sentindo-se ameaçado durante a Paixão de Jesus, negou ser seu discípulo[6]. Aos olhos dos que partilham a fé cristã, a única exceção é a de

---

4. HERLING-GRUDZIŃSKI, *Variations sur les ténèbres*, 117-118.
5. BEAUCHAMP, L'exégèse biblique, 44, onde se pode ler: "L'ambiguïté préside au récit: les héros négatifs ne sont pas tout à fait mauvais non plus, ni le serpent, ni Caïn, ni le Pharaon d'Abraham, ni Esaü, ni Saül ne sont d'une seule pièce".
6. O poeta romeno-francês, de origem judia, Benjamin Fondane, que muito jovem já lia a Bíblia em seus dois Testamentos, escreveu o poema dramático *A negação de Pedro*,

Jesus, o filho de Deus, que se incarnou para assumir a nossa condição, e a de Maria, sua mãe. E, mesmo assim, sendo plenamente um ser humano, Jesus não deixou de ser tentado, ainda que tivesse em si próprio a chama divina que lhe permitia vencer a tentação.

Feitas tais considerações, a meu ver imprescindíveis, vamos nos deter sobre certas narrações bíblicas, que nos fazem entrever algumas das múltiplas faces do mal. Uma delas é a do ciúme entre irmãos.

No Gênesis, nos deparamos e com a estória de Caim e Abel e com a estória de José e seus irmãos (esta sendo precedida pela estória de Esaú e Jacó). Já que há muitos anos escrevi sobre Caim e Abel[7], optei por comentar aqui a estória de José, com a qual o Gênesis se encerra (Gn 37-50), tanto mais que, perto de nós, ela inspirou a tetralogia *José e seus irmãos*, de Thomas Mann, um dos grandes escritores alemães do século XX.

O ciúme que a preferência de Jacó por seu filho José desperta em seus irmãos, todos por parte de pai, levando-os a detestá-lo e a procurar uma maneira de fazê-lo desaparecer da "casa paterna", não é isento de diferenças. Alguns dos irmãos optam por sua morte, outros preferem abandoná-lo no fundo de uma cisterna seca. Assim que a decisão de deixá-lo na cisterna prevalece, passa um grupo de ismaelitas e José acaba sendo a eles vendido. Graças a essa venda, é levado ao Egito, fato que o salva da morte.

Em virtude de suas capacidades, e em particular de sua aptidão a interpretar sonhos, José não tardará a ser promovido pelo faraó e passará a ocupar um posto chave em sua nova terra.

De volta à casa, os irmãos escondem o que realmente se passou e anunciam a Jacó a morte de seu filho amado. Daí por diante, também eles não terão mais notícias do irmão, tudo ignorando de sua vida no Egito e das funções que ocupa.

---

há poucos anos traduzido em francês por Odile Serre. Cf. nosso artigo: VILLELA-PETIT, Maria da Penha, Fondane, lecteur du Nouveau Testament, *Cahiers Benjamin Fondane*, n. 16, (2013) 125-138.

7. VILLELA-PETIT, Maria da Penha, Caïn et Abel, La querelle des offrandes, *Le Rite*, Institut Catholique de Paris, coll. Philosophie, n. 6, Paris, Beauchesne, 1981, 121-148.

Quando sobrevém a seca, prevista por José a partir do sonho do Faraó, tanto em Canaã quanto no Egito, seus irmãos se veem obrigados, para não morrer de fome, a se deslocar e ir procurar no Egito o que comer. Lá, eles não são capazes de reconhecer seu irmão José, mas este os reconhece e se mostra aparentemente severo com os "estrangeiros" exigindo a vinda ao Egito do irmão ausente, ou seja, Benjamin, o único irmão com que José compartilhava pai e mãe.

Na significação espiritual desta narração, em que o mal, alimentado pelo ciúme, levaria a vítima à morte, a sua expulsão definitiva (o que não deixa de ser uma espécie de morte[8]) é a de promover finalmente o perdão. José perdoa a seus irmãos e, além disso, permite a seu pai Jacó tomar conhecimento que ele, seu filho José, permanecia vivo e agindo da melhor maneira possível.

Neste meu breve comentário da estória de José e seus irmãos deixei de lado o que José haveria também de sofrer no Egito, já que a mulher de Putifar, ministro e chefe da guarda do palácio, o acusara falsamente de ter tentado ter relações sexuais com ela. Acusação tanto mais falsa e mentirosa por quanto era ela, a mulher de Putifar, que ansiava "dormir" com o belo hebreu. O que José sempre recusara por retidão, integridade pessoal e respeito a Putifar. Mas como ninguém suspeitara da mentira subjacente à estória inventada pela mulher de Putifar, sua acusação levaria José à prisão.

Se não me estendi sobre esse aspecto da estória de José é por querer tratar da questão da falsidade e da mentira, recorrendo a outras narrativas bíblicas.

Em 1 Reis, capítulo 21, conta-se uma estória dramática em torno da posse de uma vinha. Acab, rei de Samaria, gostaria de adquirir a vinha de Nabot, que se situa ao lado de seu palácio, com a intenção de transformá-la numa horta. Ele vai ver Nabot de Jezrael, pede-lhe que lhe ceda a sua vinha e lhe oferece em troca ou uma outra vinha ou, caso ele prefira, uma soma de dinheiro. Nabot, que herdara de seus pais a vinha em questão, não pretende cedê-la.

---

8. Cf. SÓFOCLES, *Filotetes*. Ver também nosso ensaio VILLELA-PETIT, Maria da Penha, L'Enjeu des voix dans le Philoctète de Sófocles.

Extremamente aborrecido, Acab volta à casa e recusa a comida que sua mulher, Jezabel, lhe oferece. Desconfiando que algo acontecera, Jezabel interroga Acab. Este lhe conta então sua conversa com Nabot e a recusa dele a lhe ceder a vinha herdada de seus pais. Jezabel promete dar a seu marido Acab a disputada vinha, e de imediato passa a articular um plano diabólico contra Nabot. Em nome de Acab, redige cartas que envia aos nobres e anciãos da cidade. Nas cartas, como se lê na Bíblia, estava escrito o seguinte (1Rs 21,9): "Proclamai um jejum e convocai Nabot diante da assembleia. Subornai dois vagabundos contra ele, que deem este testemunho: 'Tu amaldiçoaste a Deus e ao Rei'. Levai-o depois para fora e apedrejai-o até a morte"[9].

Tudo acontece segundo o programa traçado por Jezabel. Nabot morre lapidado e, seguindo as ordens da mulher, Acab se dirige à vinha de Nabot para dela tomar posse. Nisso intervém o profeta Elias, que comunica a Acab o julgamento de Deus em relação a ele e a sua mulher Jezabel, os quais, fazendo o mal, tinham provocado a ira do Senhor. Ao ouvir as palavras vindas de Deus, Acab arrepende-se, rasga suas vestes, coloca um cilício e jejua. Ele não será castigado, mas seus descendentes não escaparão à desgraça, como uma forma ulterior de punição pelo crime cometido.

Confrontado com estórias dessa ordem, que constam do Antigo Testamento, um cristão não poderia deixar de replicar fazendo apelo ao ensino do Cristo. O pecado não se transmite automaticamente dos pais para os filhos. A estes não se pode atribuir os malfeitos, os crimes dos pais e, portanto, puni-los por ações que não cometeram. O que não significa, no entanto, que a violência não possa ser transmitida pelo que se diz dentro de uma família e, mais grave ainda, ao nível de uma coletividade, que se une contra os que considera seus inimigos. Toda violência engendra outras violências; é como uma semente que se perpetua gerando novos frutos do mal que se faz aos outros, para satisfazer ambições e desejos pessoais. A única saída é um arrependimento verdadeiro, alimentado pela humildade e pela aceitação ou a partilha do sofrimento.

---

9. Estamos nos servindo da 10ª edição da tradução da Conferência Nacional dos Bispos do Brasil (CNBB).

Vejamos agora — e antes de chegarmos a algumas das lições que nos oferece o livro de Jó — a estória de Suzana, que figura na Bíblia católica como o primeiro anexo deuterocanônico ao livro de Daniel (Dn 13,42-62).

Suzana é uma mulher bela e religiosa, esposa de Joaquim, homem que gozava de uma excelente reputação dentre os judeus de Babilônia e em cuja casa eles se reuniam. Era, pois, na casa de Joaquim que dois anciãos que, naquele ano, haviam sido nomeados dirigentes do povo costumavam receber as pessoas que os procuravam por terem algo a resolver. Assim, todos os dias, quando as reuniões eram encerradas, os anciãos viam Suzana sair para passear no parque da propriedade. De longe a olhavam, e sem confessar nada um ao outro, ambos por ela se apaixonaram e queriam possuí-la.

Um dia depois de saírem, indo cada um em direção a sua casa, tiveram um e outro o desejo de retornar para ver Suzana. Quando chegavam perto do jardim, em que de novo se encontraram, tiveram que confessar que estavam apaixonados por ela. Combinaram então que quando uma ocasião se apresentasse, ambos iriam pegá-la para com ela ter relações.

Em um dia de grande calor, ficaram às espreitas no jardim. Suzana estava sozinha. Ela decidira se banhar e havia pedido às suas escravas que fossem à sua casa buscar sabão e perfume, fechando todas as portas para que ninguém pudesse ter acesso ao jardim. Essa foi a ocasião para que os dois anciãos dela se aproximassem e lhe propusessem ter relações com eles. Caso não aceitasse eles a acusariam de ter afastado as escravas do jardim para receber um jovem rapaz. Suzana logo compreendeu a cilada em que tinha caído e se pôs a gritar. Os anciãos fizeram o mesmo e quando o pessoal da casa, alarmado pelos gritos, chegou correndo, eles começaram a dizer que tinham visto Suzana com um jovem.

No dia seguinte, quando todos vieram à casa de Joaquim, viram os anciãos colocando suas mãos sobre a cabeça de Suzana, como uma forma de juramento em relação à verdade do que diziam. Contavam eles que a tinham visto com o rapaz, e que, todavia, não haviam podido deter pois ele conseguira fugir. Diante de um adultério, surpreendido em flagrante por duas autoridades, a decisão foi logo tomada de condenar Suzana à morte. Suzana gritava, afirmando sua inocência e sua confiança em Deus:

"Ó Deus eterno, que conheces o que está escondido, que tudo vês antes que aconteça, tu sabes muito bem que deram um testemunho falso contra mim! Vou morrer, dizia ela, mas sem ter feito nada daquilo de que me acusaram" (Dn 13,42-43).

Nesse momento, em meio aos que assistiam a cena, uma voz forte se fez ouvir. Era a do jovem Daniel: "Nada tenho a ver com a morte dessa mulher, estou inocente". Ao ouvi-lo, o povo quis se informar melhor. Daniel declara então que o testemunho dos anciãos era falso e cria condições de prová-lo, interrogando cada um na ausência do outro, e assim foi feito. Como os testemunhos dos anciãos não coincidem, confirma-se que haviam mentido ao contar a estória do adultério de Suzana. Ela é então inocentada e salva pela graça de Deus, que inspirara as palavras de Daniel, que será um grande profeta. Esse fim feliz da estória leva o marido e a família de Suzana a louvarem a Deus.

Se me detive sobre a estória de Suzana, que acaba bem, é porque ela nos revela a presença da mentira, dos falsos testemunhos lá onde se poderia esperar um outro tipo de conduta. Ela nos faz sentir e encarar as trevas do mal às quais estão frequentemente expostos os poderosos, quando cegos por seus desejos e, em particular, pelo poder, perdem toda aspiração à justiça e procuram se colocar acima do que é exigido pela lei.

Vê-se que por si só os mandamentos do decálogo seriam abstratos, pois são as narrações que variam os exemplos, tornando-nos mais aptos a analisar as situações concretas em que somos tentados pela mentira. Mentir aos outros e a nós mesmos nos faz escravos do mal, mesmo que seja um mal difuso, sem contornos definidos.

Terminarei minha comunicação evocando brevemente o livro de Jó. Nesse livro sapiencial, escrito também numa perspectiva profética, a narração é menos explícita do que implicada no que se fica sabendo sobre o destino do personagem-chave, assim como através do diálogo que se trava entre ele e seus "amigos", que interpretam sua sorte como só podendo ser um castigo enviado por Deus.

O livro de Jó, diga-se de passagem, tem sido muito apreciado por pensadores críticos em relação a um positivismo racionalista ou a uma filosofia da história, que, ainda que de modo diferente, tentam contornar o mistério do mal. Penso em particular em Kierkegaard, mas também no pensador russo Lev Chestov e no franco-romeno Benjamin Fondane, ambos adversários veementes do racionalismo vigente inclusive na teologia, defensores de Jó e admiradores do pensador dinamarquês[10]. Em sua obra *The great code, The bible and literature*, o grande teórico da literatura Northrop Frye chega também a sugerir que se pode ler *O processo* de Kafka como "uma espécie de midrash sobre o livro de Jó"[11].

Para me limitar a Kierkegaard, recordemos que, em seu livro *A repetição*, de 1843, ele escreveu, em relação ao drama existencial que vivia, "verdadeiras missivas" a Jó, por ele chamado de "meu mudo confidente".

Não há solução para Jó, que, no relato da Bíblia, é primeiro um homem a quem tudo parece sorrir, vai aos poucos sendo destituído de todos os seus bens, dos bens materiais e, ainda pior, de seus filhos. Ao padecer tantas desgraças, Jó não se conforma, revolta-se e não cessa de interpelar a Deus sobre a sua triste sorte. Seus amigos Elifaz, Baldad, Sofar e, por último Eliú, que com ele vêm dialogar, buscam toda sorte de argumentos para convencê-lo de que seus sofrimentos só podem ser um castigo devido a faltas cometidas.

Os tais amigos aderem, na verdade, a uma "teologia da retribuição", como se todo sofrimento que se padecesse fosse merecido, fosse tacitamente uma punição. Jó não somente não se convence dos argumentos expostos pelos "amigos", como reforça seus protestos porque não se sente culpado.

Chegando ao fim do livro, é o próprio Deus que se manifesta, dando a Jó uma lição sobre tudo aquilo que dele provém como Criador e que está acima do conhecimento dos homens e por isso mesmo nos escapa. Jó se arrepende de suas queixas e humildemente confessa o quanto os seus protestos contra Deus eram, digamos, alienados. Ele agora o vê melhor,

---

10. Benjamin Fondane (1898-1944), referindo-se a Kierkegaard, sublinha: "a importância de um homem cuja atividade principal foi situar a Ideia mais que o homem, o conceito mais baixo que a fé, a razão mais baixo que o absurdo e de nos reconduzir de Hegel a Jó..." Cf. FONDANE, Benjamin, Soren Kierkegaard et la catégorie du secret in: ID., *La conscience malheureuse*, Paris, Verdier, 2013, 238.
11. Cf. FRYE, Northrop, *The great code, The bible and literature*, San Diego, Harcourt B. J. Publishers, 1981-1982. Em português, FRYE, Northrop, *O código dos códigos, A bíblia e a literatura*, trad. e notas de Flávio Aguiar, São Paulo, Boitempo, 2004, em particular 233 ss.

e é capaz de falar dele ou a ele se dirigir com mais propriedade. E constatando, pela reação mesma de Deus, que os argumentos de seus "amigos" que queriam lhe dar "lições" indignavam muito mais que suas queixas o Senhor todo poderoso, Jó acaba rezando por eles.

As desgraças que podem açoitar um ser humano não podem ser "lidas", interpretadas, em termos de punição divina. Muitas delas dependem das leis físicas ou dos contextos culturais e religiosos em que se vive. E a outra lição não é menos importante. A estória de Jó nos deixa entrever que, por mais que se sofra das provações da vida, é imperativo conservar e manter acesa a chama desta grande virtude teologal que é a Esperança[12].

---

12. "Esperança", virtude teologal que foi tão bem "cantada" pelo poeta francês Charles Péguy, cujo centenário da morte, no início da Primeira Guerra Mundial, celebramos neste ano, isto é, em 2014. Cf. PÉGUY, Charles, Le Porche du mystère de la deuxième vertu, *Cahiers de la Quinzaine*, n. 13 (1911).

12. Paul Ricoeur: antropologia filosófica

Desde do falecimento de Paul Ricoeur, em 2005, vêm sendo reunidos, em diferentes volumes, artigos seus que em grande parte só haviam sido publicados em línguas estrangeiras, sobretudo em inglês, italiano, alemão, espanhol, e não no original francês, ou que ficaram então dispersos em várias revistas ou obras francesas.

Dentre uma das mais importantes séries dessas publicações destaca-se a que tem por título geral *Écrits et conférences*. Publicado em 2013, o terceiro tomo desses "escritos e conferências" recebeu como título *Anthropologie philosophique*, cujos textos foram reunidos e anotados por Johann Michel e Jérôme Porée. Na apresentação que ambos escreveram à obra, eles observam que se a noção de antropologia não figura no título de nenhuma das obras publicadas por Ricoeur, ela é intrínseca à busca filosófica do nosso autor. E fazem ainda considerações bastante pertinentes a respeito do que se entende comumente por antropologia. Em nossos dias, o termo abarca várias disciplinas em função do que se entende por ciências humanas, disciplinas cada vez mais especializadas. Em tal contexto temos a psicologia, a sociologia, a etnologia, a história e a linguística.

Diante dessa pluralidade muitas vezes conflitante, assim como da tentativa de naturalização do homem, isto é, do espírito humano, naturalização essa que procura fazer depender o espírito humano integralmente da neurofisiologia, e, portanto, de uma ciência da natureza, Ricoeur compreendeu que uma das tarefas urgentes da filosofia era enfrentar sua questão central: "O que é o homem?". Essa busca não consiste em elaborar apenas uma ontologia, como ocorre em Heidegger com sua ontologia do *Dasein* em relação à questão do ser, como indica a palavra mesma de *Dasein* e o título de sua primeira grande obra, *Sein und zeit*. Segundo Ricoeur, uma interrogação filosófica sobre o homem tem muito a aprender da história da filosofia, mas não deve se privar do que, nos dias de hoje, fica-se sabendo do homem graças às ciências humanas. Nem tampouco deve ignorar as questões que delas surgem.

Aliás, ao abordarmos o pensamento de Ricoeur, uma constatação logo se impõe, Ricoeur esteve sempre aberto às questões colocadas por outros pensadores, seja do passado antigo, como Platão e Aristóteles, ou modernos, como Descartes, Espinosa, Kant, Hegel etc. e contemporâneos, como Jean Nabert, Emmanuel Mounier, Gabriel Marcel, assim como pelas ciências humanas. E Ricoeur manteve-se sempre atento aos debates que o momento histórico suscitava, exigindo um empenho próprio, um engajamento social e político.

Importa ainda sublinhar que em sua trajetória, Ricoeur jamais pretendeu totalizar seu pensamento num sistema, interpretando-o como "acabado" (*achevé*), concluído. Uma abertura dessa ordem significava não ignorar que novas questões eram susceptíveis de aparecer a qualquer momento. E, no seu caso pessoal, as novas questões o levavam a rever, completar ou mesmo a "corrigir" o que ele já havia escrito.

Assumindo uma atitude de recusa de um sistema filosófico totalizante, Ricoeur é levado a renunciar a Hegel, que ele tanto admirava. *Renoncer à Hegel* é o título de um ensaio[1] que tem em vista sobretudo a obra *Die vernunft in der geschichte* [*A razão na história*] de Hegel. Isto dito, Ricoeur de modo algum esquecia que seu interesse pela história havia sido enriquecido filosoficamente por Hegel.

---

1. O texto de *Renoncer à Hegel* constitui um capítulo de *Temps et récit III*.

Aqui — e numa outra ocasião —, haveria um ponto importante a ser discutido sobre o que aproxima e o que diferencia as posições do padre Henrique Cláudio de Lima Vaz e as de Ricoeur, tanto mais que já dispomos em *Síntese* de um artigo de F. Javier Herrero intitulado *A ética filosófica de Henrique Cláudio de Lima Vaz*, em que se faz menção a alguns textos de Ricoeur[2].

Em março de 2019, foram reunidos, numa nova coletânea intitulada *Politique, économie et société*, a quarta coletânea dos *Écrits et conférences*, outros artigos de Ricoeur. Mencionado como epílogo desse tomo, encontra-se um dos últimos textos de Ricoeur, cujo título é *La lutte pour la reconnaissance et l'économie du don*, em que o filósofo sublinha que o "conceito de reconhecimento entrou na filosofia graças essencialmente a [...] Hegel, que havia desenvolvido tal conceito quase no início de sua obra filosófica, em Jena, entre 1802 e 1806"[3]. A essas noções de "reconhecimento" e de "dom", voltaremos mais adiante.

As diversas questões que Ricoeur abordaria em sua obra tinham quase todas a ver com o homem, sua vida, sua história. Numa conferência feita em inglês, na Inglaterra, em 1988, ele não hesitara em apontar o homem como o assunto da filosofia. Conferência essa que, sob o título francês de *L'homme comme sujet de la philosophie*[4] consta também do tomo *Anthropologie philosophique* dos *Écrits et conférences*.

Que para Ricoeur o homem seja o assunto da filosofia é o que se pode ainda constatar numa entrevista que inicia uma coletânea de textos sobre ele, escritos por vários autores. Depois que os entrevistadores mencionam seu trabalho filosófico como girando essencialmente em torno do "sujeito (do ser) humano", Ricoeur faz um longo comentário e termina dizendo: "Mas meu projeto principal se inscreve numa antropologia filosófica"[5].

---

2. Cf. HERRERO, Francisco Javier, A ética filosófica de Henrique Cláudio de Lima Vaz, *Síntese — Revista de Filosofia*, v. 39, n. 125 (2012) 393-432.
3. RICOEUR, *Politique, Économie et Société*, Epílogo, 313.
4. RICOEUR, *Anthropologie philosophique*, 305-327, Em inglês, *The human being as the subject matter of philosophy*, o texto dessa conferência figura desde 1989 no volume KEMP, Peter; RASMUSSEN, David (ed.), *The narrative path, The later works of Paul Ricoeur*, Cambridge (Mass.), MIT Press, 1989, 89-101.
5. RICOEUR, Paul, Entretien, in: AESCHLIMANN, Jean-Christophe; HALPÉRIN, Jean (org.), *Éthique et Responsabilité, Paul Ricoeur*, textes réunis par Jean-Christophe Aeschli-

Ainda a respeito da atitude de espírito que impregnava o pensamento filosófico de Ricoeur, uma frase de Peter Kemp, no prefácio de *Sagesse pratique de Paul Ricoeur,* a resume de maneira bastante significativa, e merece ser evocada.

Este esforço de conciliação — escreve Kemp —, ele exercia não somente na vida pessoal, mas também no trabalho filosófico, procurando constantemente fazer dialogar correntes de pensamento bastante diferentes, como a filosofia analítica e a filosofia dita "continental", ou fazer entrar em relação disciplinas das ciências humanas e sociais, consideradas como estranhas umas às outras, ou ainda interrogando campos diversos, como as ciências medicinais e ou a hermenêutica bíblica[6].

Agora, e para caracterizarmos mais de perto a trajetória de Ricoeur, em suas linhas gerais, é necessário lembrar que sua tese de *Doctorat d'État* tinha por tema geral a filosofia da vontade. Note-se que a publicação de *La philosophie de la volonté* foi feita em três diferentes tomos: o primeiro sob o título de *Le volontaire et l'involontaire* foi editado em 1950; enquanto que os dois outros tomos, colocados sob o título conjunto de *Finitude et culpabilité,* são intitulados *L'homme faillible* e *La symbolique du mal,* editados dez anos depois do primeiro, em 1960.

Voltar-se, em sua tese, para o tema da vontade era bastante significativo de que o agir — aquilo que o homem pretende fazer voluntariamente ou aquilo que o homem sofre, padece involuntariamente — importava muito para Ricoeur. O que já revelava que a questão da "razão prática" era um dos principais eixos de seu interesse enquanto filósofo. Para Ricoeur, o que o homem faz ou sofre predomina sobre o que o homem conhece; o agir contando mais que o conhecer no seu questionamento.

Nesse horizonte, o título mesmo de *O homem falível* anuncia que Ricoeur abordará o que fragiliza o homem em seu próprio ser, devido à desproporção que o habita. Fragilidade que tende a desviá-lo de uma

---

mann, Neuchâtel, La Baconnière, 1994, 23. Os autores dos textos sobre P. Ricoeur são Jean Halpérin, Olivier Mongin, Guy Petitdemange, Alexandre Derczansky, Marc Faessler, Jean Greisch et René Major.

6. KEMP, *Sagesse pratique de Paul Ricoeur,* 8.

"vida boa" (digamos, voltada para o bem), quando ele se deixa seduzir por motivos ilusórios e egocêntricos. Essa situação leva o indivíduo a não reconhecer verdadeiramente um outro homem, e, portanto, a não manifestar a atenção, o respeito, a consideração que são devidos ao outro. Essa falta de reconhecimento mútuo não se limita a um outro indivíduo, tido como não merecendo respeito, mas se estende frequentemente a grupos sociológicos ou a comunidades raciais, considerados como inferiores.

Ao nomearmos *La symbolique du mal,* o terceiro tomo de *A filosofia da vontade,* importa lembrar que a questão do mal sempre interpelou Ricoeur, o que se confirma em muitas de suas obras e ainda no seu ensaio *Le mal, Un défi à la philosophie et à la théologie,* cuja primeira edição é de 1986. Acrescentemos o interesse de Ricoeur pelo "Ensaio sobre o mal radical" que consta da obra *A religião nos limites da simples razão* de Kant, autor que marcou bastante seu pensamento, mas do qual, como veremos, ele às vezes se distancia.

Ora, ao me referir a *Finitude et culpabilité* que inclui *L'homme faillible* e *La symbolique du mal,* estou querendo justamente chamar a atenção para o fato de que Ricoeur encara o ser humano pelas tensões que lhe são presentes. E se ele o faz em sua interrogação sobre o que orienta o homem em direção a uma vida eticamente boa, é sem esquecer a necessidade de se entrever as fragilidades interiores à consciência humana que frequentemente permanecem ocultas, mais ou menos inconscientes.

Com isso em vista, ao encarar a vida humana, Ricoeur, que havia sido aluno em "classe terminal", isto é, no último ano do secundário, de Roland Dalbiez, um católico neotomista e autor do primeiro livro sobre Freud na França, não tardará a ler e reler Freud, publicando, em 1965, o livro cujo título é *De l'interprétation, Essai sur Freud.* Sua reflexão a respeito da psicanálise não ficou por aí. Ele a leva adiante em vários artigos que foram justamente reunidos no primeiro volume de seus *Écrits et conférences,* volume que traz o título de *Autour de la psychanalyse*[7].

---

7. RICOEUR, *Écrits et conférences 1,* 2008. Sobre o assunto, ver nosso artigo VILLELA-PETIT, Maria da Penha, A presença da psicanálise no pensamento de Paul Ricoeur, *Psicanalítica,* Órgão oficial da Sociedade Psicanalítica do Rio de Janeiro (SPRJ), v. 16, n. 1 (2015) 43-55.

Isto nos conduz a entrever que o agir do homem, convocando a memória do passado e se projetando num futuro próximo em sua busca de sentido, implica a linguagem sob o modo narrativo, como condição de se comunicar não somente com outrem, mas consigo próprio, com a alteridade em si mesmo.

A linguagem em suas várias dimensões, inclusive imaginativas e simbólicas, é intrinsicamente ligada ao agir. Nós a empregamos de maneira diversa para formular as histórias que somos levados a tecer sobre nossa vida, a qual é sempre inter-relacionada com a vida de outros, e sobre as situações onde nos encontramos, ou onde outros se encontram (ou se encontraram) em certos momentos da História com H maiúsculo.

Essa visão já animava a coletânea *Histoire et vérité*, publicada em 1955 pela revista *Esprit*, e, mais tarde, incentivará a redação de duas grandes obras que Ricoeur entendia como interligadas. A primeira é *La métaphore vive* [A metáfora viva], e a segunda, os três tomos que compõem *Temps et récit* [Tempo e narrativa]: *L'intrigue et le récit historique*; *La configuration dans le récit de fiction* e *Le temps raconté*, cujas primeiras edições surgem entre 1983 e 1985.

Sobre a noção de "história" em Ricoeur eu publicara um artigo em inglês: *Thinking history, Methodology and epistemology, Paul Ricoeur's reflections on history*[8] no livro *The narrative path*. E publiquei também uma versão francesa desse texto *D'Histoire et vérité* à *Temps et récit*, *La question de l'histoire* no livro dirigido por Jean Greisch e Richard Kearney, tendo por título *Paul Ricoeur, Les métamorphoses de la raison herméneutique*[9].

Importa sublinhar que a pesquisa ricoeuriana em *Tempo e narrativa* fará emergir a importantíssima noção de identidade narrativa. Todo ser humano tem uma história de vida, sua identidade se constituindo ao longo do tempo pela sua maneira de agir, pelo que ele faz ou omite fazer. Essa história de vida com seus altos e baixos, como acabávamos de

---

8. Cf. VILLELA-PETIT, Maria da Penha, Thinking history, Methodology and epistemology, Paul Ricoeur's reflections on history, in: KEMP, Peter; RASMUSSEN, David (ed.), *The Narrative Path*, 33-46.

9. Cf. VILLELA-PETIT, *D'Histoire et vérité* à *Temps et récit*, 185-197.

sugerir, é essencialmente intersubjetiva e associada à história social de uma comunidade.

Antes de prosseguirmos, sondando mais de perto a ideia de narração em relação com a de identidade, e sob os aspectos tanto históricos quanto literários ou fictícios, é necessário que se leve em conta um aspecto do percurso intelectual de Ricoeur. Por um lado, ele encontra a fenomenologia e a hermenêutica, por outro, a partir de 1977, a filosofia analítica, da qual ele tomou conhecimento sobretudo depois que começou a ensinar nos Estados Unidos. A partir de então, ele procura articular o que vem de uma e outra tradição em função das preocupações que lhe são próprias, como se vê no ensaio *L'homme comme sujet de la philosophie*, em que Ricoeur menciona justamente essa dupla herança: a de uma fenomenologia hermenêutica e a da filosofia analítica.

Nesse ensaio — inicialmente uma comunicação num Congresso de Filosofia em Brighton e no qual Ricoeur se interroga sobre os discursos que podemos fazer sobre o homem, sobre sua identidade pessoal — ele vai em primeiro lugar se concentrar sobre o uso que, ao nível linguístico, fazemos do "eu" e dos outros pronomes pessoais.

Ora, o "eu" é um pronome que, em sua dimensão semântica, é por assim dizer "vazio", dado que não define nem identifica ninguém. Cada ser humano pode em princípio dizer "eu" (ou algo equivalente) com o propósito de se designar, ou se atribuir o fato de estar dizendo algo e ainda se arrogar tal ou qual gesto, ação, motivação.

Além de apontar essa dimensão semântica, Ricoeur vai, em seguida, sublinhar a dimensão pragmática de "eu" enquanto sujeito de uma palavra. Quando, por exemplo, estamos dialogando, o uso do "eu" varia de um indivíduo a outro. Aquele que era um "tu" para o locutor que falava, ao assumir por sua vez a palavra passa a ser um "eu". Assim, se semanticamente o "eu" é vazio — já que qualquer ser humano pode usar o "eu", quando alguém fala, o "eu" passa a identificar aquele que está proferindo uma palavra. Assim, ao falarmos, estamos de algum modo agindo, nos dirigindo ao interlocutor e nos identificando como tal.

Para Ricoeur importa ver que a identificação de um ser humano não se confunde nem com a identificação das coisas, ainda que elas possam ser únicas, nem com a identificação dos animais; mesmo — e é o que me

217

parece dever-se sublinhar — os animais, embora sejam indivíduos que sentem e se comunicam por gestos afetivos e sinais acústicos, não têm a capacidade de proferir *discursos*, de se *autodenominar*.

Na verdade, eu lamento, de certo modo, que Ricoeur não tenha se detido um pouco mais sobre a comunicação dos seres vivos, em particular dos animais, contudo, é claro que os animais não proferem discursos sobre si próprios. Isso dito, é bem verdade que, se os indivíduos humanos podem contar a história de animais que eles conhecem, que amam (e os afetos são recíprocos) os animais não podem narrar as próprias vidas.

Os seres humanos que, primeiro e num sentido neutro, Ricoeur já chama de pessoas são aqueles que podem se questionar, se perguntando, como fora proposto por Kant sobre o discurso que cada sujeito humano pode ter consigo mesmo, ainda que implicitamente: "O que eu posso conhecer?"; "O que eu devo fazer?"; "O que me é permitido esperar?".

Começando por essas questões kantianas, em que o "eu" está em primeiro plano, é que Ricoeur, no ensaio *Individu et identité personnelle*, em que primeiro havia chamado a atenção para a questão do "eu" semanticamente "vazio", não identificante, fará uma espécie de salto em direção à dimensão pragmática, abordando o uso efetivo do "eu", do "tu" e dos pronomes "ele" ou "ela" da terceira pessoa.

Quando digo, por exemplo: "amanhã 'eu' vou tomar um avião para voltar ao Rio", esse "eu" é a minha pessoa, a minha pessoa que profere uma frase, dirigindo-se a outras pessoas. E a minha pessoa inclui meu corpo, e inclui ainda, no caso de sociedades como a nossa, uma identidade social apoiada em documentos, papéis oficiais, onde estão inscritos meu nome próprio, registrado segundo o direito do Estado onde nasci. E, como veremos, tais dados têm que ver com a questão "Quem?", questão maior para quem se interroga sobre o agir.

Quanto à identidade narrativa, ela vai além da identidade pessoal no sentido anterior de simples identificação, pois inclui uma história de vida, ainda que forjada pela imaginação, ou seja, a história de uma existência pessoal, envolvendo de maneira essencial sentimentos, ações, sofrimentos e aptidões. Essa existência pessoal está interligada, entremeada, com a história daqueles que têm a ver uns com os outros. Uma história narrada tem sempre uma dimensão intersubjetiva, como já dissemos.

Resumindo: ao levarmos em conta uma identidade narrativa o "eu", já não é qualquer um, mas sim um indivíduo singular que tem uma perspectiva única sobre o mundo. Assim, a resposta à questão "Quem?" ultrapassa a simples informação e se inscreve no horizonte da ética apontando para uma maneira singular de estar no mundo.

Em relação ao agir, essa questão tem essencialmente a ver com o que fazemos de nossas vidas. Quando perguntamos "Quem fez isso?", tendo em vista algo de bom, cujo autor queremos identificar e elogiar, ou algo de mau, cujo autor é criticável ou condenável, podemos responder: "fui eu", "foi você", ou então "foi ele/ela". Quando se trata de algo de repreensão, a resposta é "fui eu mesmo?", o dizer "eu" então é uma espécie de confissão, de admissão pela pessoa de não ter agido como seria justo. Em uma ação cometida por outro, ou outros, se dizemos "foi você" ou "foi ele/ela", a identificação de quem agiu mal é uma condenação. Temos aí, no "eu mesmo", no "você mesmo" ou no "ele mesmo" a dimensão reflexiva dos pronomes pessoais; e, portanto, a dimensão do "si" mesmo. Refletindo sobre a reflexividade da linguagem, Ricoeur vai então ultrapassar a dimensão narrativa de uma vida humana em favor de uma identidade ética.

Nesse horizonte, quando dizemos "mesmo" há que se distinguir seus dois sentidos. E para destacar esses dois sentidos, Ricoeur recorre ao latim usando os termos: *idem* e *ipse*.

O "mesmo", enquanto *idem*, designa um mesmo ente (que identificamos como o mesmo), e se tratando do ser humano, sua identidade biológica, seu DNA, por exemplo. Quanto ao *ipse* ele tem que ver com a identidade pessoal de cada ser humano, cuja vida tem uma história, uma identidade narrativa. O eu é então encarado como alguém que se modifica e que, agindo, se transforma. E Ricoeur comenta: "é a função mediadora da narração que conjuga a mudança anedótica de uma vida com a configuração de uma história"[10].

A propósito de *ipse*, Ricoeur faz aliás uma alusão a Santo Agostinho, que ele tanto prezava. Basta aqui lembrar que *Tempo e narrativa* é

---

10. RICOEUR, Paul, Individu et identité personnelle in: ID., *Anthropologie philosophique*, 348.

introduzido com dois grandes estudos: um sobre o tempo em Agostinho e o outro sobre a *Poética* em Aristóteles. No ensaio ao qual estamos nos referindo, *Individu et identité personnelle*, Ricoeur cita a passagem do livro X das *Confissões*, capítulo 16, em que Santo Agostinho se interroga: "mas o que há de mais próximo de mim que eu mesmo (*me ipso mihi*)", acrescentando em seguida: "eu trabalho sobre mim mesmo (*et laboro in meipso*)"[11].

O uso do "si", do "si mesmo" como *ipse*, e não como *idem*, que procede da função reflexiva, se desenvolve filosoficamente num livro central do percurso ricoeuriano, *Soi-même comme un autre*, editado em 1990, cujo prefácio trata da questão da ipseidade.

O "si mesmo" é o que cada ser humano pode empregar refletindo sobre ele próprio (sobre sua *ipseidade*), expressão, portanto, que vai além do "eu", pois tem que ver com a interioridade de cada um. O título *O si-mesmo como um outro* explicita ainda a universalidade ética: qualquer outro ser humano é um si mesmo, e, portanto, não merece ser tratado como inferior, como valendo menos.

A atitude ética que impregna não somente esta obra, mas todo o percurso de Ricoeur permite também levar adiante a questão das instituições, que precisariam ser mais justas. Ele reuniu em dois volumes, *Le juste I* (1995) e *Le juste II* (2001), artigos que havia publicado em particular na revista *Esprit*. Segundo o autor, a noção de justiça não pode deixar de ultrapassar o que, num processo, a instituição judiciária é capaz de proferir como decisão justa, isto é, o que profere em conformidade com as leis, com o direito.

A questão da justiça requer uma abordagem não somente segundo a instituição legal do Direito, mas sobretudo no horizonte social e político, pois é nesse horizonte que a aspiração humana à justiça há de encontrar seus frutos.

É importante precisar ainda, que, relativamente à razão prática, Ricoeur opta por empregar dois termos: o de ética e o de moral, respectivamente de origem grega e latina. Ele o faz com a intenção expressa de

---

11. Ibid., 345.

marcar uma diferença entre a "moral", que denomina o que diz respeito à lei moral, à deontologia — que tem sua inscrição filosófica no formalismo da *Crítica da razão prática* de Kant — e a "ética", enquanto "sabedoria prática" (*phronesis*), em que uma ação é julgada em função da singularidade das circunstâncias nas quais ela ocorreu.

Apesar da introdução dessa diferença, importa lembrar o caráter incontornável da moral. A sabedoria prática não pode se abster de levar em conta a moral, mesmo que seja para ir além do "imperativo" da lei, do direito, no julgamento de uma situação singular, quando é necessário agir ou imputar uma ação a alguém.

Uma questão que se torna primordial no pensamento de Ricoeur é a do agir pela palavra, enquanto palavra proferida a uma outra pessoa. O caso paradigmático posto em evidência por Ricoeur é o da *promessa*. Como ele afirma aos que o interrogam: "A promessa forma verdadeiramente a base da relação com outrem. O outro conta com que eu mantenha minha palavra".

Na promessa, manter a palavra dada ao outro, geralmente não se inscreve num horizonte jurídico, mas é de ordem ética. Certo, observa Ricoeur, "algumas formas de ruptura de promessa são susceptíveis de ter a ver com tribunais: como testemunhos falsos, extorsões de benevolência etc. Mas ao lado dos contratos de ordem jurídica, existe um contrato de ordem ética repousando sobre a confiança, que não é sancionado pelo sistema de leis"[12].

Quem faz a promessa não está submetido a uma lei jurídica, mas a uma obrigação moral, e a noção de "obrigação" é posta em destaque por Ricoeur.

No caso da promessa, se a palavra dada não for honrada, a vítima da mentira, não tendo direito de recorrer a uma instância jurídica, reage indignando-se, protestando e acusando aquele que prometera de não ser fiável, de enganar, de ser um mentiroso. A promessa era objeto de uma espera confiante. E quem não mantém sua promessa não somente trai o outro, mas, de certo modo, trai a si mesmo, traindo sua palavra. Por

---

12. RICOEUR, *Entretien*, 16-17.

meio da palavra é exercida uma violência não perceptível em matéria de gestos. O elo intrínseco do ato da palavra ao si que a profere testemunha como a linguagem participa da ipseidade. E estando em pauta a mentira, é a questão do mal que reaparece na dimensão da falsidade, ameaçando assim o sujeito humano.

É de se notar que haveria muito ainda que explorar nas convergências que existem entre essas análises filosóficas e a hermenêutica bíblica, que foi também uma preocupação de Ricoeur.

Chegando quase ao final desse meu ensaio sobre Ricoeur, o outro tema que me parece não pode ser negligenciado quando se considera o que ele mesmo denominou de "antropologia filosófica" é o do "reconhecimento" ao qual eu já fizera brevemente alusão a respeito de sua relação a Hegel.

Pierre-Olivier Monteil, que escolheu e apresentou sob o título de *Politique, économie et société* os 17 textos de Ricoeur que compõem o volume 4 dos *Écrits et conférences*, editados em março de 2019, termina a coletânea pelo ensaio *La lutte pour la reconnaissance et l'économie du don*, o texto da conferência inaugural feita por Ricoeur, em novembro de 2003, por ocasião do sétimo Encontro Internacional de Filosofia do Caminho de Santiago, que era a ele consagrado e que só havia sido publicado em espanhol.

No início dessa conferência, Ricoeur se detém sobre como o tema hegeliano do "reconhecimento" passara a ser conhecido na França, em particular graças a Alexandre Kojève; em seguida, ele se estende sobre o tema mesmo de "luta pelo reconhecimento" em sua oposição ao *Leviatã* de Hobbes, isto é, à luta do homem contra o homem, que a filosofia política, a filosofia do direito natural tentou sempre combater.

Ricoeur empreende análises muito instrutivas de todos aqueles que procuraram pôr em relevo, digamos, a aspiração moral do homem, ou seja, a aspiração ao *telos*, ao alvo de uma vida boa em que os homens, em conjunto, viveriam segundo as leis morais. No entanto, como Hegel já havia podido entrever, no nosso mundo as desigualdades se acentuam, os homens se desconhecem. Por isso, Ricoeur sublinha (eu o cito numa tradução minha):

> Em nossas sociedades, a fonte do desconhecimento (*méconnaissance*), a negação do reconhecimento, residem na contradição profunda que existe entre

uma atribuição igual de direitos como cidadãos e como detentores (de direitos) e a desigualdade na distribuição de bens: em outras palavras, nós não sabemos produzir sociedades econômica e socialmente mais igualitárias[13].

Essas considerações, que têm a ver com a luta pelo reconhecimento, não impedirão Ricoeur de propor, na segunda parte de sua conferência, o que seria um projeto nutrido não tanto por ilusões, mas por uma chama de esperança, ou seja, o "projeto" de uma economia do dom.

O que, filosoficamente, sustenta essa proposição é sua lembrança da grande obra do antropólogo Marcel Mauss, *Essai sur le don*, cujo subtítulo é *Forme et raison de l'échange dans les sociétés archaïques*. Ricoeur, ademais, acrescenta que seu "problema será saber se o dom é um fenômeno arcaico ou se nós podemos encontrar alguns equivalentes modernos daquilo que Marcel Mauss descreveu muito bem como 'economia do dom'"[14].

A leitura que Ricoeur fez de Marcel Mauss se apoia na obra recente de Marcel Hénaff intitulada *Le prix de la vérité, Le don, l'argent, la philosophie*.

E seguindo a interpretação do dom que propõe Hénaff que Ricoeur observa que a "coisa dada [...] não é senão o substituto de um reconhecimento tácito". O que mais conta é a relação entre o doador e aquele que recebe o dom.

As considerações às quais Ricoeur é conduzido por sua leitura de Hénaff comportam uma crítica que corresponde àquela que ele sempre fez relativamente ao dinheiro como objeto de uma busca insaciável, em sociedades como a nossa. Ou como escreve "Que o dinheiro tenha se tornado a coisa universal marca o ápice do conflito entre a verdade e o dinheiro"[15].

Terminando a conferência, Ricoeur sublinha que "em francês, a palavra 'reconhecimento' significa duas coisas: ser reconhecido por quem a gente é na sua identidade, mas também sentir gratidão, quer dizer, uma

---
13. Cf. RICOEUR, Paul, La lutte pour la reconnaissance et l'économie du don, in: ID., *Politique, économie et société*, 321.
14. Ibid., 323.
15. Ibid., 325.

troca de gratidão no presente". E acrescenta uma questão que ele faz a si mesmo: até que ponto se pode dar uma significação fundadora a essas experiências raras? Experiências preciosas que protegem a "luta pelo reconhecimento" de um retorno à violência de Hobbes.

É claro que, por essas suas interrogações, assim como pelas questões abordadas ao longo de sua vida de filósofo, Ricoeur nos fez entrever como sua "antropologia filosófica", sem esquivar a fragilidade humana, nos abre a um pensar que não sucumbe a um pessimismo histórico.

13. A presença da psicanálise no pensamento de Paul Ricoeur[1]

Foi ainda no Liceu, no seu curso de filosofia, que Ricoeur ouviu falar de Freud. Na França, qualquer que seja o ramo escolhido, se é obrigado a estudar filosofia nas chamadas *classes terminales*, isto é, no último ano do *Lycée*, antes de se passar, portanto, o *baccalauréat*, que é o diploma dos estudos secundários. Adolescente, Paul Ricoeur estudara no Liceu de Rennes, e obtivera seu *bac* aos 17 anos. Ao mesmo tempo que é o diploma de conclusão dos estudos secundários, o *baccalauréat* abre as portas para a Universidade, servindo como uma espécie de vestibular.

Naquela época, nos anos de 1930, ouvir falar de Freud em *classe terminale* era algo de excepcional. O curioso é que o professor de filosofia de Ricoeur, Roland Dalbiez, jamais por ele esquecido, era um católico neotomista que se opunha à linha dominante e quase exclusiva da filosofia ensinada na universidade francesa, considerada por ele como "idealista". Aos olhos de Dalbiez — que, na França foi o primeiro autor

---

1. VILLELA-PETIT, Maria da Penha, A presença da psicanálise no pensamento de Ricoeur, *Psicanalítica*, Órgão oficial da Sociedade Psicanalítica do Rio de Janeiro (SPRJ), v. 16, n. 1 (2015) 43-55.

de uma obra sobre a psicanálise² — Freud tinha o grande mérito de ser um "realista".

Não posso me estender sobre as noções de "realismo" e "idealismo", ou sobre a incompreensão dos adeptos do realismo neotomista em relação a Descartes e a Kant que, junto com Leibniz e Espinosa, foram os expoentes da filosofia pós-renascentista, cujo herdeiro não foi senão o próprio Ricoeur, embora criticando parcialmente a filosofia moderna e a transformando de maneira decisiva. Ademais, Ricoeur nunca cessou de reconhecer a importância do que recebera de Dalbiez. Daí sua preocupação de integrar a psicanálise, isto é, a dimensão do inconsciente, em sua maneira de pensar, fortemente marcada, por outro lado, tanto pela fenomenologia como pela tradição da filosofia reflexiva francesa. Um dos expoentes dessa tradição "reflexiva" foi Jean Nabert, autor de quatro obras de primeiro plano³ que tiveram grande impacto sobre o pensamento de Ricoeur. Como ele escreveria na primeira parte de seu ensaio sobre Freud, a reflexão, ao contrário da intuição imediata, "nos permite entrever o lugar da interpretação no conhecimento de si mesmo"⁴, sendo assim uma tarefa, ou melhor, "uma reapropriação de nosso esforço para existir".

Antes de me estender mais detalhadamente sobre a presença explícita ou tácita da psicanálise durante o percurso do pensamento tão rico de Ricoeur, parece-me conveniente citar a longa afirmação com que ele, que era também um cristão, um homem de fé, consciente do "conflito das interpretações", encerra assim seu artigo *O ateísmo da psicanálise freudiana*⁵:

---

2. DALBIEZ, Roland, *La méthode psychanalytique et la doctrine freudienne*, Paris, Desclée de Brouwer, 1936.
3. Cf. as obras de Jean Nabert, *L'expérience intérieure de la liberté* (1924); *Éléments pour une éthique* (1943); *Essai sur le Mal* (1953) e *Le désir de Dieu*, obra póstuma, inacabada, apresentada por E. Doucy com um prefácio de P. Ricoeur, e com um inédito de Nabert intitulado *La conscience peut-elle se comprendre?*.
4. Cf. RICOEUR, *De l'Interprétation*, 52.
5. Cf. RICOEUR, *Autour de la Psychanalyse*, 205-219. O artigo *L'athéisme de la psychanalyse freudienne* havia sido anteriormente publicado na revista *Concilium* ("Problèmes frontières"), v. 2, n. 16 (1966) 59-71.

Mas talvez seja na ordem do consolo que a lição da psicanálise não tenha sido ainda percebida: existem de fato dois tipos de consolo inextricavelmente entremeados: o consolo infantil e idólatra, aquele mesmo que os amigos de Jó professavam, e, por outro lado, o consolo segundo o espírito, que não comporta mais nada de narcísico e de interessado, que não é mais uma proteção contra as calamidades da existência e um refúgio contra a dureza da vida; este consolo só é acessível a uma obediência extrema à realidade; ela passa pelo luto do primeiro consolo. Aquele que conseguir avançar até o extremo desse movimento terá verdadeiramente assumido o iconoclasmo freudiano no movimento mesmo da fé[6].

Este comentário deixa entrever como Ricoeur assume o valor da psicanálise freudiana, sua denúncia das ilusões e compensações religiosas, e isso independentemente do que havia de criticável — e que ele critica — no "cientismo" de Freud e em sua drástica recusa do "religioso" enquanto tal.

Voltemo-nos agora para o percurso ricoeuriano enquanto filósofo. Em 1934, o jovem Ricoeur defende sua dissertação de mestrado: *Le problème de Dieu chez Lachelier et Lagneau* e, em seguida, passa o período de 1934 a 1935 em Paris, quando estuda na Sorbonne e prepara sua agregação de filosofia. É então que encontra Gabriel Marcel e toma conhecimento de Husserl. Nesse período, Ricoeur se aproxima de Emmanuel Mounier e da revista *Esprit*.

Tornando-se amigo de Marcel, frequenta os seminários que são realizados às sextas-feiras no apartamento do filósofo, e ali se familiariza com o tema marceliano de "reflexão segunda". Graças ao artigo de Marcel *Situation-fondamentale et situations-limite chez Karl Jaspers*, Ricoeur inicia-se à obra de Jaspers, em que são abordadas as "questões-limite", tais como a falta (a má-conduta), a solidão, a morte, o fracasso.

Durante sua detenção na Alemanha — como oficial prisioneiro por estar fazendo seu serviço militar, quando a França, sob o regime de Vichy capitulara face ao invasor —, Ricoeur considerará Karl Jaspers seu interlocutor "mudo". De volta à França, depois de terminada a guerra,

---

6. Ibid., 219.

ele publica em 1947, com Mikel Dufrenne, uma obra sobre a filosofia de Jaspers, seguida de outra, publicada em 1948, de sua única autoria.

Nos anos anteriores à guerra, por intermédio de outro colega que frequentava as reuniões de Gabriel Marcel, Ricoeur tomara conhecimento de uma tradução inglesa das *Ideen I* de Husserl, ou seja, de *Ideen zu einer reinen Phänomenologie und phänomenologischen Philosophie*. Já conhecendo a língua alemã, quando se torna cativo dos alemães, Ricoeur levara consigo essa grande obra de Husserl e começou então a traduzi-la, fazendo com que permanecesse marcado para sempre pela fenomenologia husserliana que, graças à ideia dominante de "intencionalidade", abria a consciência ao exterior.

Ao voltar à França, uma vez terminada a Guerra, Ricoeur integra o Centre National de la Recherche Scientifique (CNRS), a fim de preparar sua tese de Estado, e ensina em meio período no Collège Cévenol em Chambon-sur-Lignon, cidadezinha que ficara famosa pelo auxílio que, durante a guerra, sua população, majoritariamente protestante dera aos judeus. Graças ao seu contrato com o CNRS, Ricoeur dispunha de um pouco mais de tempo para preparar sua tese de doutorado.

O que é extremamente significativo é que Ricoeur tenha escolhido a filosofia da vontade por tema de sua tese principal. Na área da fenomenologia, Maurice Merleau-Ponty, 5 anos mais velho que Ricoeur, havia consagrado sua tese à percepção. Mas a preocupação ética de Ricoeur o levava a aprofundar a temática do voluntário e do involuntário, da finitude e da culpabilidade, que remete não tanto à razão teórica, mas sobretudo à existência enquanto ligada ao agir e ao sofrer.

Os títulos dos três volumes de sua obra, *La philosophie de la volonté*, são:

Volume I — *Le volontaire et l'involontaire*, de 1950;
Volume II — *Finitude et culpabilité*, editado em 1960 e composto de
  dois tomos, a saber:
Tomo 1 — *L'homme faillible* e
Tomo 2 — *La symbolique du mal*.

Em *Réflexion faite, Autobiographie intellectuelle*, publicada em 1995, Ricoeur declara que desde a publicação de *A simbólica do mal*, ele iniciara uma leitura praticamente exaustiva da obra de Freud, descobrindo então que na *Interpretação dos sonhos* (*Traumdeutung*), Freud inaugurara uma outra hermenêutica, diferente daquela adotada por Ricoeur ao interpretar símbolos e mitos em *A simbólica do mal*. Essa descoberta nos conduz a seu curso sobre Freud, que tive a chance de assistir, e ao livro que, já em 1965, ele publicaria com o título *De l'interprétation, Essai sur Freud*. Como Ricoeur comenta nessa sua "autobiografia intelectual":

Para mim, a passagem por Freud foi de uma importância decisiva; além da menor concentração que devo a ele sobre o problema da culpa (culpabilidade), e uma atenção ao sofrimento não merecido, é à preparação de meu livro sobre Freud que devo o reconhecimento das dimensões especulativas relacionadas com o que eu chamei de conflito de interpretações. O reconhecimento do direito igual de interpretações rivais me pareceu fazer parte de uma verdadeira deontologia da reflexão e da especulação filosófica[7].

Quando em 1969 Ricoeur reúne vários ensaios relativos à questão hermenêutica, justamente sob o título de *Le conflit des interprétations*[8], constata-se que cinco deles figuram no capítulo II, *Herméneutique et psychanalyse*; sendo o primeiro consagrado ao "consciente e inconsciente", em que Ricoeur reconhece claramente o quanto deve a Freud, inclusive no que diz respeito à legitimidade de interpretações diversas e conflitantes, ainda que cada uma delas, como é o caso da freudiana, tenha seus limites.

Nessa mesma época, haviam se estabelecido no meio intelectual francês várias correntes de um pensamento "novo": em antropologia social, o estruturalismo, e em linguística, o formalismo semiótico, que consideraria a língua sob o ângulo de um sistema de signos (sinais). Apoiando-se em Émile Benveniste[9], Ricoeur vai, no entanto, valorizar a *frase*, e, recorrendo a Roman Jakobson[10], sublinhará que há *discurso* quando alguém

---

7. RICOEUR, *Réflexion faite*, 37-38.
8. RICOEUR, *Le conflit des interprétations*.
9. Cf. BENVENISTE, Émile, *Problèmes de linguistique générale I*, Paris, Gallimard, 1966; BENVENISTE, Émile, *Problèmes de linguistique générale II*, Paris, Gallimard, 1974.
10. Cf. JAKOBSON, Roman, *Essais de linguistique générale I*, trad. fr. de N. Ruwet, Paris, Minuit, 1963. JAKOBSON, Roman, *Essais de linguistique générale II*, trad. fr. de N. Ruwet, Paris, Minuit, 1973.

diz algo a outrem (a um outro) sobre alguma coisa, seguindo as regras fonéticas da língua que fala.

Esta compreensão do discurso em que alguém diz algo a outra pessoa, ou a si mesmo, sobre alguma coisa, realça não só a importância da comunicação e da palavra como abertura ao mundo, à alteridade, como também, e sobretudo, o papel da narração no próprio campo da consciência. Somos conscientes de nós mesmos graças às palavras e às estórias que ouvimos, à atenção que prestamos ao que é dito quando se está dizendo algo que nos detém, que nos interpela.

Ora, já a leitura de Freud levara Ricoeur a ver a importância do discurso, sobretudo do discurso deturpado, alterado pelos bloqueios, pelos recalques, por aquilo que não enxergamos em nossas vidas ou que não conseguimos exprimir, o que acarreta inevitáveis dificuldades no conhecimento que podemos ter de nós mesmos.

Como sublinha em seu artigo de 1966 sobre o consciente e o inconsciente, a psicanálise trouxe à tona a mentira, as omissões, as distorções ou deturpações da consciência, observando ainda que "o realismo freudiano esboça um movimento de conversão da consciência". Ela deve conduzir o *ego* a tentar se desprender de si mesmo, de seu narcisismo, para melhor ver o mundo e melhor se conhecer. O conhecimento de si mesmo só se faz por meio de inúmeras mediações que passam pelos outros e pelas obras culturais. A consciência não pode se conhecer a si própria sem passar pela cultura. A simples introspecção não dá conta do recado.

Nessa mesma época é a narração que vai assumir uma grande importância no pensamento de Ricoeur, e ele não tardará a produzir sua obra *Temps et récit*, em três volumes. Obra tacitamente associada à maneira mesma como ele encara a psicanálise quando, por exemplo, faz a seguinte consideração: "O caráter narrativo da experiência psicanalítica jamais é discutido diretamente por Freud, pelo que conheço. Mas é indiretamente presente em suas considerações sobre a memória". E acrescenta pouco depois: "A rememoração, portanto, é o que deve substituir a repetição"[11].

---

11. RICOEUR, Paul, La question de la preuve en psychanalyse, in: ID., *Autour de la psychanalyse*, 31-32. Uma primeira versão, em inglês, data de 1977.

Por repetição entende-se aqui a repetição neurótica, estéril, enquanto que na obra cultural emergem sentidos novos pela mediação do trabalho[12]. É, todavia, em dois outros ensaios, *La vie, Un récit en quête de narrateur* e *Le récit, Sa place en psychanalyse*, que Ricoeur se estenderá sobre a dimensão narrativa como essencial tanto à teoria quanto à prática psicanalítica. No primeiro deles, *A vida, Uma narrativa em busca de narrador*, depois de evocar os fragmentos de estórias vividas ou sonhadas que o paciente leva ao analista, sublinhando a qualidade pré-narrativa da experiência humana, já que somos todos emaranhados em "histórias", Ricoeur acrescenta: "Esta interpretação narrativa da teoria psicanalítica implica que a história de uma vida procede de histórias não contadas e reprimidas (recalcadas) em direção de histórias efetivas que o sujeito poderia assumir e considerar como constitutivas de sua identidade pessoal"[13].

O autor, tanto de *L'interprétation, Essai sur Freud* quanto de *Temps et récit*, não hesita em considerar

> a psicanálise como uma hermenêutica, já que o homem é um ser que se compreende interpretando-se, e que se interpreta recorrendo à narração, isto é, por meio de estórias. A narração é o modo de autocompreensão de um ser quando ele se considera sob o ângulo da temporalidade, do tempo vivido cotidianamente, mas também sob o ângulo da duração longa que é a história de uma vida, a qual vai do nascimento até a morte[14].

Importa, porém, não esquecer que se as histórias contadas, cotidianas ou literárias, têm um começo e um fim, tal não é o caso de nossas histórias de vida que são e estão abertas. Nem do início nem do fim de nossas vidas somos testemunhas; não podemos narrar nem nosso nascimento nem nossa morte.

---

12. Cf. RICOEUR, Paul, La psychanalyse et le mouvement de la culture contemporaine, in: ID., *Le conflit des interprétations*, 139-140.
13. RICOEUR, Paul, La vie, Un récit en quête de narrateur, in: ID., *Autour de la psychanalyse*, 271.
14. RICOEUR, Paul, Le récit, Sa place en psychanalyse, in: ID., *Autour de la psychanalyse*, 286-287.

Nos parágrafos que precediam a citação anterior, já Ricoeur insistia sobre o aspecto temporal da psicanálise:

> A psicanálise, sendo uma arqueologia do desejo, tem que ver com os começos, com os desenvolvimentos e, portanto, com uma dimensão temporal. Eu diria que essa dimensão temporal se torna elemento narrativo e me parece ter dois papéis na análise: por um lado, na constituição da doença e, por outro lado, no levar (no encaminhar) em direção da cura[15].

No horizonte da psicanálise, sublinha Ricoeur, o desejo não tem apenas uma face energética, pulsional, mas é levado a se exprimir em sua busca de sentido. O analista não lida diretamente com o desejo do paciente nem como fenômeno fisiológico, "nem mesmo como energia". É "o desejo enquanto significação capaz de ser decifrado, traduzido e interpretado"[16] que é objeto da análise.

Nesse contexto, convém acrescentar que Ricoeur foi muito atento e receptivo à importância que Freud atribui à produção cultural, já que também ele Ricoeur reconhecia que é através da cultura, de suas obras, que a consciência se transforma, ultrapassa seu infantilismo, e pode ser levada a melhor *se* enxergar, a melhor *se* conhecer. Não há conhecimento imediato de si mesmo. Um conhecimento por simples introspecção revela-se ilusório como diz Ricoeur. Tanto o ultrapassar daquilo que em nós permanece inconsciente e nos impede de ir adiante, quanto um melhor conhecimento de nós mesmos, exige uma abertura a todas as mediações culturais de que dispomos. Daí a importância da literatura e das artes em geral.

Freud ilustra essa importância de várias maneiras. Em primeiro lugar, quando recorre ao *Édipo* de Sófocles para apreender a natureza inicial do desejo humano que, submetido à proibição do incesto, exige ser transferido de seu primeiro objeto para um objeto segundo. Outra figura literária que marcaria muito o pai da psicanálise é o *Hamlet* de Shakespeare. E isso tem grande importância para a interpretação que Ricoeur faz de Freud; ao Freud que consagrou também trabalhos de valor

---

15. Ibid., 284-285.
16. RICOEUR, La question de la preuve en psychanalyse, 22.

incontestável à arte plástica, como ocorre com suas análises do *Moisés* de Michelangelo e as de Leonardo da Vinci[17]. Análises em que, partindo de "detalhes" das obras, Freud mostra como os grandes artistas, graças ao trabalho que exercem, foram capazes de transformar seus fantasmas em obras de arte.

Voltemos a Hamlet, citado por Freud em *O mal-estar na cultura* (ou *civilização*), que parece ser a principal obra inspiradora do artigo de Ricoeur intitulado *Psicanálise e valores morais* que, antes do falecimento de Ricoeur, só havia sido publicado em inglês.

Nesse artigo, Ricoeur faz observações que me parecem bastante apropriadas e que têm ainda o mérito de nos deixar ver o que tanto no pensamento de Freud poderia atraí-lo. Como esquecer sua constante preocupação ética, e que o segundo volume de sua tese de doutorado intitulava-se *Finitude et culpabilité*, cujos dois tomos, como dissemos anteriormente, eram assim nomeados: *L'homme faillible* e *La symbolique du mal*?

Uma das observações de Ricoeur que tenho em mente é a seguinte:

> O sentimento de culpa é introduzido como o "meio" de que se serve a civilização para vencer a agressividade. A interpretação cultural é levada tão longe que Freud pode afirmar que a intenção expressa de seu ensaio 'era bem de apresentar o sentimento de culpa como o problema capital do desenvolvimento da civilização[18].

Algumas linhas depois, ainda na perspectiva do *Id*, do *Ego* e do *Superego*, Ricoeur acrescenta:

> Do ponto de vista da psicologia individual, o sentimento de culpa (culpabilidade) parece não ser senão o efeito de uma agressividade interiorizada, introjetada, que o Superego assume por sua conta sob o ângulo da

---

17. Cf. FREUD, Sigmund, *Un souvenir d'enfance de Léonard de Vinci*, trad. fr. de J. Altounian, A. e O. Bourguignon, P. Cotet e A. Rauzy, prefácio de J.-B. Pontalis, Paris, Gallimard, 1987.
18. RICOEUR, Paul, Psychanalyse et valeurs morales, in: ID., *Autour de la psychanalyse*, 178.

consciência moral, e que ele volta contra o seu Ego. Mas sua "economia" inteira só aparece quando a necessidade de punir é encarada numa perspectiva cultural.

E vai então citar a afirmação freudiana: "A cultura, diz Freud, domina, portanto, o perigoso prazer-desejo de agressão do indivíduo enfraquecendo esse último, o desarmando e o fazendo se autovigiar por uma instância situada dentro dele próprio, como por um batalhão ocupando uma cidade conquistada"[19]. E prossegue, comentando: "Assim a interpretação econômica, e, se se pode dizer, estrutural do sentimento de culpa, só se edifica numa perspectiva cultural". O que está aqui em pauta é o conflito, o combate eterno entre o *Eros* e a pulsão de morte, pulsão agressiva de destruição.

A questão do mal sempre interpelara Ricoeur e, há tempos, me interpela também[20]. Tanto ele, quanto, modestamente, eu mesma, ambos admiradores da obra de Jean Nabert[21] e, em particular, de seu *Essai sur le mal*, filósofo de quem Ricoeur foi amigo e contribuiu para torná-lo conhecido, procuramos não escamotear a presença do mal na vida de todos nós. Presença sempre atual; basta que se leve em conta o curso da história humana e os mitos, em particular os bíblicos, ligados ao início dessa história, além do que, todo dia, acontece em nosso mundo.

A minha hipótese é que, depois de *A simbólica do mal*, Ricoeur encontra na psicanálise algo de muito importante para abordagem desta questão, inclusive do ponto de vista de sua ética filosófica. E isso a despeito de sua atitude existencial como homem de fé, profundamente envolvido com a hermenêutica bíblica.

Na área da hermenêutica bíblica, uma de suas afirmações condizentes e convergentes com seu interesse pela psicanálise está inscrita no seu ensaio Le 'péché originel', *Étude de signification*, quando rejeita o pecado

---

19. Ibid., 178-179.
20. Cf. VILLELA-PETIT, Maria da Penha, Narratividade e a questão do mal na Bíblia, 26-36. Ver artigo nesta coletânea, 152-159.
21. Cf. VILLELA-PETIT, Maria da Penha, L'injustifiable et la sécession des consciences chez Jean Nabert, Une approche phénoménologique, in: CAPELLE, Philippe (org.), *Subjectivité et transcendance, Hommage à Pierre Colin*, Paris, Cerf, 1999.

original como um "conceito" e aborda o que ele chama "de realismo do pecado", acrescentando:

> a consciência do pecado não é a sua medida. O pecado é minha situação verdadeira diante de Deus; o "diante de Deus", e não minha consciência, é a medida do pecado; é por isso que é preciso um outro, um profeta, para denunciá-lo. Nenhuma tomada de consciência de mim por eu mesmo seria suficiente, tanto é que a consciência está ela mesma incluída na situação, enquanto mentirosa e de má fé[22].

O que se afirma de maneira incontestável é a proximidade de Ricoeur à psicanálise quando desconfia da consciência; da consciência que tende por si mesma a se autoenganar.

Não posso aqui me estender sobre a dura crítica que faz Ricoeur à noção de "pecado original" quando encarada como um conceito racional, embora ele interine essa noção quando a abordada sob o modo de um "símbolo" dotado de significação, e isso no quadro de uma hermenêutica dos símbolos. Segundo ele, "entre o historicismo ingênuo do fundamentalismo e moralismo exangue do racionalismo se abre a via da hermenêutica dos símbolos"[23].

Como vemos, no pensamento de Ricoeur a reflexão filosófica é chamada a percorrer um caminho longo (*la voie longue*, como ele próprio diz), que não pode deixar de incluir a hermenêutica dos símbolos. O símbolo ao nível do mito nos "dá a pensar", nos faz pensar e avançar em nossa busca existencial de sentido.

É essa atitude que leva Ricoeur a sublinhar a dialética entre a "arqueologia" freudiana, voltada para o infantil, o arcaico, e a "teleologia", o movimento em direção ao espiritual, que, do ponto de vista filosófico, Ricoeur alimentará, tomando por guia, até certo ponto, a *Fenomenologia do Espírito*, de Hegel. Como escreve, em sua "autobiografia intelectual", ao se referir à época de suas leituras tanto de Freud quanto da Fenomenologia de Hegel: "O 'conflito das interpretações' tomava assim forma

---

22. RICOEUR, Paul, Le 'péché originel', Étude de signification, in: ID., *Le conflit des interprétations*, 278.
23. Ibid., 280.

sob os traços de uma arqueologia da consciência oposta a uma teleologia do sentido"[24].

Do ponto de vista religioso, convém que se note que Ricoeur foi sempre muito mais alimentado pela exegese bíblica que pela teologia racional. Voltava-se para a interpretação dos textos bíblicos, isto é, para uma hermenêutica dos dois testamentos, e não para uma construção de caráter teológico.

O reconhecimento por Ricoeur da validade tanto da arqueologia quanto da teleologia cuja alvo é a busca de sentido para a existência, é um dos traços mais característicos de seu pensamento, como se pode melhor avaliar quando, mais tarde, ele redige sua curta *Autobiografia intelectual*.

Um exemplo significativo dessa atitude está presente no ensaio que, ainda na época do "conflito das interpretações", Ricoeur consagra à paternidade. Antes, porém, de fazermos uma breve alusão a esse ensaio, precisamos "escutar" o que em vários de seus textos ele assinala em relação a um certo exclusivismo da interpretação de Freud, associado ao seu "positivismo", ao seu "cientismo".

Segundo Ricoeur, se nada na cultura escapa à psicanálise, Freud, todavia, não chegou a reconhecer, a admitir que a perspectiva da psicanálise não pode ser exclusiva. Do mesmo modo que os outros pontos de vista, o ponto de vista psicanalítico é limitado, aborda as questões segundo um viés interpretativo legítimo, mas particular e que não pode ser tido como exclusivo[25].

No ensaio intitulado *A paternidade, Do fantasma ao símbolo*, Ricoeur, num primeiro momento, ou, como ele diz, numa "primeira navegação", analisa "a figura do pai" na economia do desejo, isto é, em Freud; num segundo momento, a figura do pai na *Fenomenologia do Espírito* de Hegel; e, enfim, numa terceira parte, a "dialética da paternidade divina".

Na primeira parte, consagrada a Freud, depois de reconhecer a função estruturante do *Édipo*, Ricoeur termina dizendo: "Como diz Leibniz

---

24. RICOEUR, *Réflexion faite*, 36.
25. Cf. RICOEUR, La psychanalyse et le mouvement de la culture contemporaine, 143-148.

sobre a visão da mônada, a psicanálise vê tudo, mas apenas de um ponto de vista"[26]. Ou seja, vê tudo sob a sua perspectiva, sem reconhecer que outras perspectivas podem também ser bastante válidas.

Nesse ensaio sobre a paternidade, ao abordar Hegel, Ricoeur mostrará até que ponto ele o segue, embora não aceite a totalidade do projeto de um saber conceitual absoluto da vida do Espírito[27], Espírito que, segundo Hegel, teria se desenvolvido ao longo da história, cada fase integrando e ultrapassando a precedente, e que justamente com sua filosofia teria alcançado sua plenitude.

O mérito hegeliano fora, no entanto, o de pensar a moralidade sem se polarizar sobre o indivíduo, adotando um ponto de vista formal e abstrato, mas levando em conta as relações familiares, sociais e culturais de cada um: estamos entrelaçados uns com outros, para nosso bem ou nosso mal, mas não escapamos do nosso inter-relacionamento com outros.

A terceira parte, dedicada ao sentido da figura do *pai* no cristianismo, é rica de muitos ensinamentos ligados à exegese bíblica. Fica-se sabendo, por exemplo que na *Torah*, isto é, nos primeiros livros bíblicos não há referência a Deus enquanto "Pai".

No final desse seu ensaio, Ricoeur ainda aponta que a religiosidade corre sempre o risco de permanecer no nível de recompensas ilusórias. O que mostra que, se rejeita a severidade com que Freud julga o religioso enquanto tal, Ricoeur não se esquece de como a psicanálise pode, no entanto, contribuir para purificar uma religiosidade que permanece infantilizada, no quadro de uma "neurose coletiva".

A terceira parte consagrada a relação crística do Pai e do Filho mereceria ser estudada, para que se possa retificar ou enxergar aquilo que de antemão escapa a Freud.

Um outro dos textos de Ricoeur que se impõe, inclusive no que se refere às modificações introduzidas pelo próprio Freud na teoria psicanalítica, é o do seu *Post-scriptum, Une dernière écoute de Freud*, texto

---

26. RICOEUR, Paul, La paternité, Du fantasme au symbole, in: ID., *Le conflit des interprétations*, 463.
27. Sobre a posição de Ricoeur em relação a Hegel é importante que se leia o capítulo 6 de *Temps et récit III*, intitulado *Renoncer à Hegel*.

com que encerrou o Colóquio sobre a arte e a psicanálise realizado no Centro Cultural de Cerisy-la-Salle no verão de 1962. Nesse *Post-scriptum*, levando em consideração a oposição entre "princípio de prazer" e "princípio de realidade", sendo o primeiro inseparável do narcisismo e de *thanatos*, isto é, do instinto de morte, Ricoeur acaba por atenuar o que deve se entender como o cientismo de Freud. Então, apoiando-se sobre a importância que em Freud se reveste o "princípio de realidade", ele o aproxima do espinosismo.

E as palavras proferidas por um filósofo da envergadura de Ricoeur são bastante preciosas:

> Estou convencido que há finalmente em Freud um sentido espinosista da realidade ou, se se prefere, qualquer coisa como o *amor fati* de Nietzsche. O ponto culminante (*pierre de touche*) do princípio de realidade é a vitória do amor do todo sobre o meu narcisismo, sobre o medo da morte, sobre as ressurgências da consolação infantil[28].

Esse julgamento do Ricoeur — filósofo, homem de fé e de esperança — em relação a Freud se revela muito promissor para o prosseguimento de um diálogo fecundo entre uma fenomenologia hermenêutica e a psicanálise.

---

28. RICOEUR, Paul, Post-scriptum, Une dernière écoute de Freud, in: ID., *Autour de la psychanalyse*.

14. Resenha 1: *A metáfora viva*

Quando *La Métaphore vive*, de Ricoeur, foi editada pelas Éditions du Seuil, em 1975, fui solicitada a redigir uma breve recensão da obra, a sair pela *Revue de métaphysique et de morale* da Presses Universitaires de France (PUF)[1]. É essa recensão que se encontra traduzida abaixo, em português.

Se toda metáfora é um transporte aproximando o que se encontra afastado, os oito estudos que Ricoeur lhe dedica nos farão percorrer múltiplas e divergentes áreas de inquérito sobre a metáfora, reorganizando-as de tal maneira que, no final do percurso, terminado o périplo, nos encontramos diante de uma paisagem inédita e esclarecedora que se desenvolve de maneira coerente, ao mesmo tempo que integra, sem concessão que as rebaixasse, as diferenças e os desvios dos terrenos percorridos.

Ricoeur escolhe — como guia decisivo para a reorganização que ele empreende — a distinção introduzida por Benveniste, entre uma semiótica que considera os *signos* e suas relações intrassistemáticas e

---

[1]. Cf. *Revue de métaphysique et de morale*, n. 2, abr.-jun. (1976) 271-276. (Cf. Ricoeur, Paul, *A metáfora viva*, São Paulo, Loyola, ²2005 [N. do E.]).

uma sistemática do discurso que toma a frase como unidade, e, por conseguinte, o ato predicativo como produtor de significação, e que pode então se interrogar sobre o enviar do discurso ao mundo (ou ao extralinguístico).

Com esses domínios distintos (semiótico e semântico) e hierarquicamente ordenados, que restituem à linguagem um ângulo em que ela é tomada na sua complexidade, porque a arranca da exclusividade do postulado metodológico, certamente necessário ao estabelecimento de uma linguística da língua, mas que chega a considerá-la unicamente como um sistema de *signos*[2], será possível colocar em paralelo as duas regiões, a da palavra, de um lado, e a da proposição, de outro, sobre as quais são dedicadas as pesquisas semânticas e as retóricas sobre a metáfora.

Se nos referimos logo ao estudo III (*Semântica do Discurso*) e ao estudo-corolário, o IV (*A metáfora e a semântica da palavra*), é que nós entendemos que esse terceiro estudo, e já pelo deslocamento da posição que ele traz no que concerne ao IV, — esse se tornando então dependente do outro —, tem um papel chave na economia da obra como, aliás, nos alerta o próprio autor, o que a leitura do seu livro nos confirma.

Em princípio, o estudo se instrui da leitura atenta de Aristóteles, no qual o tratamento da metáfora se desenvolve de maneira significativa em dois lugares, na *Retórica* e na *Poética*, uma ocupada com o argumento persuasivo, e a outra inteiramente voltada para a questão do *poema trágico*, de que vem à luz o feixe de dificuldades e de enigmas que não cessaram de suscitar desde então a tematização da metáfora. Além disso, seu esclarecimento torna compreensível o declínio da retórica pósaristotélica, que havia feito da metáfora um simples *tropo*, e, portanto, um problema de sentido, afetando somente a palavra em vista de uma apresentação mais forte da ideia, sobretudo interessada em classificá-la entre outras figuras: metonímia, sinédoque. Mais adiante, esse terceiro

---

2. O postulado é de caráter saussuriano e, no entanto, o próprio Saussure reconhecia, distinguindo os dois aspectos da linguagem, a língua e a palavra. Os desenvolvimentos da linguística da língua fizeram negligenciar a distinção que a estabelecia de certo modo como uma abstração. Substituindo palavra por discurso, Émile Benveniste afirma que uma tematização propriamente semântica de discurso (e não psicológica, como poderia deixar entender a noção de palavra) é possível e necessária.

estudo permitirá situar as contribuições e os limites das tentativas que podemos reagrupar sob a rubrica de "Nova retórica" (cf. o V estudo da obra, *A metáfora e a nova retórica*) e também reconsiderar a questão aristotélica da semelhança, fora de qualquer contexto empírico. O "ver como" não somente resulta da nova pertinência que instaura o enunciado metafórico pela aproximação que ele estabelece entre palavras pertencendo a contextos semânticos afastados, mas deve ser, de uma certa maneira, pressuposto enquanto razão da interação desses próprios contextos (ou a condição de possibilidade da aproximação). Aqui, a função icônica da metáfora, o seu "fazer imagem" deve finalmente ser atribuída à potência esquematizante de uma imaginação produtora.

Até aí, trata-se de uma problemática de sentido, a partir da distinção de Frege, entre *sentido* e *referência*. O VII estudo vai conferir toda sua dimensão à reflexão que se está empreendendo, introduzindo o ponto de vista da r*eferência*. A que envia o enunciado metafórico? E se a gente se apegar a unidades maiores de discursos, seria legítimo falar do que seria o "referente" de uma obra poética, de uma obra literária, ou seja, aquilo a que a obra se refere?

Ricoeur colocará o acento sobre o que deve ser reconhecido como o poder heurístico da metáfora, que Max Black definitivamente reaproximou dos "modelos" em uso na ciência, pela capacidade comum que ambos têm de reorganizar o pensável. Correlativamente, Ricoeur tenta fazer explodir uma definição estreita e limitativa da verdade, que somente a atribui aos enunciados que concernem aos "fatos" ou aos "estados de coisas", suscetíveis, portanto, de verificação, para reivindicar um estatuto do que seria uma "verdade metafórica". Verdade certamente tensional, em que o "é", o "é como" da predicação, abrigam um "é" e um "não é". "El Aixo era y non era" do contador de Maiorca.

É essa tensão, trabalhando o interior da própria cópula (o "é"), tal como as reflexões semânticas e hermenêuticas colocaram em evidência, que suscitou a aproximação ontológica do último estudo (Estudo VIII, *Metáfora e discurso filosófico*). Não somente nele trata-se da analogia do ser, mas também, e as duas coisas estão ligadas, da tese de Heidegger, a qual Derrida subscreve. Segundo essa tese, aquilo que, para ele, é a filosofia, acolhe o trabalho empreendido ao longo dos sete estudos precedentes, anteriores e, em particular, o trabalho desse VIII estudo, em que se colocou o problema da referência do metafórico. Esse último estudo abre um debate muito significativo, que nos contentamos de mencionar, debate com certos aspectos da obra de Heidegger, que a obra de Derrida subscreve, em relação à cumplicidade entre a ontoteologia e a metáfora. Essa tese autoriza, como se sabe, a indicar, o que seria o caminho do fechamento, sem esquecer que o eixo é Aristóteles em sua tentativa de fazer repousar a metafísica sobre a analogia. Porém, ele pretende continuar fiel à consideração semântica que presidiu a procura de uma unidade não genérica das significações do ser, e que pressupõe a *diferença* entre analogia do ser e a metáfora poética, qualquer que seja, no entanto, a impulsão que o discurso especulativo receba do discurso poético.

Ora, mesmo se a descontinuidade entre esses dois modos de discurso é adquirida, pode-se ainda perguntar, à maneira do que seria uma provisão interrogativa, se as conclusões filosóficas às quais chega esse estudo VIII são as únicas compatíveis com a teoria da metáfora que foi desenvolvida. Ou, ao contrário, se não haveria uma relativa independência da teoria da metáfora, que se desenvolve ao longo dos sete estudos, que deixaria aberta a questão das pressuposições, tais como Ricoeur as explicita?

Qualquer que seja a resposta a uma tal questão, que é ela mesma um nó de questões, e com a qual se termina a minha recensão de seu trabalho, ela é simplificadora, e para nós uma incitação a prosseguir a leitura de tal obra tão vigorosa, decisiva e paciente no seu desenrolar-se, que, de agora em diante, não pode impedir a problemática da metáfora de se inscrever de outro modo em nossa reflexão. Sem contar que as ocorrências metafóricas, inclusive as que são dadas como exemplos nas obras retóricas sobre as figuras, frequentemente não comportam nenhum transporte do visível ao invisível, essa tese permanece prisioneira de uma concepção substitutiva (lexical) da metáfora, concepção da qual a obra de Ricoeur — prosseguindo trabalhos anglo-saxões — acaba justamente de demonstrar as insuficiências e os limites.

Ademais, se não se faz distinções entre as metáforas, entre as metáforas vivas e as metáforas usadas, já fazendo parte da língua (onde elas enriquecem a polissemia da palavra), essa tese sustenta as tentativas de enterrar, sob os entulhos destas últimas, a especificidade do trabalho conceitual. Suspender o mal entendimento é compreender que, com fidelidade ao funcionamento da própria língua, o discurso especulativo, se ele reemprega o já metaforizado, é dando-lhe um outro estatuto. É abrindo-lhe, graças ao seu trabalho de pensamento, um acesso a um novo "modo de discurso": pluralidade, portanto, sem que seja necessário postular uma heterogeneidade radical das esferas do discurso ou dos diferentes jogos da linguagem. Assim, escreve Ricoeur, "se o discurso especulativo tem sua possibilidade no dinamismo da enunciação metafórica, ele tem sua necessidade nele próprio"[3].

E a reflexão chega a um desses momentos em que, para o filósofo, trata-se da filosofia e desse alvo da verdade que não pode cessar de lhe pertencer. Eis um esboço possível, ainda que muito esquemático, do percurso de Ricoeur. Eis o momento agora de nos aproximarmos, primeiro para discernir o que nos permite chegar ao estudo III, em que a metáfora é compreendida numa semântica do discurso, da qual é a etapa chave.

Trata-se, pois, de ser particularmente atento à atitude que faz da metáfora um caso de predicação, de atribuição, e não um simples caso de substituição de palavras, ou de transferência de sentido no quadro da palavra — aproximação que reclama uma semântica do discurso — já que, como é o caso para a semântica, é a frase que é reconhecida enquanto unidade mínima de significação, e por conseguinte, do próprio sentido metafórico.

Essa aproximação é comum a vários autores anglo-saxões, tais como A. I. Richards, Max Black, Monroe Beardsley, apesar da diferença de suas intenções problemáticas. No quadro dessa recensão, podemos apenas dar uma breve visão de conjunto, sem tentar dar a cada autor o que lhe seria devido, com respeito às diferenças, preocupação que, ao contrário, foi a de Ricoeur, que procedeu a um exame detalhado e à discussão de suas teses e análises que concernem ao metafórico. Um procedimento assim nos leva a compreender o que se passa por ocasião da produção do enunciado metafórico, como uma *interação* entre palavras, conservando seu

---

3. RICOEUR, Paul, *La métaphore vive*, Paris, Seuil, 1975, 375.

sentido literal, e uma outra palavra (ou várias) literalmente incompatível com elas, mas que consegue fazer sentido graças ao desdobrar semântico, que faz aparecer o enunciado todo como metafórico. Max Black chama de *focus* a palavra insólita no contexto da frase, e *frame* esse contexto. A atribuição metafórica instaura assim uma nova pertinência semântica pela aproximação que a interação opera entre contextos semânticos afastados. E se pode dizer do efeito metafórico que ele "consiste na resolução de uma dissonância semântica".

Todavia, reconhecendo a focalização sobre a palavra entre sentido literal e sentido metafórico, a teoria interativa deixa aberta a possibilidade de uma tematização dos efeitos de sentido que afetam a palavra, por ocasião de seu emprego no contexto metafórico. Assim, uma semântica da palavra (IV estudo), propondo-se recolher o trabalho de sentido sobre as palavras, conserva seus direitos, se bem que subordinada a uma semântica do discurso, na medida em que o metafórico, nascendo de um conflito (resolvido) entre a palavra (*le mot*) e a frase, se situa no jogo de uma e de outra, e, por conseguinte, traz à palavra um enriquecimento semântico pelo fato da extensão de sua área de uso.

Ora, o movimento da reflexão não termina com o reconhecimento dessa complementaridade, reconhecimento conquistado por um primeiro afastamento das teses "nominativas", "substitutivas", no que concerne à metáfora, e que era necessário para dar lugar à reivindicação de uma teoria interativa. Ele procura ainda mostrar a potência esclarecedora e de liberação desta última, fazendo primeiro aparecer os trabalhos da Nova Retórica (de várias maneiras instrutivos) e assim a integração do tropo em uma teoria geral das distâncias. Essa integração, interessando todos os níveis de articulação da linguagem, ou a não subordinação das figuras da qual ela quer ser a retórica, aos simples tropos, como repetitivos e não-inovadores no que concerne a análise do funcionamento da metáfora, é tratada ainda ali como uma substituição de sentido no quadro da palavra, sob o efeito da blocagem teórica que o postulado semiótico impõe.

Em segundo lugar, e sobretudo, a teoria atributiva ou interativa permite que sejam levantados os obstáculos ao questionamento do alvo referencial do metafórico, já que se entende que é ao nível da frase, no quadro de uma consideração do discurso, que passa a ser pertinente interrogar-se sobre a relação significativa da linguagem com o mundo. Com efeito, se na língua não há senão diferenças de envios de sinal a sinal, o discurso em si é a propósito das coisas, envia a uma realidade, a um mundo (real, imaginário etc.). Tal é, como havíamos já indicado, o núcleo de problemas, do qual tratará o estudo VII, mas já esboçados desde o estudo III, como orientando todo o movimento da pesquisa.

Encontra-se aí algo do método de Ricoeur, que poderíamos resumir da seguinte maneira: a cada passo, a investigação deixa questões em suspenso e o trabalho de análise fornece um apoio que será retomado mais adiante. E na medida em que a pesquisa se desenvolve por aproximações sucessivas, é todo o conjunto que se reorganiza.

Mas voltemos à questão da referência. Será que se pode ainda falar de referência a respeito do enunciado metafórico, já que traz consigo, de maneira constitutiva uma espécie de "absurdo lógico"? Não somos obrigados então a ultrapassar os limites dos quadros conceituais em que se costuma pôr em questão a referência de um enunciado? Ou seja, será necessário estender a questão além do envio aos estados-de-coisas verificáveis?

Com Max Black, Ricoeur avança na afirmação de um poder heurístico, cognitivo do enunciado metafórico que era impossível reconhecer quando se tomava o sentido metafórico como um sentido figurado, substituível, traduzível por um sentido literal. Ora, a metáfora de invenção, a metáfora viva, não lexicalizada, sobretudo quando está presente numa rede metafórica por sua potência de reorganização, de redescrição de um domínio da experiência, libera informações, faz perceber novas relações até então escondidas e, portanto, intraduzíveis, sem perda de conteúdo significativo. Ou, como diz Max Black: "Uma metáfora memorável tem o poder de associar de maneira cognitiva e afetiva dois domínios separados empregando a linguagem apropriada a um como uma pequena lente para ver o outro".

Mas, de que domínio de experiência se trata, quando temos em vista unidades de discurso como a de um poema? Não estamos, então, diante de textos em que, para falar na terminologia da teoria da comunicação, retomada por Jakobson, a mensagem se sublinha enquanto mensagem?

Mas se o traço essencial da função poética é essa autoafirmação da mensagem, devemos, no entanto, negar ao poema toda outra função referencial, caso ela possa ser oblíqua?

Podemos ainda ser tentados a crer, como acontece a um crítico tão eminente quanto Northrop Frye, que, enquanto dependente da emoção, a linguagem no poema tem somente uma função sugestiva, conotativa, e não denotativa. Mas considerando que a tese emocionalista pressupõe então que se tome o *mood*, o estado da alma que informa o poema, como originado somente da interioridade do artista, de um interior que exclua todo exterior, ela não se enganaria precisamente acerca da própria experiência emocional? Pois não é sobre as coisas, sobre as texturas poéticas do mundo que nós apreendemos as qualidades emocionais? E não é uma modificação "atmosférica", temporal e espacial da minha relação ao mundo, que caracteriza todo estado da alma?[4]

Nelson Goodman em *Languages of art*, que é também objeto de uma leitura muito atenta de Ricoeur no estudo VII, como se pode constatar, na sua aproximação de uma teoria dos símbolos (cujo subtítulo é *An approach to a theory of symbols*), elimina um certo número de fronteiras, em particular a que habitualmente se coloca entre ciência e arte. Segundo ele: "Na experiência estética as emoções funcionam de maneira cognitiva".

Mas é fazendo sua uma sugestão de Jakobson que Ricoeur tentará mostrar que aquilo que acontece em poesia não é a supressão da função referencial, mas sua alteração profunda pelo jogo da ambiguidade. Há, portanto, na obra uma referência dupla que o trabalho de interpretação vem descobrir, e que é inerente a toda compreensão, fazendo ver que a estrutura mesma da obra abre um mundo graças à suspensão de uma denotação de primeiro nível (literal) e de uma liberação correlativa de denotação de segundo nível, que é a denotação metafórica. Em resumo, e tal como dirá Ricoeur: "Da mesma maneira que o sentido literal deve fracassar para que o sentido metafórico possa emergir, da mesma maneira

---

4. Seria proveitoso convocar a tal discussão sobre o *mood*, sobre a emoção, a argumentação decisiva de Pierre Kaufmann em *L'expérience emotionnelle de l'espace*.

a referência literal deve cair para que a função heurística opere sua obra de redescrição da realidade"[5].

Ora, o mundo da obra é sua referência — mundo que não existia antes que a própria estruturação da obra o tenha produzido — que, pertencendo à esfera do possível, tanto libera o mundo dado do mundo da vida cotidiana, como revela uma maneira de ser das coisas que, graças à invenção poética, chega à linguagem.

Aristóteles, aliás, tinha já entrevisto esse poder heurístico do poético quando ligava a *mimesis* não à narração, mas ao mito (*muthos*) histórico, à fábula do poema trágico, que embora sendo toda produzida pelo poeta como obra de ficção, não esclarecia menos uma situação humana nos seus traços essenciais, e a tornaria mais verdadeira que a natureza.

Ora, reconhecer essa capacidade redescritiva à obra literária supõe que as noções de *real* e de *verdade* se tornaram elas mesmas problemáticas. Conhecer implica de maneira decisiva um trabalho da imaginação, não somente como liberadora dos dados empíricos, mas também como produtora de "ficção".

Tudo isso, notemos, abala um número importante de hierarquias mais ou menos adquiridas, inclusive o caráter "dominante" da verdade científica, exigido como norma de toda verdade, hierarquização que a filosofia das formas simbólicas de Cassirer e mesmo a fenomenologia husserliana, não haviam contestado, orientadas que eram, apesar de todas as suas diferenças, pelo *telos* da verdade científica.

É, portanto, o edifício do saber em seus degraus, tantas vezes assegurado, que se desfaz em favor de uma redistribuição não hierárquica das constelações discursivas, que assim se inscrevem num novo espaço de jogo. À hierarquia de degraus se substituem modalidades dinâmicas de interseções, de interferências. Que isso se faça através de uma reflexão sobre o metafórico, é parte justamente do que está em questão.

Enfim, é apoiando-se no reconhecimento do caráter tensional da "verdade metafórica" que comporta o "é" e o "não é", ou o "é com" da

---

5. RICOEUR, Paul, *Parole et Symbole*, Revue des Sciences religieuses, Universidade de Strasbourg, jan.-abr. (1975).

referência desdobrada, que Ricoeur empreende seu estudo VIII (*Metáfora e discurso filosófico*). É esse último estudo, com a intenção de revelar o que para ele é filosofia, que acolhe o fruto do trabalho empreendido ao longo dos sete estudos precedentes e, em particular desse estudo VII, em que foi posto o problema da referência. Ele merece, por si só, uma longa análise. Nós aqui devemos nos contentar em fazer dele menção, remetendo a um trabalho ulterior sua discussão, na qual se deveria levar em conta a confrontação com certos aspectos da obra de Heidegger, e com a de Derrida. Não devemos, contudo, esquecer que o eixo desse texto é o Aristóteles da "tábua das categorias" e da "metafísica", que oferece um paradigma do encontro entres os objetivos semânticos de duas esferas do discurso, ou seja, do discurso ontológico sobre a diversidade de significações do ser e do discurso teológico sobre o ser divino, sobre o ser "separado" (à parte).

Sobretudo, importa mostrar que em Aristóteles o conceito de analogia, atraído por laborioso caminho de pensamento no campo da interrogação sobre o ser, não pode ser conduzido à metáfora, pois ele recebe uma qualificação transcendental, mantida precisamente pela separação inicial engendrada pela questão: "O que é o ser?". Afirmando isso, Ricoeur não pretende negar o fracasso de Aristóteles em sua tentativa de fazer repousar a metafísica sobre a analogia[6], mas quer se manter fiel ao "alvo semântico que presidiu a pesquisa de uma unidade não genérica das significações do ser" e que pressupõe a *diferença* entre analogia do ser e metáfora poética, qualquer que seja, por outro lado, o impulso que o discurso especulativo receba do discurso poético.

Ora, mesmo se a descontinuidade entre esses dois modos de discurso é adquirida, podemos, no entanto, nos perguntar, a título de provisão interrogatória, se as conclusões filosóficas às quais chega o estudo VIII são as únicas compatíveis com a teoria da metáfora que fora precedentemente desenvolvida. Seriam elas pressuposições fundamentais, propostas não somente no final da pesquisa, mas eficazmente agindo durante o

---

6. Cf. AUBENQUE, Pierre, *Le problème de l'être chez Aristote*, França, Presses Universitaires France, 20013 e VUILLEMIN, Jules, *De la logique à la théologie, Cinq études sur Aristote*, Paris, Flammarion, 1967.

desenvolvimento da análise teórica da metáfora e do seu funcionamento, de tal maneira que assumir tal análise viria a fazer também suas essas pressuposições? Ou, ao contrário, podemos nos perguntar se não haveria uma relativa independência da teoria da metáfora, se elaborando ao longo dos sete estudos, que deixaria aberta a questão das pressuposições tais quais Ricoeur as explicita?

Qualquer que seja a resposta a essa questão — que é ela mesma um nó de questões — com a qual se termina essa recensão, necessariamente simplificadora, ela não é para nós senão um convite, uma incitação à releitura dessa obra tão vigorosa e decisiva no seu procedimento e que, de agora em diante, não pode deixar de fazer com que toda a problemática da metáfora se inscreva de outro modo.

15. Resenha 2: *Percurso do reconhecimento*[1]

Em 2004, portanto pouco antes de seu falecimento em 2005, Paul Ricoeur publica *Parcours de la reconnaissance, Trois études*. A obra não foge à tendência que anima o conjunto de seu trabalho filosófico, tal como ele mesmo o compreendia, tendo como ponto de partida o "reconhecimento de um resíduo deixado pelo trabalho precedente, um resíduo que conduz, por sua vez, a um novo desafio".
O que, desta vez, incentivara Ricoeur a levar adiante uma reflexão já encetada em suas obras precedentes? A resposta pode se resumir em poucas palavras: a necessidade de prosseguir na trilha da questão da identidade, mas agora sob o ângulo do reconhecimento[2]. Em *Parcours de la reconnaissance* conflui e se renova a problemática filosófica da identidade que se impusera a Ricoeur desde a trilogia *Temps et récit*. Ao

---

1. A versão original deste texto foi publicada em francês como resenha de RICOEUR, Paul, *Parcours de la reconnaissance. Trois études*, Paris, Stock, 2004. A resenha aparece na revista *Diogène*, da Unesco, n. 206, Humanisme émergent, abr.-jun., (2004) 158-164.
2. Cf., sobre esta questão, o nosso texto VILLELA-PETIT, Maria da Penha, Narrative identity and ipseity by Paul Ricoeur. From Ricoeur's *Time and narrative* to *Oneself as an other*, que é a tradução de uma comunicação feita em português no Colóquio Internacional que ocorreu em 1993 no Rio de Janeiro, por ocasião dos 80 anos de Paul Ricoeur.

término dessa trilogia, em que se propunha estabelecer uma correlação estreita entre "a atividade de contar uma história" e "o caráter temporal da experiência humana", Ricoeur havia chegado, em suas conclusões, à noção de "identidade narrativa".

Se há história, ela é a história de alguém que age e que sofre, de um "quem" (individual ou coletivo) suscetível de ser designado em resposta a questões do tipo: "Quem fez isso?", "Quem agiu assim?" ou "A quem isso aconteceu?". Há, pois, uma entidade individual ou coletiva, cuja identificação se produz através do próprio processo narrativo, quer seja ele do tipo historiográfico ou do tipo ficcional (no caso da ficção literária). Segundo uma das fórmulas de Ricoeur, "a história contada diz o *quem* da ação. A identidade deste quem só é, ela mesma, uma identidade narrativa"[3].

A noção de identidade narrativa permite que a questão da identidade pessoal seja pensada em conformidade com o caráter temporal da existência[4]: a existência de um ser que, coexistindo com outros, transforma-se ao longo de uma história.

A identidade pessoal, sobretudo em sua dimensão reflexiva, será a questão central de *Soi-même comme un autre*. Nessa obra, posterior a *Tempo e narrativa*, Ricoeur encara a identidade segundo uma polaridade: o polo-*idem*, que é o da identidade biológica e dos traços constantes do caráter; e o polo-*ipse*, que é o da autodeterminação de um sujeito, capaz de se reconhecer como autor responsável de seus atos. À identidade narrativa é então atribuída um papel de mediação entre esses dois polos.

Segundo *Soi-même comme un autre*, é no terreno de uma filosofia da ipseidade que a ética se enraíza. Daí a impossibilidade de se reduzir a ética à esfera exclusiva da lei moral, no sentido da *Crítica da razão prática* de Kant.

Até agora, contentamo-nos em passar em revista, embora muito sucintamente, o desenvolvimento da problemática da identidade nas

---

3. RICOEUR, *Temps et Récit III*, 355.
4. Cf. RICOEUR, *Soi-même comme un autre*, especialmente o capítulo intitulado *L'identité personelle et identité narrative*, no qual o autor declara que a identidade pessoal "só pode precisamente se articular na dimensão temporal da existência humana".

obras anteriores a *Parcours de la reconnaissance*. Neste livro a identidade será de início encarada sob os auspícios da noção de reconhecimento. O ponto de partida de Ricoeur é uma dupla constatação. Por um lado, ele se dá conta da riqueza semântica de um substantivo como "reconhecimento" ou do verbo "reconhecer", cujo espectro de significados conduz da simples identificação de alguma coisa enquanto a "mesma" (reconheço isto ou aquilo) até a noção de gratidão, como na expressão "eu lhe sou (ou estou) muito reconhecido".

Em sua introdução, com a ajuda do dicionário *Littré* e, sobretudo, do *Grand Robert* da língua francesa, Ricoeur examina essa polissemia da palavra "reconhecimento", ao mesmo tempo em que aponta a ausência de uma verdadeira filosofia do reconhecimento, apesar do fato de que a noção tenha tido empregos filosóficos diversos e bastante notáveis. Encontramo-la, de fato, na "re-cognição" kantiana, no "reconhecimento das imagens" de Bergson, e, muito em particular, na *Anerkennung* (reconhecimento) de Hegel.

No entanto, uma consideração filosófica abrangente jamais foi empreendida, e esta é a tarefa da qual Ricoeur se incumbe neste livro, que seria seu derradeiro: estabelecer as etapas de uma filosofia do reconhecimento a partir do que o léxico sugere, mas que cabe ao filosofo teorizar[5], apoiando-se nas contribuições já efetivas da história da filosofia. O empreendimento se apresenta sob a forma de um percurso em três etapas, correspondendo aos três estudos que compõem *Parcours de la reconnaissance*: a) O reconhecimento como identificação; b) O reconhecer a si mesmo; e c) O reconhecimento mútuo.

Nessa progressão filosófica, que avança da simples dimensão cognitiva até a dimensão eminentemente ética da noção de reconhecimento, Ricoeur faz-se atento, em particular, à inversão da direção que se dá entre a voz ativa e a voz passiva do verbo reconhecer. Se no "reconhecimento

---

5. "Como se passa do regime da polissemia regrado pelos vocábulos da língua natural à formação de logosferas dignas de figurar na teoria do reconhecimento?", se pergunta Ricoeur (32). E ele menciona a *deslocação* que a problemática filosófica opera em comparação à ordem do dicionário, no qual ela teve antes constatadas as distâncias que subsistem entre um sentido e outro.

como identificação" é a voz ativa que prevalece — eu reconheço alguma coisa (ou alguém) como o "mesmo", apesar das mudanças que ela ou ele poderá ter sofrido —, no reconhecimento mútuo (terceiro estudo) a voz passiva domina: "eu" (ou "nós") reivindico(amos) ser(mos) reconhecido(s). Demanda esta que pode tomar o caminho de uma "luta pelo reconhecimento", como ocorre com frequência no caso de pessoas ou de grupos humanos que não são ou não têm seus direitos reconhecidos. A etapa intermediária de "reconhecer-se a si mesmo" leva em conta o reconhecimento que cada um faz de si mesmo como ser que fala e que age. Este reconhecimento de si mesmo já implica a alteridade: a de outrem. Alteridade que será plenamente exigida quando, no terceiro estudo, estará em pauta o reconhecimento mútuo.

Essas são, em linhas gerais, o plano da obra. Resta agora dar uma ideia mais detalhada do *caminho* efetuado.

No primeiro estudo (*O reconhecimento como identificação*), em que Descartes e Kant são particularmente solicitados, Ricoeur examina o sentido mais ativo e epistêmico do reconhecimento: eu reconheço uma coisa quando não me engano sobre ela, quando a distingo do que ela não é. Não é de surpreender que, no início deste estudo, Ricoeur reative as metacategorias do "mesmo" e do "outro", tais como foram pensadas por Platão, em particular no *Sofista*, e que não cessarão de estar sempre presentes ao longo de todo o trabalho.

Acerca de Descartes, Ricoeur mostra como, para ele, o ato de identificar não se dissocia do de distinguir. A operação conjunta de identificar e distinguir, que está na base de sua teoria do julgamento, diz também respeito à maneira de se comportar perante a vida, pois ela corresponde ao desejo de Descartes de "não acreditar" senão naquilo que se possa ter por verdadeiro. É nesse horizonte, em que a epistemologia e a ética não estão ainda totalmente separadas, que vemos surgir a noção de "reconhecimento", na tradução francesa ratificada por Descartes de suas *Meditationes de prima philosophia*. Na quarta meditação encontram-se ocorrências tanto mais significativas da noção de "reconhecimento", quanto se apresentam tendo como pano de fundo a dúvida. A primeira ocorrência coincide com a vitória sobre a hipótese do "gênio maligno" (que estaria sempre a me enganar) graças à confiança em Deus. "Pois [...] eu reconheço (do verbo em latim *agnosco*) que é impossível que ele (Deus) me engane". O segundo ponto trata da confiança reencontrada em seu próprio poder de julgamento para distinguir o verdadeiro do falso: "eu acho em mim uma certa força de julgar...", escrevia Descartes. Depois de avaliar a contribuição cartesiana, Ricoeur volta-se para a teoria do julgamento de Kant que integra a condição do tempo. Esta condição é justamente o pivô da *Rekognition* enquanto atividade do entendimento. Apesar desse indubitável mérito, a *Crítica da razão pura* deixa ainda bastante a desejar, visto que nela as pressuposições relativas ao que Husserl chamava de experiência antepredicativa carecem de questionamento. Se Ricoeur o sublinha, é com o intuito de destacar o papel da mudança (das modificações ou alterações) nas operações de reconhecimento, sempre ameaçadas pelo risco de desconhecimento, de "falso reconhecimento".

Deste realçar das mudanças (da alteração) como implícitas ao reconhecimento enquanto identificação, a análise se orienta do reconhecimento de alguma coisa para o de *alguém*. Ricoeur evoca a este propósito a cena do reconhecimento dos personagens, de início irreconhecíveis pelos efeitos do tempo, em *O tempo reencontrado* de Proust, o último livro de *Em busca do tempo perdido*, em que é descrita pelo narrador como se deu a revelação de sua vocação de escritor. Na conclusão deste primeiro estudo[6] Ricoeur cita a observação magistral de Proust sobre a contribuição da obra literária ao reconhecimento: "o reconhecimento em si mesmo pelo leitor do que diz o livro, é a prova da verdade desse [do livro] e vice-versa"[7].

O segundo estudo, *Reconhecer-se a si mesmo*, inova, em comparação com *Soi-même comme un autre*, pois coloca o "reconhecimento" no centro mesma da questão da ipseidade. Como epígrafe a este estudo, lê-se a frase de Rimbaud: "Reconheci-me poeta" (*Je me suis reconnu poète*). O que está em jogo aqui é o reconhecimento do si mesmo como sendo "capaz": capaz de falar, de agir e, assim, de reconhecer-se responsável pelo que diz e pelo

---

6. RICOEUR, *Parcours de la reconnaissance*, 104.
7. Ibid., 129.

que faz. Ora, para pensar este reconhecimento do homem como agente (*agency*), somos de fato dependentes dos gregos. É evocando a *Odisseia* que Ricoeur inicia a questão do reconhecimento de si mesmo. Num primeiro sentido é exemplar o reconhecimento diferido de Ulisses pelos seus, em seu retorno a Ítaca. Temos aí a ilustração do papel que exercem os signos, as marcas inscritas sobre o corpo para que o desconhecimento inicial se inverta em reconhecimento e que o herói possa reintegrar seu papel de rei e de esposo. Depois de Homero, os trágicos — a análise ricoeuriana focaliza, sobretudo, o caso do *Édipo* de Sófocles —, preparam o caminho às análises éticas de Aristóteles acerca da deliberação, da decisão e do bem agir, ou seja, da sabedoria prática. Como escreve Ricoeur, "*o phronimos* [o homem prudente, que age de maneira reflexiva], nomeado desde o livro II [da *Ética a Nicômaco*], será a figura antecipada deste si reflexivo implicado pelo reconhecimento de responsabilidade".

É no plano justamente da consciência reflexiva que se efetuará o passo à frente dos modernos. Vindo após Descartes, John Locke promove o emprego filosófico das noções de consciência e de reflexão. Devemos-lhe, portanto, diz Ricoeur, "um impulso decisivo" em direção a uma hermenêutica do si[8]. Ricoeur assinala ainda a contribuição considerável de Kant e de Fichte para a constituição de uma verdadeira filosofia reflexiva. O que não o impede de sublinhar o déficit da *Crítica da razão prática*, já que em sua abordagem sobre a autonomia moral do sujeito, Kant permanece prisioneiro de seu formalismo, não conseguindo chegar a uma tematização da ipseidade e, por conseguinte, do reconhecimento, pelo si concreto, de suas capacidades.

Ao considerar a capacidade que tem o si de dar sua palavra, de atestar, de testemunhar, Ricoeur confessa, com frequência, sua dívida para com este admirável filósofo reflexivo francês que foi Jean Nabert[9]. Em seus *Éléments pour une éthique*[10], Nabert já ressaltava a necessidade que se impunha a uma filosofia reflexiva, uma filosofia do si, de se deter sobre o *quê* e o *como* das experiências em que o si testemunha de si mesmo,

---

8. Ibid., 137.
9. Ibid., 142.
10. Cf. NABERT, *Éléments pour une éthique*.

antes do retorno ao *quem*, entendendo que essa passagem pelo "lado objetal (concreto) das experiências" é necessária, pois na falta delas o si é ameaçado de desconhecer-se. Em suas análises das capacidades éticas do si, Ricoeur não perde de vista as fragilidades que lhes são inerentes. Assinala ainda os novos horizontes abertos pela ideia de responsabilidade que, tendendo a se substituir à de imputabilidade, revela-se mais apta a levar em conta o ponto de vista da vítima.

A análise das capacidades de si alcança um grau ainda mais elevado quando, em seu percurso, Ricoeur vem a considerar a memória e a promessa. A experiência da memória é decisiva para a constituição do si: ser capaz de se lembrar daquilo que fez e reconhecer-se responsável pelos efeitos de sua ação (ou omissão).

Em tudo o que diz respeito ao quê e ao como da memória, como já em *La mémoire, l'histoire, l'oubli*[11], Ricoeur se apoia nas análises de Bergson em *Matière et memoire*, sem esquecer, todavia, o que já havia sido tematizado no *De memoria et reminiscentia* de Aristóteles. Ademais, examina também as três grandes correntes que mais contribuíram para o estudo da capacidade de lembrança constitutiva da memória: o associacionismo psicológico, a psicanálise e a fenomenologia de Husserl. As análises desse último, no volume XXIII da *Husserliana*, podem ser tidas por um modelo de descrição fenomenológica, no dizer de Ricoeur.

Enfim, Ricoeur tampouco ignora a ameaça que pesa sobre a memória, a saber, o apagamento dos traços, que resulta no naufrágio que é o esquecimento. Tema que lhe dá ocasião de recordar a contribuição de Freud, que soube associar o esquecimento ativo, resultante da repressão, à teoria do inconsciente.

É diante da questão "Quem se lembra?" que, para Bergson, o reconhecimento das imagens se revela inseparável do reconhecimento de si, ou melhor, coincide com ele, pois interioriza a temporalidade de nossa vida, de nossa duração (*derée*). Ricoeur relembra ainda a análise do "tempo interior" do livro X das *Confissões* de Santo Agostinho, ao qual tinha

---

11. RICOEUR, *La mémoire, l'histoire, l'oubli*.

anteriormente consagrado o estudo que inaugura o primeiro volume de *Tempo e narrativa*. Partilha, pois, a posição de Charles Taylor que vê nas *Confissões* o nascimento da tradição do olhar interior (*inwardness*). Na modernidade, John Locke prolongará esta tradição do *inwardness* no sentido da reflexão. Seu *An essay concerning human understanding* inicia, observa Ricoeur, a "sequência que juntas formam as noções de identidade, de consciência e de *self* (si)"[12], mesmo se, como já foi indicado, Locke não chega a distinguir a identidade *idem* da identidade *ipse*.

Contudo, não é graças à memória, com o olhar voltado para o passado, que, segundo Ricoeur, o reconhecimento de si atinge sua dimensão paradigmática, mas quando se orienta para o futuro sob a figura da promessa. A memória é retrospectiva, e mais inclinada para a identidade *idem*, enquanto que a promessa é prospectiva. Fazendo o si descobrir em si-mesmo os seus poderes mais elevados (seja o de se manter fiel à palavra dada, de honrar uma promessa feita, seja, negativamente, de traí-la), a promessa revela-se como paradigma da ipseidade, do se manter fiel a si mesmo, apesar de nossa temporalidade, ou seja, das mudanças, inclusive a nível dos sentimentos, por que passa cada um de nós[13].

Com a promessa, tema que foi o objeto de várias intervenções de Ricoeur[14], a relação com o outro, essencial à constituição da identidade pessoal, aparece, assim, em pleno dia. "A grandeza da promessa — escreve ele — tem sua marca na 'fiabilidade'"[15]. É o que, no plano da amizade, se chama de "fidelidade". Ricoeur evoca aqui a noção de "fidelidade criativa" em Gabriel Marcel, a qual preserva a diferença essencial entre "o se manter fiel a si próprio" e a fixação, ou a "constância", de uma vontade obstinada[16].

Ricoeur conclui esse segundo estudo com uma reflexão já voltada para a dimensão social de nossas "capacidades", de nossos poderes de

---

12. RICOEUR, *Parcours de la reconnaissance*, 179.
13. A desconfiança de Nietzsche no que concerne à unidade do si, e, por conseguinte, sua identidade, não ficou também ausente das análises de Ricoeur sobre a memória e sobre a promessa.
14. Cf. RICOEUR, *La promesse d'avant la promesse*.
15. RICOEUR, *Parcours de la reconnaissance*, 192.
16. Ibid., 197.

agir. Apoia-se nos escritos sociológicos sobre práticas sociais (cf. Bernard Lepetit) e nos do grande economista Amartya Sen. Este último soube introduzir, no âmbito da economia, uma reflexão sobre o elo entre liberdade e escolha de vida, de um lado, e responsabilidade social, de outro. Tratava-se, para Amartya Sen, de promover o reconhecimento dos "direitos inerentes a nossas capacidades" para assegurar aos indivíduos uma liberdade real, concreta. Este reconhecimento sendo assim a peça-mestra de uma teoria da justiça social.

De posse dessas aquisições em matéria de pensamento, Ricoeur inicia a terceira etapa de seu percurso, intitulado *O reconhecimento mútuo*, em que a questão da alteridade, já requisitada pela constituição da identidade pessoal e do reconhecimento de si, atinge então a plenitude de seu significado.

Ricoeur é bastante consciente de que o reconhecimento mútuo não é óbvio. Nada é mais árduo nas sociedades do que o caminho da estima social, do reconhecimento de uns pelos outros. As relações entre grupos humanos são comprometidas pelo menosprezo (*mépris*), o que equivale ao se enganar no plano do reconhecimento-identificação, quando se toma uma coisa por outra (*méprose*). Ao nível institucional, o reconhecimento deve, o mais das vezes, ser conquistado a partir de uma situação em que prevalece o não reconhecimento, o desprezo.

Segundo Ricoeur, instruído pelos mais recentes intérpretes do filósofo alemão (Axel Honneth, Jacques Taminiaux), Hegel compreendeu bem isso ao fazer da *Anerkennung* a fonte de um longo processo de luta pelo reconhecimento. Na pista aberta por Fichte, ele soube estabelecer "a correlação original entre a relação a si mesmo e a relação com o outro"[17], sem, para tanto, e parafraseando Hegel, cessar "de olhar o negativo de frente".

Além disso, a filosofia do direito e do Estado de Hegel, que é o resultado e a transformação dialética da tradição do "direito natural" inaugurada por Grotius, lhe permite contrapor uma resposta moral ao "desafio" constituído pelo "estado natural" (a guerra de todos contra todos, segundo Hobbes no *Leviatã*), como aquilo que ameaçaria todas as esferas

---

17. Ibid., 255.

da vida humana, caso um governo instituído fosse incapaz de instaurar a paz dentro de suas fronteiras.

Antes, porém, de tematizar o "estado natural" de Hobbes e a grande "réplica" hegeliana, reatualizada em nosso tempo pela sociologia normativa de Honneth, Ricoeur observa *a assimetria* originária que caracteriza a relação com o outro e que só o reconhecimento mútuo é capaz de superar. Em apoio a esta tese da assimetria da relação interpessoal, volta-se tanto para a análise fenomenológica da experiência do outro, na *Quinta meditação cartesiana* de Husserl, que parte do polo egológico, quanto para a filosofia da alteridade de Emmanuel Levinas que, invertendo a visada intencional fenomenológica, parte, ao contrário, do polo-outro em direção ao polo-eu.

O interesse de situar tais considerações sobre a assimetria entre o eu e o outro no início da reflexão sobre o reconhecimento mútuo é, e como o sublinhará Ricoeur na conclusão de sua obra, de não esquecer tudo o que ameaça "solapar por dentro a força de reconciliação inerente ao processo do reconhecimento", sem que, para tanto, se negue "a marcha" em direção ao reconhecimento mútuo. Marcha que nunca terá fim e que requer ser de novo e de novo recomeçada, levando-se em conta as formas e as modalidades que seu contrário, o desconhecimento, venha a assumir.

O reconhecimento mútuo, aliás, não está ausente de nossa experiência mais concreta, como atesta o que Hegel pensou sob o termo de *Sittlichkeit* (vida ética), tendo em vista, em particular, a família. Ricoeur dá, no entanto, um passo além de Hegel quando reflete sobre o que antropólogos (a começar por Marcel Mauss) e sociólogos trouxeram à luz no que diz respeito à "economia ou a mutualidade do dom" até alcançar esta figura do reconhecimento que é a *gratidão*, a qual chegamos quando nos fazemos atentos ao sentido que a palavra "reconhecimento" pode assumir nas línguas latinas.

Ora, parece-me, e não acredito estar traindo Ricoeur, que para ele o reconhecimento mútuo se realiza sobretudo na amizade (e no amor), em que cada um se mostra cheio de gratidão pelo fato mesmo de o outro existir. É assim que, após ter citado "as linhas magníficas"[18] de Simone

---

18. Ibid., 278-279.

Weil sobre a amizade, Ricoeur termina seu percurso[19], reproduzindo a célebre frase do livro I dos *Essais*, em que, sem poder "explicar o porquê", Montaigne diz sua amizade pelo amigo falecido, La Boétie: "porque era ele, porque era eu"[20].

A complexidade e a riqueza do *Parcours de la reconnaissance* de Paul Ricoeur só poderão ser verdadeiramente apreciadas através de uma leitura atenta e minuciosa. Quanto às questões que a obra suscita, entrevejo algumas relativas ao reconhecimento mútuo. Haveria, creio, necessidade de se aprofundar mais a distância entre a mutualidade (a reciprocidade) ao nível interpessoal (na amizade, por exemplo) e a mutualidade ao nível social e institucional. Será que toda demanda de reconhecimento pode ser admitida no plano jurídico? E segundo quais *critérios*? Por outro lado, quais são e como funcionam os dispositivos sociais e identitários que, incessantemente, se reconstituem e trabalham a contracorrente do reconhecimento mútuo?

Dentre as situações-limite que a demanda de reconhecimento enfrenta, há aquelas em que a única "saída" é a renúncia. É o caso, considerado por Platão, do justo que passa por injusto. Perseverando na via que escolheu, o justo aceita se submeter às consequências do desconhecimento (ser tomado por um outro) e da desconsideração (do desprezo) a fim de manter-se fiel ao bem que aspira e que transcende sua própria pessoa. Em casos-limite desse tipo, como o são os daqueles que dão testemunho de algo superior, o que advém da demanda pelo reconhecimento mútuo? Não é ela suspensa, posta entre parênteses, até que, ulteriormente, a verdade venha a se manifestar? O reconhecimento é, então, incerto e diferido. Mesmo se se transforma em objeto de esperança (ou de desesperança), o reconhecimento não acontece mais no plano da mutualidade.

Em suma, o trajeto escolhido por Paul Ricoeur merece ser prosseguido e poderia atravessar regiões que o autor conheceu bem, como atestam outras obras suas em que a questão do mal se fez mais presente, que, porém, *Parcours de la reconnaissance* não chegou de todo a tematizar.

---

19. Ibid., 377
20. Que se leia a dedicatória da obra: "A Frans Vansina, frère mineur, mon ami le plus ancien".

Edições Loyola

editoração impressão acabamento
Rua 1822 n° 341 – Ipiranga
04216-000 São Paulo, SP
T 55 11 3385 8500/8501, 2063 4275
www.loyola.com.br